Wen 'n *Hart*

'n Handleiding vir afrigters,
onderwysers en ouers

JANNIE PUTTER

ISBN: 978-1-77605-683-5

Omslagontwerp deur Anita Stander
Taalversorging deur Anine Vorster
Teksuitleg deur Janet von Kleist-Klein

Geproduseer deur Kwarts Publishers
www.kwartspublishers.co.za

Direkte bestellings:
jannie@jannieputter.co.za
www.jannieputter.co.za

Inhoud

Voorwoord

Die wêreld van sport, kompetisie, sportsterre, helde en legendes word elke dag groter, meer intens, meer professioneel en meer betekenisvol. Hoekom? Hierdie persone beïnvloed hoe ander optree, waaroor hulle praat, waarin hul glo en hoop en selfs wat hul koop. Die prestasies waarvan ons kinders droom, die roem van die sporthelde, die potensiële rykdom wat sukses beloof en die invloed wat jy op die res van die wêreld kan hê, is waaroor die meeste mense se gesprekke gaan. Sporthelde beïnvloed nasies, gemeenskappe, families en ekonomieë. Geskiedenisboeke word geskryf oor hierdie mense, want hulle invloed en hulle prestasies bepaal ons geskiedenis.

Daar gebeur elke oomblik van elke dag iets. Leiers val en leiers staan op, oorloë begin en eindig. Daar is internasionale talentkompetisies, skouspelagtige ontdekkings, nuwe ontwikkelings en indrukwekkende gebeurtenisse. Kyk net na die dramatiese effek van die covid-19-pandemie in 2020 op die hele wêreld.

Jy sal met my saamstem dat die Olimpiese Spele waarskynlik die grootste gereelde gebeurtenis is wat 'n enorme invloed op die mensdom het. Dit is 'n sportgebeurtenis wat elke vier jaar plaasvind en waar die beste sportmanne en -vroue van regoor die wêreld teen mekaar meeding in 'n groot hoeveelheid verskillende sportsoorte om te bepaal wie die beste is.

Wêreldkampioene word die helde van hulle eras. Hulle stories word die sprokies van ons kinders se kinders en hul lewens word voorbeelde en inspirasie vir die mense van ons tyd. Hulle invloed op die wêreld is magneties, want hul doen en late het die vermoë om die rykstes, bekendstes en belangrikstes te beïnvloed. Sporthelde is mense soos ek en jy wat net besondere keuses gemaak het en besondere geleenthede gekry het. Daar is tog iets wat elkeen van hierdie helde in gemeen het . . . 'n besondere, dog onindrukwekkende eienskap: Elkeen was beïnvloed en gevorm deur 'n afrigter, mentor, onderwyser of 'n ouer. Elkeen van hulle se loopbaan het iewers begin as gevolg van iemand wat 'n merkwaardige invloed op 'n sekere tyd in hul lewens gehad het – iemand wat hul keuses, denke, geloof, energie en optredes in 'n spesifieke rigting gestuur het.

Ons kyk met groot oë en agting na hierdie sterre, maar agter elkeen staan 'n afrigter, onderwyser of ouer – 'n span mense. Niemand maak dit ooit alleen tot bo nie.

Hierdie boek is geskryf vir daardie afrigters, mentors, onderwysers en ouers – die mense wat die helde in die wêreld beïnvloed, maar nie net die helde nie, ook die res van ons. Elkeen van ons kan vandag getuig: Iewers in jou lewe was daar 'n afrigter, onderwyser, mentor of 'n pa of ma – iemand wat jou laat glo het in jou kinderdroom. Iemand wat daardie droom lewendig gemaak het. Iemand wat daardie droom in sy hande vasgehou het, wat die mag gehad het om jou te laat glo daarin, maar ook die mag gehad het om jou te laat twyfel of jy kan. Iemand wat jou kon maak, maar ook iemand wat jou kon breek.

In my eie lewe kan ek getuig van die onbetwisbare rol wat spesifieke persone in my lewe gespeel het. Sommiges het my gemaak, terwyl ander my in 'n mate gebreek het. Ek was soos klei in elkeen se hande. As ek vandag terugkyk, wens ek sommige van hulle het geweet wat ek bereid was om vir hulle te doen. Ek wens hulle het meer van my verwag en ook meer in my geglo.

Dan is daar daardie helde in my lewe, mense – hulle is die ware afrigters in die lewe – wat meer in my geglo het as wat ekself gedoen het. Hulle het meer van my verwag as wat ek gedink het moontlik was en ek staan verbaas. Hulle was uiteindelik reg: Ek was regtig soos klei. Ek was gereed om gevorm te word in die volle potensiaal van wie ek kon wees.

Ek het oor die afgelope vyf-en-twintig jaar die voorreg gehad om met duisende kinders te werk. Ek sien jong kinders wat almal daarvan droom om te kan word soos hulle sporthelde. Almal sien die roem en rykdom wat moontlik is. Kinders wil en moet glo in hulle drome. Tog leef ons in 'n wêreld vol droomstelers. Daar is soveel ouers wat reeds opgegee het op hul eie drome en nou 'n tweede kans kry om 'n droom te leef deur die lewe van hulle kind(ers). Hulle doen alles in hul vermoë om hul kinders 'n kans te gee om daardie drome te laat realiseer. Hulle koop die nuutste en die beste toerusting. Hulle ry duisende kilometers agter bekende afrigters aan. Hulle gee hulle alles wat hulle moontlik kan om hulle kind daardie kans te gee. Almal hoop om die geheime antwoord te kry om hulle kinders se drome te bewaarheid.

Daar is soveel faktore wat 'n rol speel, en die eerste en belangrikste een is natuurlik die kind. Wie is hy? Hoe dink hy? Wat glo hy oor homself? Wat glo hy oor die toekoms?

Wanneer ons drome wil uitleef, moet ons fokus op die mense wat elke kind beïnvloed, en dit is natuurlik die ouers, afrigters en onderwysers wat in elke kind se lewe 'n rol speel. Wie leer hulle wat om te doen? Wie is hulle? Hoe word jy 'n totale afrigter, 'n ideale ouer of 'n onvervangbare onderwyser? Hoe word jy iemand wat 'n kind se lewe beïnvloed en nie breek nie? Hoe word jy daardie persoon wat die sleutels dra om deure oop te sluit in die lewens van ander? Die sleutels na 'n lewe vol avontuur, ontdekkings en die bemeestering van vaardighede? Die deure wat uiteindelik lei tot 'n ryk, betekenisvolle en suksesvolle lewe.

Wanneer ek met afrigters, onderwysers en ouers werk, is dit duidelik dat die meeste nie besef hoeveel mag hul werklik het nie. Hulle verstaan nie dat hul kinders se lewens – hul geloof, hoop en toekoms – kan maak of breek nie. Soveel afrigters, mentors, onderwysers en ouers word verblind deur wêreldse verwagtinge van prestasie en roem. Die moderne afrigter het

meer mense (ouers, skole, administrateurs en politici) om te-
vrede te stel as wat hy in werklikheid kan fokus om kinders
en sportsterre te ontwikkel en te vorm volgens hulle wesenlike
potensiaal. Die resultaat van hierdie jaagtog na sukses is dat die
verlore harte en die aantal "lyke" op die pad na roem meer en
meer word. Te veel kinders se harte word gebreek en hul drome
word vernietig. Te veel kinders verloor hul selfvertroue en brand
emosioneel uit in hierdie drukpers van wêreldse sisteme. Te
veel kinders word beroof van die essensie van die lewe omdat
geld en invloed misbruik word om kortpaaie te probeer koop.
Soveel moet terugstaan omdat hul bang is om te misluk en as 'n
mislukking gesien te word. Huishoudings word vernietig omdat
ouers se verwagtinge hul kinders se vermoëns oorskry. Te veel
talent sien nooit die lig nie en word nooit geproe nie omdat dit
gepluk word voor dit ryp genoeg is.

Daar is wel inspirerende verhale van totale afrigters, be-
sonderse mentors, onvergeetlike onderwysers en fassinerende
ouers – mense wat meer gedoen het as om net 'n tegniek aan
te leer of foute te kritiseer. Mense wat geweet het dat om 'n
kampioen te bou meer is as die aanleer van 'n tegniek en harde
werk. Om 'n kampioen te bou, is baie meer as 'n oorwinning
op 'n telbord; jy moet iemand se hart kan wen en daardie kind
leer hoe om in die lewe te kan wen. Om 'n ware kampioen te
wees, word nie bepaal deur 'n resultaat op 'n telbord nie. Om
'n ware kampioen te wees, is 'n manier van lewe, 'n manier van
dink en 'n manier van doen. Dit is 'n proses van lewe met geen
eindpunt nie. Totale afrigters, onderwysers en ouers is mense
wat weet dat afrigting en opvoeding oor meer gaan as net
die ontwikkeling van fisieke talent en kennis. Opvoeding en
afrigting se doel is om ware meesters van die lewe te kweek.
Hulle is mense wat in gesag kan staan teenoor die emosionele,
fisiese en geestelike aanslae wat daagliks oor elkeen se pad kom.
Hulle is mense wat uniekheid verstaan, omhels en voluit lewe.

Die einddoel van opvoeding en afrigting is om 'n totale
afrigter te kan word; om 'n lewensroeping te vervul deurdat
jy kampioene vorm. Soms in hierdie proses ontdek jy daardie

unieke diamante wat sal uitstaan bokant die res, daardie unieke en spesiale mense wat uiteindelik wêreldkampioene word.

Die wêreld gee roem en erkenning en dit gaan gewoonlik na die deelnemer. Die beloning van afrigting of ouerskap is om daardie oomblik te kan beleef as deel van 'n span, maar ook as 'n toeskouer. Een van die mees vervullende dinge in die lewe is om te weet jy het 'n rol vervul – al was dit net tydelik – om iemand anders te help om te word wat hy of sy werklik kan wees.

> You will have everything you can dream
> of in life if you can help enough other
> people achieve their dreams.
> *Zig Ziglar*

1

Waarom sal jy kies om 'n afrigter of onderwyser te word?

Die belangrikste bron van motivering is die antwoord op die vraag: "Waarom?" As jy seker is waarom jy dinge in die lewe aanpak, word die uitdagings wat jy in die oë gaan staar nie blokkasies nie, maar geleenthede tot oorwinning. Daarom is dit so belangrik dat jy weet waarom jy hierdie avontuur gaan aanpak!

- Het jy dalk 'n innerlike roeping om ander te motiveer, te inspireer en te help om hulle talente optimaal te ontwikkel?

- Gee dit jou bevrediging wanneer jy sien dat jy iemand anders kan help om 'n rekord te breek of 'n oorwinning te behaal?

- Droom jy dalk van uitnemende prestasies wat jy net deur die vermoëns en talente van ander kan vermag omdat jy self op fisieke vlak nie daaroor beskik nie?

- Droom jy dalk van die roem wat verskuil is in jou vermoë om iemand anders te help om uitnemende prestasies te behaal?

- Die wortel van finansiële gewin: Sou jy dit regkry om iemand te neem na 'n uitsonderlike vlak van prestasie, is daar groot finansiële voordeel in vir jou, veral op professionele vlak?

- Is jy dalk self afgerig deur iemand wat jou talente ontgin, ontwikkel en laat ontluik het op 'n besondere manier, of was jy dalk afgerig deur iemand wat nooit geweet het wie jy kon wees nie?

- Was jy dalk iemand met talente en groot drome, maar die geleentheid het jou ontglip? Jy ken dalk paaie wat ander nie ken nie. Jy weet wat om te verwag wat ander nie kan sien nie. Vandag verstaan jy wat gaan gebeur, maar destyds was jy nie reg toe dit met jou gebeur het nie. Die geleentheid om jou droom te leef se tyd het verstryk en jy het die geleentheid gemis. Jy was dalk in 'n strik gevang en nou is jou tyd verby. Jy wil graag sien dat iemand anders daardie pad stap met meer wysheid. Wie weet, dalk word die kind of atleet waarmee jy werk die volgende kampioen?

- Dalk is jy iemand met 'n passie en 'n roeping vir kinders, iemand wat weet dat elke kind die potensiaal het om beter te word as wat hy of sy op 'n gegewe oomblik is. Die lewe en kompetisie is 'n geleentheid, nie noodwendig om wêreldkampioene te kweek nie, maar wel om kinders met karakter te vorm en te begelei.

- Dalk is dit juis die ontluiking en die ontwikkeling van kinders se karakter wat jou motiveer. Die roem en prestasies is vir jou 'n bysaak.

Ek is daarvan oortuig dat jy jouself en jou rede waarom jy sal kies om 'n afrigter, onderwyser of ouer te word hierbo kan vind. Dalk het jy 'n ander rede? Elkeen van ons het 'n rede. Jou rede gaan ook bepaal hoe jy hierdie avontuur om iemand anders te inspireer en te ontwikkel gaan aanpak.

2

Wat bepaal die sukses van afrigting en opleiding?

Ons wil almal weet of ons ons merk tref en ons drome en doelwitte bereik. Ons staan immers in verantwoordelikheid in wat ons doen en daarom moet ons kan evalueer of dit effektief is. Daar is soveel maniere waarop sukses gemeet kan word:

- Is dit dalk jou kinders of atlete se wenrekords?

- Is dit die invloed wat jy op mense se lewens het? Hoe word dit gemeet?

- Is dit jou vermoë om iemand met gemiddelde talent te laat ontwikkel en te neem na die kruin?

- Is dit jou vermoë om kinders te inspireer, te laat glo en te laat doen wat hulle net in hul wildste drome kon droom?

- Is dit jou vermoë om kinders met gemiddelde talente en beperkte ervaringe te lei na 'n belewenis van ware sukses en oorwinning, al beteken dit nie dat hulle deur die wêreld as kampioene gekroon word nie?

- Is dit jou vermoë om mense wat wel besondere talent het te ontwikkel in wêreldkampioene?

- Is dit jou vermoë om wie jy is te laat pas by wie iemand anders is sodat julle as 'n span uiteindelik wonderbaarlike ervaringe van oorwinning kan beleef?

- Is dit jou vermoë om die lewe van iemand anders te beïnvloed op so 'n manier dat daardie persoon sy merk in die lewe kan tref?

- Is dit jou vermoë om iemand te laat geniet en te laat voel wat dit is om klein dingetjies te bemeester, en daardeur 'n gesonde selfbeeld en 'n ervaring van sukses te kweek?

Die sukses van afrigting kan op talle manier gemeet en geëvalueer word. Sukses is immers 'n persepsie of 'n opinie, nie 'n absolute waarheid nie. Die antwoord op die vraag is dus binne jou. Mag jy jou doelwit bereik en jou droom leef en mag jy betekenisvol wees in jou tyd hier op aarde.

3

Die verantwoordelikheid van 'n afrigter, onderwyser of ouer

Soos elkeen wat meer as een kind het, weet: Elke kind is uniek en anders, al word hy groot in dieselfde huis met dieselfde ouers, dieselfde waardes en dieselfde reëls. Wanneer jy met kinders werk, gaan jy vinnig verstaan dat elkeen uniek is. Mense verskil inherent, dit wil sê in hulle DNS (hulle wese en hulle gees). Net 'n dwaas sal dink hy kan almal presies dieselfde hanteer en glo hy gaan suksesvol wees. Die sleutel tot sukses in die lewe lê in die wysheid om te weet **wat** jy moet doen **met wie** en **wanneer**. Dit gaan immers nie oor jou as afrigter, onderwyser of ouer nie, maar oor jou kind, die atleet of die span waarmee jy werk.

Die uiteindelike doel van ouerskap is om jou kind te inspireer, te bemagtig en te stuur sodat hy of sy hul merk in die lewe kan tref en 'n betekenisvolle lewe kan leef. Die doel van afrigting en/of onderwys is nie om 'n manipulerende mag te hê oor die talent van die mense waarmee jy werk nie, maar om elke persoon met wie jy werk se talente optimaal te ontwikkel, vry te stel en te stuur sodat hy of sy 'n vol en vry lewe kan lewe. Wie weet, dalk is jou invloed die rede dat iemand besondere prestasies behaal en uiteindelik 'n wêreldkampioen word.

Die roem en eer in kompetisie gaan uiteindelik na die persoon in die arena. 'n Gedeelte van hierdie roem kom vir seker terug na die afrigter, onderwyser of ouer, maar dit sal, en moet, altyd die skadukant van daardie roem wees. Dit is waarskynlik die grootste prys van opvoeding en afrigting: Dat jy oukei is daarmee om in die skaduwee te bly totdat jou kind of atleet self besluit om die kalklig na jou te draai om sy roem met jou te deel. Wanneer dit gebeur, sal jy besef jy was waarlik suksesvol.

Die soektog na totale afrigters het so intens geword dat jy, sou jy kwalifiseer, aanbiedinge en geleenthede sal kry waarvan jy net kon droom. Geen afrigter of onderwyser wat sy of haar sout werd is, sal ooit sonder 'n geleentheid sit nie. Elke suksesvolle verhaal in die geskiedenis is die produk van 'n proses van groei en karaktervorming. Hierdie proses het nie kortpaaie nie; kortpadverhale na sukses bestaan nie. Kortpadverhale verander meeste van die tyd in nagmerries met hartseer eindes. Alles wat die moeite werd is, alles wat die lewe die moeite werd maak, en daardie stories wat uiteindelik geskiedenisboeke vol maak, is die produk van 'n proses. Hierdie proses vat tyd, geduld en groei. Niemand word oornag 'n totale afrigter nie.

Jy moet iewers begin, maar meeste van die tyd voel daardie begin te klein om iets groots te word. Jy voel betekenisloos, want wat jy doen is eintlik niksseggend. Dalk begin jy om 'n o. 9-spannetjie af te rig. Niemand gee werklik om nie en dit is juis wanneer jy moet vasbyt. Jy gaan self eerste moet groei op verskeie aspekte van jou menswees. Jy gaan waarskynlik meer teleurstelling ervaar as sukses en jy sal waarskynlik ook meer verloor as wat jy gaan wen. Jy sal moet opstaan wanneer jy geval het, want as jy gaan lê, is dit die einde.

Jy gaan vir seker leer om nie jou vertroue in mense te sit nie, maar om hulle net lief te hê. Jy gaan ook leer hoe om te beplan en dat dinge nie altyd volgens plan verloop nie. Jy gaan leer om te hoop en nooit jou hoop te verloor nie, want wanneer jy jou hoop verloor, word jy hopeloos! Jy gaan wysheid ontwikkel in jou verwagtinge, want jy gaan besef daar is geen kortpad na sukses nie. Jy gaan leer hoe teleurstelling, hartseer, opwinding, aanhou en uithou voel. Dit alles is deel van die proses om 'n totale afrigter te word. Dis alles 'n inherente deel van ouerskap.

Ons het elkeen 'n ander opinie rakende elke aspek van die lewe en omdat ons verskil, interpreteer ons dinge op verskillende maniere. Mense heg verskillende waardes aan dieselfde gebeurtenisse. Vir sommige beteken harde woorde dat jy teleurgesteld is in hulle terwyl dit vir ander weer beteken dat jy meer in hul sien as wat hul op daardie oomblik gee. Een persoon interpreteer harde woorde as 'n persoonlike aanklag terwyl iemand anders dit as persoonlike motivering beskou. Dit is dieselfde woorde met dieselfde intensiteit en dieselfde intensie, tog is die resultaat daarvan op twee individue totaal en al verskillend.

Een kind verloor sy hart, sy vertroue en sy waagmoed wanneer daardie harde woorde uit jou mond kom. 'n Ander kind se hart begin vinniger klop en hy vind energie. Hy floreer, hy werk harder en hy soek na die oorwinning. Jou werk is om te weet **hoe** jy moet werk **met wie** en **wanneer**. Die realiteit is dat jy dikwels nie 'n tweede kans kry nie.

My eie seun het vroeg sy liefde en passie vir rugby verloor, waarskynlik as gevolg van 'n afrigter wat nie geweet het hoe om met hom te werk nie. Hierdie afrigter het nie net my seun se hart verloor nie; hy het ook van die ander seuns se harte verloor. Hulle was immers maar nog net in graad een.

Een van die grootste strikke waarin talle afrigters, onderwysers en ouers trap is die strik van familiariteit. Jy mag dalk dink kinders sien nie jou ware kleure nie. Jy mag dalk selfs dink jy flous hulle met dreigende woorde en 'n intimiderende houding, maar een ding is seker: Jy sal nooit hulle harte wen nie! Jy mag dalk so gewoond raak aan jou werk dat jy nie meer omgee met wie jy werk nie. Jy mag dalk dink jou posisie beteken jy het mag (en jy het), maar posisie gee geen toegang tot 'n hart nie!

Hoeveel van ons trap in hierdie strik, selfs met ons eie kinders? Nooit werklik geweet met wie jy regtig werk nie. Het jy geweet jy werk met die volgende legende en wêreldkampioen sou jy dit waarskynlik heeltemal anders gedoen het. Hoeveel legendes en wêreldkampioene se harte word verloor en gebreek omdat ons respek verloor het vir mekaar en die lewe?

Familiariteit is 'n strik waarin selfs die bestes van ons trap. Jy sien en weet nie meer met wie jy werk nie, want in jou gedagtes dink jy net aan hoe belangrik jy is. Natuurlik is jy is belangrik, maar jy word só belangrik in jou eie oë dat jy die doel van jou werk verloor. Dis wanneer jy begin afrig soos jy is en nie meer volgens wie jou kind of die atleet is nie.

Dit neem tyd om vertroue te bou. Enige afrigter of onderwyser sit sy beste voetjie voor in die begin van 'n verhouding. Jy gee jou beste om die kinders of atlete waarmee jy werk te beïndruk en hulle vertroue te wen. Jy bring al jou kennis en ervaring na die tafel en jy droom groot saam hulle. Hulle koop in. Hierdie inkoop beteken hulle gee jou toegang tot hulle harte. Julle word nou 'n span.

Hierdie span bestaan aanvanklik net uit julle twee: Jy, as afrigter, onderwyser of ouer, en die kind of atleet. Soos hierdie kind groei sal hierdie span waarskynlik ook moet groei. Die span sal groei na gelang van die gesag en volwassenheid van die afrigter, onderwyser of ouer. Sou 'n afrigter, onderwyser of ouer persoonlik bedreig wees deur 'n ander persoon (spesialis), sal vordering gering bly. Sou jy egter jou kind blootstel aan topspesialiste in hulle verskillende afdelings van kompetisie en sport, is die kans op 'n suksesvolle loopbaan soveel groter. Om jou hul bloot te stel aan ander spesialiste moet jy as ouer of afrigter genoeg gesag en vrede in jouself hê dat jy nie bedreig sal wees deur so 'n persoon nie. 'n Span sal groter en sterker word, want om die beste te word, is nie beskore vir mense wat klein dink nie.

Natuurlik bepaal die kapasiteit (karakterpotensiaal) van 'n kind die tempo van groei en vordering. Sommige kinders het op 'n vroeë ouderdom 'n volwasse karakter terwyl ander weer bedreig sal wees deur té veel té vinnig. Jy moet jou kind ken!

Hoe hoër jy vorder op die rangorde van prestasies in die wêreld, hoe sterker span sal jy nodig hê om vorentoe te beweeg en aan die eise te voldoen. Niemand maak dit ooit alleen nie en hoe hoër jy gaan, hoe meer spesialiste gaan jy nodig hê. In die wêreld van sport mag dit beteken dat jou lysie van 'n span kan vergroot tot:

a) hoofafrigter
b) fiksheidskondisioneerder
c) tegniese adviseur (tegniekontleder)
d) spesialis-afrigters: In rugby beteken dit byvoorbeeld:
   i. 'n skopafrigter
   ii. 'n voorspelerafrigter
   iii. 'n skrumafrigter
   iv. 'n lynstaanafrigter
   v. 'n agterspelerafrigter
   vi. 'n verdedigingsafrigter
   vii. 'n aanvalsafrigter
e) emosionele-kondisioneerder (*Mental coach*)
f) dieetkundige
g) bestuurder/administrateur
h) reklame-agent/mediabestuurder
i) borge, ensovoorts

In die toekoms gaan daar nóg meer spesialiste op verskillende gebiede na vore tree op aspekte rakende dinge wat die wetenskap tot op hede nog nie eens ondersoek of ontdek het nie. Hou solank die volgende in gedagte:

a) oogafrigter (*eye coach*)
b) handafrigter (*hand coach*)
c) voetafrigter (*foot coach*)
d) *core coach*
e) ritme-afrigter (*rhythm* coach)
f) oordeelafrigter (*judgement coach* – maak van planne), onder andere.

As jy kyk na hierdie lysie en jy is ouer as 40 jaar, mag jy dalk dink: *Is dit werklik nodig? Kan ek as afrigter of onderwyser nie maar self hierdie dinge doen nie?* Ontwikkeling en vernuwing is deurentyd aan die orde van die dag. Niks bly dieselfde nie en nuwe tegnieke word gedurig ontwikkel. 'n Groter begrip van die natuurwette maak dat ons uiteindelik ook meer beheer daaroor kan uitoefen. Hoe sou jy reageer op die gedagte dat 'n 50-ton vliegtuig gemaklik die lug kan inswiep voor jou oë in die jaar 1950? Jy sou gedink het dit is onmoontlik. Tog is dit vir ons kinders van vandag 'n normale gebeurtenis. Dink aan die legendariese prestasie van Rodger Banister wat op 6 Mei 1954 die eerste persoon was wat 'n myl in minder as vier minute kon hardloop. Vir jare was dit as 'n onmoontlikheid beskou totdat hierdie man die skynbaar onmoontlike vermag het. Vandag is dit geen verrassing as 'n atleet 'n myl onder vier minute hardloop nie. In teendeel – die wêreldrekord van Hicham El Guerrouj van Marokko staan tans op 'n verbysterende 3 minute 43.13 sekondes. Hierdie rekord is opgestel op 7 Julie 1999 en is meer as 16 sekondes vinniger as wat destyds as onmoontlik beskou was.

Verandering gaan altyd gepaard met 'n mate van weerstand. Die mens is 'n wese wat soek na gemak en ons vind dit dikwels in gewoontes en tradisies. Gemak gee 'n gevoel van sekuriteit – iets waarna elkeen van ons soek. Ons natuurlike neiging is om altyd terug te beweeg na gemak en tradisie (die bekende).

In die wêreld van afrigting en opvoeding is 'n verandering ook 'n groot risiko. Jy werk immers met iemand se lewe, sy drome en sy toekoms. Die geneigdheid sal dus altyd wees om terug te beweeg na die bekende, die tradisionele en die eenvoudigste. Ontwikkeling in tegnologie laat ons egter nie toe om by uitge-sterfde tradisies wat gemaklik en bekend is, te bly nie. As jy wil bybly in die strewe na verder, vinniger, hoër en sterker sal jy bereid moet wees om deurentyd die grense te skuif. Die belangrikste is waarskynlik dat ons denke moet verander. Dit wat ons glo moontlik is.

Die bou van 'n afrigtingspan

Die belangrikste rolspelers in die lewe van 'n kind of atleet is die ouers, die afrigters en die onderwysers. Soos wat jy (ouer, afrigter of onderwyser) glo, so sal jou kind of atleet glo. Ons weet dat 'n kind iewers iemand in sy lewe toelaat om toegang te hê tot sy denke (sy hart). Heel eerste is dit sy ouers waarna die belangrikste mense in sy lewe sy afrigter of onderwyser is. Baie ouers verloor die sleutels na hulle kinders se harte deur hulle eie dwase of onredelike optrede en buitensporige verwagtinge vroeg in hulle kinders se lewens.

Hierdie sleutelfigure in 'n kind se lewe besef nie hoe kwesbaar en broos 'n jong kind se hart is nie. As 'n kind jou vertrou met sy hele hart, het jy toegang tot daardie kind se hele lewe! As jy toegang het tot 'n kind se hart beteken dit ook dat daardie kind jou vertrou met die volgende persoon wat jy, as gesagsfiguur, die reg gee om tot jou kind se hart te spreek. As jy dus vir 'n kind sê om so en so te vertrou, dan doen daardie kind dit. Wees dus seker wie jy (as ouer) toelaat om in te spreek in jou kind se hart. Ken die afrigter en ken die onderwyser! As jy hulle nie ken nie – leer hulle ken!

Voorbeeld: Jy besluit om 'n spesialis op eetgewoontes toe te laat om met jou kinders of atlete te kom gesels. Tensy jy nie 'n persoonlike ontmoeting met hierdie persoon gehad het en saamstem met hierdie persoon se benadering nie, sal hulle geen baat vind by hierdie spesialis nie. Jou kinders hou jou heel eerste dop, en as jou ondersteuning (energie en geloof) nie agter hierdie persoon is nie sal dit 'n sinnelose oefening wees. Jou aanvaarding en ondersteuning van hierdie persoon is van die uiterste belang. Jy bepaal immers wie julle gaan toelaat as deel van julle span. Dit is nie 'n besluit wat 'n jong kind kan of wil maak nie.

Die feit dat jy dit wat die deskundige sê sal ondersteun, is van kardinale belang. Jy moet dit wat hy gesê het weer herhaal en bevestig. Daar mag geen twyfel bestaan nie: As jy nie daardie persoon belangrik maak nie, sal jou kinders of atlete dit ook nie doen nie. As jy nie daardie verantwoordelikheid verstaan en neem nie, bou jy 'n kaarthuisie – dit lyk indrukwekkend om 'n spesialis te nooi om met jou kinders of atlete te kom werk, maar as daardie persoon se standpunt nie deel is van jou program nie, sal jou kaarthuisie inmekaar tuimel. Wie is die verantwoordelike persoon? Dit is jy!

Daar is soveel afrigters wat kompeteer om te sien wie die belangrikste kan wees. Hulle nooi spesialiste om met hulle kinders of atlete te kom werk, maar volg nie op wat bespreek is nie. Dikwels weet hulle nie eens wat daardie spesialis van hulle kinders of atlete verwag het nie. Hulle was te belangrik of te besig om in te sit in die sessie (of hulle was op hulle foon). Baie afrigters se eie optrede is dikwels in teenstelling met dit wat 'n spesialis voorgestel het en dit veroorsaak konflik. Die kinders wonder dan wie hul moet glo en wie hul moet volg.

Veronderstel jy besluit om my te nader as *mental coach* vir jou kind of atlete. Eerstens sal jy moet saamstem met my filosofie oor die lewe en kompetisie. Ons moet saamstem oor hoe kompetisie benader moet word. Ons sal uit dieselfde mond moet praat. Jy moet dieselfde van jou kinders of atlete verwag as wat ek van hulle gaan verwag. As jy nie dit waaroor ek praat ondersteun nie, is dit 'n sinnelose oefening. As afrigter of onderwyser staan jy heel voor in die ry om dit wat die deskundige voorgestel het, toe te pas. Dit beteken uit die aard van die saak dat jy elke sessie wat ek met jou groep atlete of span het, sal moet bywoon. Indien jy dit nie kan bywoon nie (waar jy goedkeurend knik en saamstem wanneer ek praat), sal ons voor elke sessie 'n gesprek moet hê waar ons ooreenkom oor die gedagtes wat ek daardie dag gaan deel. Jy sal dieselfde taal in jou oefensessies moet gebruik as ek. Wanneer jy jou span vergroot deur spesialiste rondom jou te skaar, is dit noodsaaklik dat jy hierdie persone se werk moet **ken**, moet **goedkeur** en moet **ondersteun**. Dit beteken julle word 'n SPAN.

Die afhanklikheid, die (menslike) onsekerheid en die lojaliteit van kinders of atlete, sal altyd veroorsaak dat hulle jou goed-keuring sal soek voor hulle enige raad of insette van iemand anders sal aanvaar.

Die verantwoordelikhede van 'n afrigter, onderwyser of ouer:

Wanneer jy met 'n kind se hart in jou hande sit, moet jy weet jy sit met iemand se lewe in jou hande! Dit verg baie moed vir 'n kind of atleet om iemand te vertrou met hul hart, drome, energie en emosies en niemand kan of wil in so 'n verhouding ingaan sonder 'n sekere mate van sekuriteit nie. Daardie sekuriteit is die verantwoordelikheid van hul afrigter, onderwyser of ouer. Jy is die een met gesag (ervaring en kennis) wat die risiko saam met jou kind of atleet gaan vat. Wat is hierdie risiko waarvan ons praat?

- Dit is die risiko om te misluk. Dit is die risiko van verleentheid – wanneer jy jou beste gee, maar steeds as verloorder uit die stryd gaan tree.

- Dit is die risiko van vernedering. Wanneer jy in kompetisie gaan teen 'n teenstander sonder respek of sportmanskap, of 'n teenstander wat die slegte uit jou na vore bring.

- Dis die risiko van alleen wees. Om 'n kampioen te word, is dikwels 'n pad wat alleen gestap word.

- Dis die risiko van spanning en onsekerheid. Voor elke kompetisie verhoog hierdie emosies en soms is dit intens.

- Dis die risiko van opoffering. Daar is 'n prys om te betaal om 'n droom te leef. Dit gaan tyd neem en dit gaan heel waarskynlik 'n klomp geld kos.

- Dis die risiko van verwerping. Jy moet verstaan hoe mense dink. Wanneer jy wen, is jy almal se held, maar wanneer jy verloor, verloor jy dikwels baie vriende.

- Dis die risiko van druk. Hoe meer suksesvol jy word, hoe groter word die emosionele druk van die verwagtinge van ander mense.

- Dis die risiko van sukses, bekendheid en roem. Hierdie risiko's is waarskynlik die grootste slagyster vir baie mense. Wanneer sukses, bekendheid en roem jou groter maak as die lewe, kan jy net val.

As afrigter, onderwyser of ouer speel jy 'n essensiële rol in 'n kind of atlete se lewe. Jy sal hom altyd moet beskerm en voorberei op elkeen van hierdie risiko's. Almal is deel van sukses en van die lewe, maar die belangrikste is om te onthou dat **niemand dit ooit alleen maak tot bo nie**. Ons het almal ander mense nodig op hierdie pad van die lewe.

Jou kind of atleet gaan jou uiteindelik vertrou met alles en jy moet daardie vertroue waardig wees. Jy sal moet kan instaan vir alles en nie net vir 'n gedeelte van hierdie verhouding nie. Jy kan nie verantwoordelik wees vir die aanleer van 'n tegniek nie. Daar is baie meer betrokke as net tegniek. Jy kan nie net instaan vir fiksheid nie. Daar is baie meer as net fiksheid. Jy kan nie net instaan vir 'n wedstrydplan nie, want kompetisie is baie meer as net dit.

Die beste is waarskynlik om hierdie pad te begin as 'n spesialis. In plaas daarvan dat jy jouself daartoe verbind om totaal en al verantwoordelikheid te aanvaar vir iemand se drome deur sy afrigter te word, kom eerder ooreen dat jy verantwoordelikheid sal aanvaar vir 'n spesifieke aspek van afrigting. Hierdie ooreenkoms gee jou die vryheid om te groei en te verbeter en jou naam sal jou vooruitgaan!

As spesialis het jy vryheid om te groei. As afrigter het jy 'n verantwoordelikheid om self te leef wat jy gaan verwag van ander . . . en meer. As jy bereid is om 'n totale afrigter te word, beteken dit dat jy persoonlik betrokke gaan raak in daardie kind se lewe en dit beteken jy is baie meer betrokke by hom as net by sy fisieke oefeninge; jy stap in op 'n platform van mentor, vertroueling en vriend. So 'n verhouding is spesiaal, maar ook kwesbaar. Daar is min mense wat werklik bereid en in staat is om 'n totale afrigter of onderwyser te wees, want om een te word, is nie 'n vinnige of gemaklike proses nie. Dit is 'n tydsame, intense proses van leer en groei. Dis 'n proses om ouers te leer ken. Dis 'n proses om kinders te leer ken. Dis 'n proses om hulle harte en hulle vertroue te wen. Dis 'n proses om hulle teleurstellings en drome te verstaan. Dis 'n proses om hulle op die beste moontlike manier te hanteer in verskillende omstandighede. Die beloning hiervan is groot. Dit gee betekenis aan jou menswees en is baie meer as net rykdom en roem. Dit is wat ons beskryf as iets met ewigheidswaarde. Dit versinnebeeld 'n sinvolle bestaan. Sukses gaan vandag gepaard met baie rykdom en roem. Wanneer jy die hoed opsit om 'n totale afrigter te word, kan daar talle ander deure vir jou oopgaan.

Vroeërjare is dit meer gedoen vir die liefde van die saak, maar vandag is afrigting 'n hoogsbetaalde beroep. Die grootste vaardigheid van 'n totale afrigter is heel waarskynlik sy vermoë om die hart (emosies) van sy kind of atleet te wen. Daarsonder beteken kennis en vaardighede min. Wanneer jy die hart van iemand het, kan jy wondere verrig.

Jy sal jou kinders of atlete moet beskerm, veral wanneer hulle emosioneel swak en broos is. Dit is belangrik om te weet met wie jy werk. Weet dat sportlui, al is hulle ander se helde, dikwels oomblikke van emosionele swakheid gaan beleef. Swakheid tree in met harde fisieke oefening (moegheid), asook wanneer iemand onder intense druk verkeer, daar vrees bestaan of wanneer 'n verhouding gespanne raak. Swakheid kan selfs ontstaan wanneer sukses of mislukking 'n bedreiging word, of wanneer 'n teenstander beter is. Jy kan nie hierdie swak oomblikke van jou kinders of atlete ontbloot nie – jy moet hul beskerm, en dan kan jy nie hul buierigheid persoonlik vat nie. Jy moet ook sorg dat jy wakker is om hul te lees en met wysheid te hanteer wanneer daardie oomblikke kom.

Jy word die bron van jou kind of atleet se sekerheid. Jy het dus nie meer die luuksheid om jou speelgoed uit die kot te gooi nie, want jy moet emosioneel in beheer wees. Jy is immers leier van hierdie verhouding en die een wat verantwoordelik is vir goeie besluite en wyse keuses. Jou kinders of atlete is dikwels die swakker party in hierdie verhouding. Dit is hoe dit is. Daar is natuurlik 'n ooreenkoms rakende beide partye se verantwoord-elikheid, want niemand staan daarsonder in so 'n intense en persoonlike verhouding nie. Juis daarom is 'n ooreenkoms aan die begin so noodsaaklik. Jy kan nie iets van iemand verwag (in terme van emosionele en geestelike insette) wat jy nie self bereid is om te gee nie.

Min afrigters begin hulle verhoudings met 'n ooreenkoms. Die meeste gaan van die veronderstelling uit dat daar 'n oor-eenkoms bestaan, maar niks word ooit formeel gedoen nie! Min afrigters weet wat hulle bereid is om te doen en wat hulle verwag van hulle kinders of atlete. Die maklikste (gemaklikste) is natuurlik om nie daaroor te praat nie, want daar mag konflik ontstaan of 'n verskil in opinie. Mense mag respek en dissipline anders sien as jy. Jy wil graag afrig en sukses bereik, maar is jy bereid om die verhouding te verloor voor dit begin het? As jy nie bereid is om weg te loop van 'n verkeerde verhouding nie, sal jy nooit suksesvol wees nie! Die meeste verhoudings word op aannames (veronderstellinge of gesonde verstand) ge-bou en die uiteinde daarvan is dikwels intense teleurstellings en beskuldigings wat oor en weer gegooi word. Verhale van teleurstellings in afrigters, onderwysers of ouers is legio.

Baie van julle kan self getuig van jou teleurstellings vroeër in jou lewe. Dalk was dit jou eie ouers of 'n afrigter wat jy met alles in jou vertrou het. Wat ook al die rede: Baie talentvolle sportlui se vroegtydige uittrede of onsuksesvolle loopbane kan dikwels toegeskryf word aan 'n swak of "verkeerde" afrigter. Is hulle reg? Sonder twyfel. Dit is geen geheim dat afrigters op dun ys beweeg nie. As kinders, atlete of spanne nie presteer nie, is die afrigter die eerste persoon wat bevraagteken word. Dit is ook meeste van die tyd die eerste persoon wie se kop rol. Die rede daarvoor is baie eenvoudig: Die rol van 'n afrigter is 'n sleutel tot die sukses van enige kind, sportman of span se prestasies.

Natuurlik is daar 'n magdom afrigters wat net so teleurgesteld is in hulle kinders of atlete, of dalk in die meerderheid van gevalle in die ouers van daardie kinders of atlete. Daar kan talle redes aangevoer word waarom sekere kinders of atlete dit nooit gemaak het nie. Die vraag is nie wie is reg nie. Die vraag is, **hoe verhoed** 'n **mens hierdie teleurstellings?**

Wie is die verantwoordelike party, die leier van hierdie verhouding? Dit is heel eerste die ouers. Ouerskap is 'n wonderlike verantwoordelikheid en ook 'n geleentheid om jou merk in die lewe te tref. Jy het die hart van jou kind in jou hande! In daardie hart is jou kind se drome, sy talente en sy toekoms.

Ons weet dat baie mense ouers word sonder dat hulle dit beplan en deurdink het of voorbereid is daarvoor. Talle kinders word groot sonder ouers. Die volgende verantwoordelike persoon is die afrigter of onderwyser in so 'n kind se lewe. Weet waartoe jy jouself verbind, want jou verantwoordelikheid verdubbel. Dit gaan nie net oor hoeveel jy weet nie, maar ook oor jou vermoë om jou kind se hart te beskerm.

Geeneen van ons sal ooit alles weet nie. Wees gerus – ons is nie in 'n jaagtog om eerste te wees nie. Dit is wel belangrik om te weet waarmee jy goed is – jou nis – want dit bly jou eerste prioriteit. Sou jy groter drome hê vir jouself, sal jy deurentyd moet groei en leer. Weet dus hoeveel tyd jy aanvanklik bereid is om te gee vir die afrigter-kind-verhouding. Weet wat jou grense is en wat jy van jou kinders verwag. As jy meer verwag as wat hul bereid is om te gee, sal hierdie verhouding in 'n reuse frustrasie verander. As jy minder van hul verwag as wat hulle bereid is om te gee, is jy waarskynlik ook nie die regte afrigter vir hulle nie. Hierdie verhouding kan net werk as daar 'n ooreenkoms is. Beide partye moet hulle verantwoordelikheid in hierdie verhouding verstaan en aanvaar. Bykans alle afrigters kry aanvanklik 100% lojaliteit van hulle kinders of atlete. Hulle wil graag in 'n verhouding van sekerheid staan. Hulle wil jou vertrou en juis daarom het jy so baie mag.

Wanneer jy hierdie mag misbruik, gemaklik raak daarmee, 'n verhouding gering ag, vergeet met wie jy werk of selfs net die oomblik mis, kan jy 100% van jou kind of atleet se vertroue verloor. In so 'n swak oomblik kan jy ook jou kind se hart verloor. Sonder iemand se hart, sal jy nooit die grense van gemak kan breek nie. Kinders en atlete wil lojaal wees, maar wanneer jy hul vertroue verloor, is dit 'n uitdagende proses om dit terug te kry. Dit vat moeite en tyd en eerlikheid! Soms wen jy nooit weer 'n hart terug nie.

Hoeveel keer het ek al gesien dat 'n afrigter arrogant en verwaand is net omdat hy al jare afrig en dalk noemenswaardige sukses bereik het? Die sukses van die verlede gee dikwels vir 'n dwaas 'n platform vir manipulasie, arrogansie en verwaandheid. Sodanige (dwase) afrigters hanteer nuwe atlete met 'n houding van minagting. Kinders wat deur so 'n afrigter afgerig word, word gekenmerk deur 'n swak selfbeeld. Die rede daarvoor is dat die afrigter hulle minderwaardig laat voel met sy mani-pulerende mag. Aan die ander kant kan die steratlete van so 'n afrigter die afrigter se arrogansie en verwaandheid "erf" en hulle hanteer ander atlete met minagting (negatiewe manipulasie). Dit is teleurstellend en hartseer wanneer iemand se sukses ook uiteindelik sy ondergang is. Wees wakker daarvoor.

Atlete wat onder emosionele druk en hoë fisieke eise funksioneer, is baie meer sensitief en vatbaar vir swak emosionele oomblikke. Jy het nie die luuksheid om onbewus te wees van jou kind of atleet se emosionele posisie nie. Jy moet in detail bewus wees van jou kind se emosionele welstand! In 'n ondeurdagte oomblik kan jou kind so 'n diep teleurstelling in jou beleef dat jy sy vertroue en sy hart verloor. Hierdie verhouding is broos en breekbaar en is waarskynlik die grootste verantwoordelikheid vir jou as afrigter.

Die skuldgreep van skoolafrigters en onderwysers:

Een van die grootste oorsake dat kinders of atlete uitbrand, ophou met deelname of beserings opdoen, is die geveg vir roem en belangrikheid tussen afrigters. Op 'n jong ouderdom is die grootste verskil tussen kinders hulle natuurlike talent asook die tempo van hulle fisieke ontwikkeling. Kinders met natuurlike talent en kinders wat fisies net vinniger as hulle maats ontwikkel, staan kop en skouers (letterlik en figuurlik) uit bo hulle maats.

Dit is elke afrigter se droom is om 'n suksesvolle wen-en-verloor-rekord te bou. Die insluiting van hierdie talentvolle en "groter" kinders op 'n jong ouderdom het dus 'n baie groot invloed op 'n afrigter se reputasie. Afrigters hoop om hierdie talentvolle en groot kinders in hulle spanne te hê. Die stryd om hierdie kinders vir 'n spesifieke sportsoort te wen is een van die grootste kopsere by skole. Afrigters en onderwysers speel met die emosies van hierdie kinders en wek skuldgevoelens op. Hulle probeer om hierdie (jong) kinders te manipuleer sodat hulle die sportsoort sal kies wat hierdie afrigter of onderwyser wil hê hulle moet doen. Hierdie kinders mag 'n liefde en 'n belangstelling hê in 'n verskeidenheid van sportsoorte, maar nou, op 'n heeltemal te vroeë ouderdom, moet hy in 'n geveg tree tussen grootmense wat veg vir aansien en roem.

Die oomblik wat jy van skuldgevoelens gebruik maak om 'n kind te oorreed om jou sportsoort te kies, is die oomblik wat jy alle gesag en waardigheid verloor.

Jy wen nie iemand se hart deur middel van skuldgevoelens nie. Jy wen iemand se hart met inspirasie, integriteit en eerbaarheid. 'n Ware afrigter het 'n ooreenkoms met sy kinders. As die ooreenkoms nie gehou word nie, kan jy ook nie gekies word vir 'n span nie. Jy kan nie emosionele skuld gebruik om kinders te forseer om jou sportsoort of aktiwiteit te kies nie. Jou aanvaarding van mense en atlete moet gebaseer wees op integriteit en die oorspronklike ooreenkoms wat jy met hulle maak. As jy 'n ooreenkoms met iemand maak – staan daarby. Laat jou woord jou eer wees!

Die verhale van kinders en atlete wat in uitgelaat is omdat hulle nie die wense van hul afrigters of onderwysers vervul het nie, is legio. Kinders wat nooit weer vir 'n span gekies word nie, atlete wat vir geen verstaanbare rede uit 'n span gehou word en atlete wat nooit daardie noodsaaklike kans kry om naam te maak nie. Dit is ongelukkig die realiteit waarmee baie van ons moet vrede maak, want ongelukkig is daar talle afrigters wat groter probeer wees as die kinders of atlete waarmee hulle werk. Die mag wat afrigters en onderwysers het oor die loopbane van talentvolle kinders op skoolvlak is baie groter as wat ons dink. Dit is in werklikheid skokkend. Hoeveel potensiële sterre het hulle loopbane voortydig gestop as gevolg van hierdie belaglike magstryd en manipulasie van afrigters en onderwysers? Dit gebeur nie net op skool nie. Selfs op provinsiale en nasionale vlak is die stryd vir manipulerende mag só groot dat talle potensiële helde nooit die lig kon sien nie.

Is daardie kinders wat teleurgesteld is in die integriteit van hulle afrigters, reg? Ja, beslis – gevoelens is tog eg. As die persoon wat in beheer is van 'n kind se opvoeding of afrigting nie weet hoe om met daardie spesifieke kind te werk nie, is dit waarskynlik beter vir hom of haar om 'n ander skool te vind. Sommige afrigters en onderwysers kan ontsettend wreed wees as hulle status en posisie bedreig word.

'n Ware afrigter of onderwyser sal nooit bedreig voel deur 'n kind se talent of sy of haar sukses nie. Hulle sal weet wanneer hulle seisoen met 'n kind verby is en wanneer hy moet aanbe-weeg na die volgende afrigter. Daar is 'n seisoen vir alles in die lewe. Sommige afrigters is gemaak om met jong kinders te kan werk. Daardie kinders word ook groot en moet ook aanbeweeg. As die afrigter of onderwyser so kleinlik is om te dink hy is die enigste een wat iets kan regkry met die kind of atleet, wag daar 'n groot teleurstelling. Jy is belangrik vir 'n seisoen. Geniet dit en doen dit op die heel beste wat jy kan. Jy is belangrik vir die verskil wat jy maak in iemand se lewe. Dit gaan oor daardie kind se lewe, nie oor jou roem nie. As jy goed genoeg is, sal die volgende kind aan jou deur kom klop.

Die eerste kwalifikasie van 'n ware afrigter of onderwyser is om te weet en te aanvaar dat die persoon met wie jy werk nie dieselfde is en dink as jy nie. Wanneer jy dit verstaan en aanvaar, het jy wysheid. Wysheid is 'n kenmerk van iemand wat weet **wat** om te doen met iemand, **hoe** om dit te doen en **wanneer** om dit te doen. Dit is waarom afrigting so 'n dinamiese avontuur is. Nie een dag is ooit dieselfde nie. Elke dag het 'n uitdaging vir jou om te groei in jou wysheid.

Wanneer 'n atleet nie presteer nie, is die eerste persoon wat bevraagteken word (en met reg so) die afrigter. Juis daarom is dit so belangrik vir 'n afrigter om meer te word as net 'n spesialis in 'n spesifieke vakgebied of tegniek. Om 'n totale afrigter te word, moet jy met wysheid kan optree wanneer jy met atlete werk. Jy kan nooit op 'n punt kom waar jy spreekwoordelik "gearriveer" het nie (waar jy dink jy ken elke mens en elke kind se streke en maniere). Daar is altyd 'n nuwe mens met ander streke en maniere, want elkeen het 'n unieke karakter.

Daar is ook 'n ander kant aan hierdie muntstuk. Dit is nie net die afrigter of onderwyser wat verantwoordelik is vir hierdie verhouding nie, maar ook die kind en sy ouers. Ek is daarvan oortuig dat meer potensiële sterre se loopbane misluk het as gevolg van die invloed wat hulle ouers daarop gehad het, as wat dit die gevolg was van swak afrigting. Hoeveel van ons kan getuig van die belaglike optrede van sommige kinders se ouers langs die baan of veld? Hoeveel van ons was al getuies van ouers wat dit net verloor het terwyl sy kind in skaamte en vernedering moes toekyk hoe sy pa of ma tekere gaan? Dalk was jyself die slagoffer van so 'n gebeurtenis in jou eie lewe. Hoeveel ouers is werklik verantwoordelik vir die mislukking van hulle kinders se loopbane? Dit sal altyd 'n vraag bly sonder 'n antwoord.

As jy 'n afrigter is en jy maak nie 'n duidelike ooreenkoms met die ouers van die kind of atleet waarmee jy gaan werk **voor** jy in so 'n verhouding instap nie, trap jy in een van die grootste strikke wat baie afrigters se loopbane met 'n duister kleed van teleurstelling en emosionele afkraking omvou. As al die partye nie ooreenkom oor die pad vorentoe nie, stap jy met oop oë die leeukuil binne. Sonder 'n ooreenkoms begin meeste verhoudings op 'n goeie noot, maar sodra die eerste teleurstellings beleef word, word die note al valser. Sou jy egter die verhouding begin met 'n **duidelike** plan en ooreenkoms, is die wysie bekend en kan almal saamwerk om dieselfde klank te maak en dieselfde lied te sing.

Die wyse afrigter of onderwyser:

Op skoolvlak, veral op laerskool, is daar altyd die sterre wat uitblink in elke ding wat hulle aanpak. Dis enige afrigter se begeer- te om hierdie sterre in hulle span te hê en hierdie kinders staan dikwels voor die dilemma en te moet kies tussen sportsoorte of aktiwiteite.

Hoe hanteer jy so 'n kind? Jy is dalk die hokkieafrigter en hierdie kind het 'n talent en gevoel vir hokkie, maar jy weet ook hierdie kind het net soveel talent in rugby. Ken jy die kind se hart? Laerskoolkinders wil gaan waar hulle kan maats maak en waar hulle belangrik voel. Verstaan dit en gun dit vir elke kind. Wen eerder 'n kind se hart as om 'n kind onder emosionele druk te sit om 'n keuse te maak ten gunste van jou spesifieke sportsoort. Wees groot genoeg om die kind te help om vrede te hê in plaas van skuld. Kies **vir** hom. Maak dit maklik. Sê vir die kind dat hy sy hart moet volg omdat dit is wat jyself sou doen. Die kind moet duidelik verstaan dat jy hom nie sal verkwalik sou hy nou die meer populêre sport kies nie. Jy sal meer wen deur nou die kind te verloor as wat jy dalk die kind in jou sport hou, maar uiteindelik sy hart verloor. Ek glo jy ken die sêding: *If you love something, set it free. If it comes back to you, it is yours. If it doesn't, if never was.* As jy van 'n kind verwag om 'n keuse te maak wat belaai is met emosionele druk en skuldgevoelens, skeur jy maklik so 'n kind se hart middeldeur. Kinders, veral op laerskool, is nie volwasse genoeg om te besef wat 'n toekoms beteken in vergelyking met die lekker van maats wees en speel nie. Indien jou ego en persoonlike belang groter is as om die hart van so kind te beskerm, sal jy in so oomblik van 'n kind verwag om sy kindwees op te gee ter wille van 'n moontlike loopbaan. Jy kan nooit iemand se hart wen met skuldgevoelens nie. Jy wen wel iemand se hart met wysheid en inspirasie. Dink daaroor.

As talentvolle kinders 'n ander aktiwiteit of sport bokant jou dissipline verkies, wees groot genoeg om die kind te onder-steun in sy of haar keuse, al sien jy dalk verder in die toekoms. Hou die deur na jou aktiwiteit of sport oop sonder enlge skuldgevoelens. Wanneer daardie talentvolle kind beskikbaar is en jy hom nodig het, gebruik hom, maar nooit ten koste van 'n kind wat hart en siel in jou sport is, maar minder talent het as daardie ster nie. Respek is ver belangriker as oorwinning ten koste van die hart van 'n kind. Alle keuses in die lewe het 'n prys en dit is noodsaaklik dat selfs daardie talentvolle sterre moet verstaan dat hulle nie net kan opdaag en outomaties weer in 'n span geplaas word nie. Daar is 'n prys te betaal om deel te wees van 'n span. Jy verbind jouself tot oefening en vir die aanloop na 'n wedstryd. Jy kan nie rondgaan en die versiersuiker eet van al die koeke, maar nie bereid wees om deel te vorm van die span wat die koek moet bak nie. As jy 'n talentvolle speler wil gebruik, maar daar was 'n minder talentvolle, maar toegewyde kind by elke oefening, moet die toegewyde kind altyd eerste keuse kry. Die talentvolle kind staan dan tweede in die ry en kan opgaan as reserwe. Wees regverdig in jou keuses. Bou 'n goeie naam. Om die respek van mense en kinders te hê is baie meer werd as om populêr te wees tussen mense wat geld het en kortpaaie soek . . .

Mag geen uitslag ooit so belangrik wees, veral op laerskoolvlak, dat jy 'n kind wat met hart en siel alles insit, maar minder talent het, sal uithaal uit 'n span ter wille van 'n talentvolle speler wat skielik beskikbaar is nie. Jy mag dalk die wedstryd wen, maar jy verloor die hart van daardie kind wat uiteindelik met harde werk en toegewydheid die ware kampioen sou word. Jy verloor ook die respek van die talentvolle kind wat onregverdiglik – ter wille van 'n oorwinning op die telbord – in die span ingesluit is. So 'n besluit veroorsaak dikwels ook dat jy respek vir jouself verloor.

Een van die belangrikste bepalers van sukses in die lewe is nie talent nie, maar wel geleentheid. Almal het 'n mate van talent. Talent wat nie geoefen word nie, beteken uiteindelik min. Jy kan nie 'n kind wat toegewyd en hardwerkend is beroof van 'n geleentheid omdat 'n ander kind wat meer talent het, maar geen toewyding nie, skielik op die toneel verskyn nie. Jy "voel" iemand se karakter. Jy weet wanneer 'n kind met talent homself belangriker ag en eiegeregtig is, want so 'n kind verwag dat hy gekies moet word op grond van sy talent terwyl hy amper geen toewyding toon nie.

Toewyding is die sleutel wat die deur na geleenthede oopsluit. Ek het al te veel kinders gesien met besondere talente, wonderlike ouers en uitstekende afrigters wat nooit die karakter ontwikkel het om fisies hard te werk en die prys te betaal nie. Hulle talent was die sleutel na geleenthede, veral toe hulle jonk was, maar hulle karakter het nooit ontwikkel om daardie geleenthede te waardeer en te gebruik nie. Die uiteinde hiervan is ontnugterde ouers, teleurgestelde afrigters en arrogante en bederfde kinders. Jy kan al die talent in die wêreld hê, maar as jy nie bereid is om hard te werk en iets daarmee te maak nie, beteken jou talent niks!

Die lewe gaan oor ons keuses en elkeen van hierdie keuse het 'n gevolg. Juis daarom is 'n ooreenkoms aan die begin van 'n verhouding so belangrik. As jy jouself beskikbaar stel as afrigter van 'n span, aanvaar jy ook die verantwoordelikheid om regverdig en onbevooroordeeld te wees. 'n Groot deel van afrigting en opvoeding van kinders op laerskoolvlak is om kinders te leer dat daar vir elke ding wat lekker is, 'n prys te betaal is. Sonder daardie prys verdwyn die lekkerte daarvan.

Ons kan nie toelaat dat die talentvolle kinders die geleenthede kry sonder om die prys daarvoor te betaal nie. Ek praat nie van die finansiële koste om iemand 'n geleentheid te gee nie. Ek praat van karakterontwikkeling. Dinge soos toewyding, dissipline en respek. **Talent alleen is beslis nie genoeg om 'n suksesvolle loopbaan te verseker nie.** Talent – op 'n hoër vlak van deelname – is uiteindelik net 'n gelykmaker. Toewyding, karakter, fisieke vermoë (fiksheid, krag, spoed en soepelheid), asook geestelike taaiheid (*mental toughness*), sal dan bepaal hoe suksesvol jy sal wees.

Moet talentvolle kinders die geleenthede opslurp op 'n vroeë ouderdom, ten koste van kinders wat bietjie minder talent het, maar bereid is om harder te werk en toewyding te wys? Dit sal dwaas en kortsigtig wees. Wanneer 'n kind nie leer om teleurstellings te hanteer, karakter te ontwikkel en geestelik taai te wees nie, sal die talentvolste kinders opgee die eerste keer wat hulle karakter getoets word. Gee kinders wat bereid is om hard te werk die geleentheid, want uiteindelik sal jy meer sukses bereik met 'n ontwikkelde karakter as wat jy gaan bereik met suiwer talent.

Almal van ons wil wen op die telbord. Dit is immers die droom van elke sportman. Is 'n oorwinning op die telbord die moeite werd as dit behaal word, maar die prys daarvoor was 'n paar kinderharte, 'n paar kinders wie hulle hoop verloor het, en 'n paar kinders wat se drome aan skerwe is? Kan 'n mens dit as sukses beskou? Moet nooit só verblind word deur die indrukwekkendheid van jong kinders se talent dat jy die ware sterre van die toekoms (dalk bietjie minder talent, maar soveel meer karakter) miskyk en die deur na geleenthede vir hulle toemaak nie.

Meer kinderharte word gebreek en meer sterre word verloor as gevolg van die kortsigtigheid en 'n blindelingse gejaag na persoonlike status en roem deur afrigters. Baie afrigters of onderwysers sal enige iets doen om 'n oorwinning op die telbord te verseker. Baie is bereid om die toegewyde kind op die kantlyn te sit terwyl die talentvolle kind wat nie werklik bereid is om hard te werk nie, 'n kans kry – alles omrede hulle verblind is deur die kortstondige roem van een oorwinning. Min besef hulle dat beide kinders as verloorders uit hierdie situasie kom. Die karaktervolle kind se hart word verloor en die talentvolle kind se respek word verloor. Wat is die waarde van so 'n oorwinning op die telbord dan?

Die uitdaging vir enige afrigter is om gemiddelde talent wat gerugsteun word deur toewyding te vorm en te lei na ware sukses. Ware karakter kom na vore in situasies van druk en dikwels is dit die talentvolle kinders wat opgee en negatief word terwyl karaktervolle kinders bly veg tot die einde.

Toewyding en harde werk is die prys, en die beloning is geleenthede. Dit is die lewe. Mense sal jou toets, maar as jy beginselvas bly, sal hul jou respekteer, aanvaar en volg. Dit is beter om gerespekteer te word deur ander as wat jy populêr is tussen dwase. Jou sekuriteit is gesetel in die respek wat mense vir jou het en nie hoeveel sekere mense (die ryk ouers) van jou hou nie. Dit is tydelik.

Daar is baie afrigters en onderwysers wat moet werk met kinders wat arrogant, verwaand en selfgesentreerd is. Hoe verhoed jy daardie teleurstelling van 'n verhouding wat uiteindelik misluk omrede julle nie meer kan saamwerk nie? Die verantwoordelike persoon in die verhouding is die leier. Dit is jy. Wees seker en maak 'n duidelike ooreenkoms **voor** jy instem om 'n kind se afrigter te word!

Jy weet nie alles nie en jy moet dit ook erken. Jy mag nooit enige ander afrigter slegmaak deur sy foute uit te wys sodat jy kan goed lyk nie. Dit is 'n lat wat jy pluk vir jou eie agterwêreld. Niemand is perfek en niemand weet alles – ook nie jy nie! Jy sal jou beste gee en dit is jou verpligting, maar jy gaan nie perfek wees nie. Jy kan nie en dit is dwaas om so iets te insinueer. Dit word later die gewig wat jou na die bodem trek en jou laat verdrink.

In die begin van enige verhouding tussen 'n afrigter en sport-man kry meeste afrigters 100% toewyding van hulle atlete. Kinders wil graag die nuwe afrigter beïndruk en hul het ook 'n intense behoefte om die afrigter te kan vertrou. Afrigters en onderwysers het juis as gevolg van hierdie behoefte 'n magtige emosionele houvas op kinders. As jy hierdie mag misbruik en familiêr raak met atlete waarmee jy werk, is dit maklik om arrogant te raak in die verhouding. Arrogansie veronderstel 'n mate van minagting, want geen verhouding kan werk as respek nie die fondasie daarvan is nie. Dit neem tyd om die hart van 'n kind te wen en jy kan dit in een ondeurdagte en onbesonne oomblik verloor. Sonder iemand se hart, het jy in werklikheid niks.

Ek het in my loopbaan soveel afrigters gesien wat net te ge-maklik geraak het met hulle posisie en die mag wat hulle het dat hulle arrogant geword het en 'n mate van minagting ontwikkel het in hoe hulle mense hanteer. Die rekord (goeie prestasies van hulle atlete) wat hulle opgebou het oor tyd het ongelukkig na hulle kop gegaan.

Sukses gee aan mense 'n posisie van status en mag, maar ongelukkig het almal nie die kapasiteit om dit met respek te hanteer nie. Vir sommige is status en mag uiteindelik hulle ondergang. Status veroorsaak dikwels dat iemand so self-gesentreerd word dat hy vergeet hoe hy daar gekom het en ook vergeet met wie hy werk. Afrigting gaan nooit net oor jou nie, maar wel oor jou vermoë om iemand anders 'n kampioen te laat wees en 'n held te laat word. Wanneer jy iemand kan help om sy drome te leef gee die lewe jou meer terug as wat jy ooit kon droom. Dit gaan eers oor iemand anders voor jy die vrugte sal pluk wat terugkom na jou.

> You can get everything in life you want
> if you help enough other people get what they want.
> *Zig Ziglar*

Ek het al bekende afrigters gesien wat hulle atlete met soveel minagting hanteer het dat my mond oopgeval het. Hulle het hulself beskou as 'n godgegewe geskenk aan atlete. Dit gee hulle 'n gevoel van mag oor hulle atlete en baie beskou hierdie mag as hulle statussimbool in die lewe. Hulle maak seker dat hulle atlete altyd twyfel deur hulle met minagting te hanteer. Hulle verseker afhanklikheid deur die atlete te laat glo dat hulle niks kan doen sonder die afrigter nie. Hoe jammer is dit nie om te sien hoe sommige afrigters erkenning weerhou omrede dit hulle atlete afhanklik hou nie?

Baie van ons kan getuig van die emosioneel-senutergende en dreinerende proses om van een afrigter te skuif na 'n ander. Die rede: 'n Emosionele houvas van skuld en onsekerheid. Dit is menslik om erkenning te wil kry vir die werk wat jy met iemand gedoen het, maar om te verwag dat iemand vir altyd by jou moet bly omdat hy emosionele skuld het teenoor jou, is kortsigtig, dwaas, gemeen en wreed. Iemand moet by jou **wil bly** omrede jy die beste uit daardie persoon na vore bring. Jy moet daardie persoon uitdaag om meer te word in elke aspek van lewe. Jy moet in staat wees om daardie persoon na 'n hoër vlak te neem as waar hy tans is. Sommige afrigters of onderwysers se gawe is om met jong kinders te werk. Ander afrigters werk weer beter met ouer kinders. Daar is 'n seisoen vir elkeen. Wanneer julle seisoen verby is en jy weet jy het gedoen wat jy kon, is dit jou geleentheid om jou atleet vry te maak om aan te beweeg.

Dit verg 'n edel karakter en waardigheid (*guts*) om dit waarvoor jy so lief is en waarvoor jy so baie opgeoffer het te laat gaan. Dit is deel van die avontuur om soms te verstaan dat jy gedoen het wat jy kon, maar dat dit tyd is vir die kind of atleet om 'n nuwe fase van leer en ervaring te betree. As jy dit reg doen, sal die eer en roem van die sukses wel uiteindelik by jou uitkom. As jy dit verkeerd doen, sal jy vir altyd sit met die bitter smaak van verwyt, kritiek en oordeel.

Atlete wat deurentyd onder druk moet presteer is emosioneel meer vatbaar vir teleurstellings as mense wat 'n gemiddelde leefstyl handhaaf. Jy werk met sensitiewe en brose emosies en het dus nie die luuksheid van 'n lakse oomblik waar jy jouself 'n slegte dag gun nie. Jy moet altyd skerp wees en bewus wees van die atleet se emosionele toestand. In een onbewaakte oomblik kan jy iemand se hart verloor. Dit is waarskynlik die grootste vereiste van enige totale afrigter. Jy moet emosioneel in voeling wees met elkeen met wie jy werk. Hier is 'n paar voorbeelde van ondeurdagte oomblikke wat ek aanskou en beleef het:

- 'n Kind maak 'n kritieke fout in 'n wedstryd en die afrigter verloor dit. In sy woede haal hy die speler van die veld af en vervang hom met 'n reserwe. Dikwels is 'n afrigter verbaal afbrekend en verkleinerend wanneer die speler van die veld kom. Dis in so 'n oomblik wat 'n afrigter 'n kind se hart verloor.

Korrekte optrede: Wanneer 'n speler 'n kritieke fout maak, veral wanneer jy werk met kinders wat nog nie professioneel is nie, moet jy daardie speler onmiddellik gerusstel: "*Moenie bekommerd wees nie. Ekself het ook al daardie fout gemaak. Probeer weer. Jy gaan dit nou regkry.*" Beskerm die speler teen vernedering van sy spanmaats. Jy kan geen grappe (verkleinering) in so 'n oomblik duld nie.

- 'n Speler kom na 'n afrigter en vra die afrigter 'n persoonlike vraag, byvoorbeeld: *"Coach, dink Coach ek moet my greep op my raket verander?"* Die afrigter (geïrriteerd) antwoord die speler (voor ander spelers): *"Ag man, besluit self! Ek is nie jou caddy nie."* Hierdie is 'n persoonlike vernedering voor ander spelers. Die kans dat jy daardie kind se hart verloor is amper 100%.

Korrekte optrede: Doen moeite in enige geleentheid waar 'n atleet jou vertrou met persoonlike sake. Dikwels, veral as kinders jou belangrik ag, gaan hulle vrae kinderagtig wees. Hulle soek net jou aandag, so wees versigtig en hanteer elke oomblik met takt en wysheid. In plaas daarvan om so 'n speler afhanklik van jou te maak, antwoord eerder met 'n teenvraag soos: *"Wat sou jy dink sou die beste besluit wees op hierdie oomblik?"*

- 'n Speler gee sy beste en maak tog steeds 'n groot flater. Sy maats lag hom uit en die afrigter lag saam. Jy verloor onmiddellik daardie speler se hart, sy vertroue in jou en ook sy bereidwilligheid om risiko's te neem.

Korrekte optrede: Op daardie oomblik (nie later nie), stop jy alles en beloon die speler verbaal **vir sy poging en sy waagmoed**. Sê baie duidelik dat jy hierdie tipe waagmoed soek, dat jy sy dit waardeer en dat jy hoop almal dit so sal doen. So beskerm jy die speler én jy behou sy motivering en lojaliteit.

- 'n Atleet verloor 'n wedstryd of wedloop wat hy vir seker kon gewen het. Jou reaksie van teleurstelling is dat jy die atleet vermy en nie met hom kommunikeer nie. Op so 'n manier dra jy jou persoonlike teleurstelling oor. Dit is fataal. Die atleet ontwikkel daar en dan 'n vrees vir mislukking en verloor alle waagmoed, want verwerping is een van die ergste dinge vir enige kind of atleet wat misluk.

Korrekte optrede: Dit is die oomblik waarin jy as afrigter, onderwyser of ouer getoets word. Kan jy by jou kind staan in hierdie kritieke oomblikke, of is die verleentheid vir jou te groot? Kan jy sterk staan te midde van so 'n teleurstelling? Het jy die vermoë om langtermyn te fokus en nie die onmiddellike oomblik as die begin en einde van alles te sien nie? Gaan dadelik na die kind of atleet en bemoedig hom deur iets te sê soos: "*Ek verstaan jou intense teleurstelling en dit maak my opgewonde, want ek weet hoe belangrik dit vir jou is om beter te doen. Moenie bekommerd wees nie; hierdie oomblikke het al met die bestes in die wêreld gebeur. Nou moet ons opstaan en regmaak vir ons volgende wedstryd.*"

Op die hoogste vlak van kompetisie is talent, tegniek en fisieke vermoë 'n gelykmaker. Dit is wanneer die hart, of *mental toughness*, van 'n atleet die verskil maak tussen wen en tweede kom. Sonder sy hart het jy niks. Daar kom 'n punt waar talent alleen nie genoeg is nie.

Hoe wen jy die hart van jou kind of atleet?

Die antwoord is eenvoudig: Jy begin met 'n ooreenkoms en jy staan daarby. Jy gee rigting en sekerheid voor julle in hierdie verhouding ingaan. Jy hou jou woord, en al verlaat die kind of atleet jou vir groener weivelde, hou jy beheer van jouself en die situasie. Elke kind of atleet gaan iewers sy ooreenkoms breek (kop verloor, verkeerde besluite maak, jou teleurstel). Dit is die toetse waarvoor elke afrigter en onderwyser te staan gaan kom. Jy moet jou atlete verstaan en ken. Wees seker tot waar jy bereid is om te gaan, hoe lank jy kan vergewe, en wat jy gaan toelaat. Daar is beslis iewers 'n punt waar jy as afrigter ook die lyn sal moet trek. Die ooreenkoms wat julle het, is jou platform van motivering. Sonder 'n ooreenkoms is daar geen verantwoordelikhede nie en alles word gebaseer op die emosie van die oomblik. Dit is roekeloos en dwaas en talle verhoudings het hieroor al skipbreuk gely.

Om 'n totale afrigter of onderwyser te wees, is net so 'n belangrike verhouding as wat dit is om jou eie kinders groot te maak. Glo my – dit is net so intens, net so broos en net so emosioneel. Jy verbind jouself tot die najaag van iemand se lewensdroom. Hoe meer persoonlik kan 'n mens dit kry? Dit is nie 'n verhouding wat jy gering kan ag nie, selfs nie op die laagste vlak nie.

Afrigters en onderwysers is van die invloedrykste mense op hierdie aarde. Hulle beïnvloed die grootste helde se emosies, persoonlike verhoudings, hoop, passie, besluite en ook hulle prestasies. Jy kan nooit jou rol gering ag nie. Jy weet nooit werklik met wie jy werk tot die groot oomblik aanbreek nie. Jy mag dalk dink jy werk met 'n stoute klein seuntjie of 'n fyn en brose jong dogtertjie, maar in jou hande sit jy dalk met die volgende wêreldkampioen, die volgende legende of selfs die volgende wêreldleier. Die invloed wat jy het verander en vorm daardie kind se toekoms. Is jy gereed vir hierdie verant-woordelikheid? Is jy gereed om jou te verbind tot so 'n intense verhouding? Is jy gereed om getrou te wees selfs in oomblikke van druk en teleurstelling? Wees seker van jou antwoord. As jy nie seker is van jou bereidwilligheid en of jy jouself ten volle wil verbind nie, maak dan eerder die ooreenkoms met jou atleet dat jy 'n spesialis gaan wees wat gaan fokus op een of twee aspekte van afrigting. Moet nooit die verwagting skep dat jy 'n totale afrigter gaan wees, maar eintlik kan jy net op een of twee aspekte van afrigting fokus nie. Wees groot genoeg om dit voor die tyd met hulle uit te klaar sodat hulle, en hulle ouers, nie onrealistiese verwagtinge van jou koester nie.

> Belowe liewer minder en gee meer, as wat jy baie belowe, maar net min kan gee.

Gee jouself eerder uit om as spesialis op te tree. Kwalifiseer jouself as 'n kundige op 'n sekere gebied. Begin dan meer gee as wat van jou verwag word. Spesialiste is broodnodig. Die meeste totale afrigters het eens op 'n tyd begin as 'n spesialis op een gebied. Hoe langer jy aanhou, hoe meer gaan jy leer en hoe meer gaan jy groei. As afrigting jou passie en roeping is, gaan jy uiteindelik baie verder beweeg en meer doen as wat 'n spesialis sal doen. Jy sal groei tot 'n totale afrigter wat uiteindelik persoonlik betrokke sal raak by mense se emosies, drome en lewens. Dit is 'n proses en dit neem tyd.

Enige verhouding word gebou op lojaliteit, interafhanklikheid en vertroue. Jou kinders of atlete wil jou vertrou met hulle emosies, gevoelens en besluite. Uiteindelik kan van hulle enige iets vra en uit lojaliteit en afhanklikheid sal hulle bereid wees om bykans enige iets vir jou te doen. Jou verhouding met kinders en atlete dra dikwels meer krag as die invloed van baie van hierdie kinders se eie ouers. Jou kind of atleet wil jou vertrou. Die vraag is: Is jy betroubaar?

Wanneer jy jouself verbind as afrigter, gee jy dinge van 'n gemiddelde lewe prys wat vir die gewone man op straat 'n opsie is wanneer druk of versoekinge groot raak. Voorbeelde hiervan is emosionele uitbarstings, teleurstellings, woede, aggressie, kop verloor, dronkword-partytjies, skinder, moeg wees, lusteloos wees, los morele optrede, gemiddelde of swak besluite, om maar net 'n paar te noem.

'n Ware afrigter of onderwyser het nie daardie luukshede nie. Jy word 'n pilaar van krag vir iemand anders wat fisies alles moet insit en **emosioneel en geestelik deur jou gevoed moet word.** Jy word 'n mentor en 'n voorbeeld en die belangrikste: Jy word 'n inspirasie. Jou hooftaak is baie meer as net die aanleer van tegnieke. Die aanleer van tegnieke is gebaseer op teorieë. Enige iemand wat kan lees kan oplees oor 'n teorie en dit verkondig. Gaan lees gerus wat ander spesialiste sê oor 'n tegniek. Dit het altyd waarde. Kyk hoe en wat jou atlete doen en gee dan jou persoonlike opinie daaroor. Verander en maak soos jy goeddink. **Tegniek is immers 'n persepsie en 'n interpretasie, nie 'n wet nie.**

> Tegniek is merendeels 'n persepsie van 'n vaardigheid, nie 'n wet op sigself nie.
>
> Wees versigtig om unieke tegniek te verwar met 'foutief'.
>
> Soms is daardie unieke tegniek dit wat jou die kampioen maak.
>
> *Jannie Putter*

Elke afrigter wil graag glo dat sy interpretasie of persepsies van 'n tegniek korrek is. Die maklikste ding is om 'n fout in iemand se tegniek raak te sien. Die grootste fout wat jy kan maak is om 'n fout (in jou opinie) as 'n waarheid te sien. Watter tegniek is werklik perfek? Watter tegniek is 100% korrek? Wêreld-kampioene verskil drasties van mekaar in hulle individuele tegnieke. Is daar korrekte tegnieke of is daar in werklikheid net basiese beginsels wat **suksesvolle** tegnieke onderlê? Die **korrekte** tegniek is uiteindelik die een wat resultate bring vir die atleet waarmee jy werk. Wees oop genoeg om te verstaan dat jy jou kind of atleet se tegniek moet ontdek en nie jou persepsie van 'n tegniek moet afdwing as die enigste en absolute waarheid nie. 'n Kind met 'n unieke tegniek verloor maklik sy selfvertroue as jy hom gedurig laat twyfel of jy daarin glo.

Daar is 'n paar kritieke elemente wat suksesvolle afrigting en opvoeding onderlê. Een van die belangrikste is dat jy jou kind of atleet moet laat glo in homself. Wanneer 'n kind eers glo dat hy kan, kan jy begin werk om tegnieke te verfyn en te skaaf sodat die beste moontlike resultate behaal kan word sonder dat selfvertroue in die slag bly.

Een van die grootste foute wat jy kan maak is om jou kinders of atlete te laat twyfel, veral oor hulle tegniek. Hierdie onsekerheid ontwikkel 'n afhanklikheid van jou opinie by hulle, en dit is strelend vir enige mens se ego. Dit is egter die dood- steek vir jou atleet om uiteindelik selfstandig en seker op te tree in situasies van druk. 'n Onsekere kind of atleet beweeg nooit na 'n plek van volkome selfvertroue waar hy kan doen sonder om te dink nie. Hy sal gedurig na jou aanvaarding soek en homself bevraagteken. So 'n atleet hou ook nooit op om te wonder oor sy tegniek nie (die afrigter herinner hom in elk geval deurentyd daaraan). As jy te veel dink in die hitte van kompetisie, is jy nooit vry nie. Vry beteken jy beweeg na 'n plek (verstandelik) wat ons beskryf as die "ZONE". Die *zone* is 'n plek waar jou liggaam outomaties doen wat jy oor en oor geoefen het. Dan is dit nie 'n bewustelike dinkaksie nie. Die droom van enige afrigter is om 'n atleet op so 'n vlak van selfvertroue te kry dat hy in die *zone* kan ingaan in elke kompetisie.

Selfvertroue is die fondasie van prestasie. Jy moet glo jy kan, dat dit gaan werk, en dat dit die beste keuse is. Selfs al lyk jou tegniek totaal en al anders as die volgende ou s'n, maak dit nie saak nie. Dit gaan uiteindelik oor jou geloof in jou vermoë om resultate te behaal met jou unieke tegniek en jou effektiewe uitvoering daarvan.

Tegniek gaan nie oor hoe dit lyk nie. Tegniek gaan oor basiese beginsels en juis daarom is dit so belangrik dat jong kinders, veral op laerskoolvlak, die korrekte basiese beginsels van vaar- dighede aangeleer moet word. Daarom is die invloed van laer- skoolafrigters en -onderwysers so essensieel. Hulle kundigheid rakende die korrekte basiese beginsels is van kardinale belang, want dit kan uiteindelik 'n kind se loopbaan maak of breek.

Ongelukkig gee die samelewing nie die nodige erkenning en energie aan die kundigheid van laerskoolafrigters en -onder- wysers nie. Ons maak dit af as onbelangrik. Wat 'n tragedie! As 'n kind eers die verkeerde basiese beginsels aangeleer het as gevolg van onkundige afrigting, sit die volgende afrigter met die taak om daardie kind se geloof te behou, maar sy tegniek te verander. Dit is 'n reuse uitdaging. Iewers weet jy dat dit wat jy doen nie werk nie, want jy kry nie resultate nie. Dit veroorsaak uit die aard van die saak twyfel en **twyfel is enige sportman se grootste vyand.** Gelukkig is die mens aanpasbaar. Die proses van tegniekverandering is al telkemale in die geskiedenis met groot sukses bemeester. Ons is in staat om 'n foutiewe tegniek te kan **afleer** en 'n korrekte tegniek **aan te leer.** Dit vat 'n sensitiewe en kundige afrigter om jou geloof te behou deur so 'n proses.

'n Voorbeeld van so 'n situasie is wanneer 'n atleet wat as beginner 'n sekere tegniek by sy of haar afrigter of onderwyser geleer het. Dit is maklik om te werk met beginners, want hierdie kinders weet nog niks. Hulle is soos sponse en doen enige iets wat jy vir hulle sê. Omdat hulle beginners is, lyk alles wat jy hulle leer na 'n reuse verbetering. Sommige kinders het net eenvoudig 'n natuurlike aanvoeling vir sekere aktiwiteite. Hulle verbeter vinnig in vergelyking met hulle maats en almal sien dat hulle potensiaal het. So 'n kind se ouers, afrigter of onderwyser vra outomaties en tereg die vraag: *Is hierdie kind dalk die volgende kampioen? Is dit dalk die begin van* 'n *sprokiesloopbaan?*

Ons moet potensiaal en geleenthede raaksien! Dit is waaroor drome en sukses in die lewe gaan. Ongelukkig word ons maklik verblind deur die wêreld se gejaag na roem en sukses en dan vergeet ons dat ware sukses nie 'n resultaat (veral nie die uitslag van 'n laerskoolkompetisie) is nie, maar 'n proses van lewe.

Die kuns van ouerskap, afrigting en opleiding is om potensiaal raak te sien en dit dan met wysheid te hanteer. Stap een is om 'n liefde en 'n hongerte by die kind te kweek. Jy moet eers 'n kind se hart wen voor jy 'n pad begin stap. Waak daarteen om so 'n groot ophef te maak van 'n kind se vroeë sukses dat hy 'n valse en skewe idee kry van sy vermoëns. Die meeste van die tyd verander die aanvanklike onaantasbaarheid in 'n vrees om te misluk. Kinders leer deur te speel. Wanneer ons die speel wegvat en dit verander na werk, verloor ons dikwels ons kinders se harte. Daar is 'n tyd en plek vir elke ding.

Wanneer 'n kind jou smeek en oortuig dat hy ernstig is en 'n droom het vir 'n spesifieke sport of aktiwiteit, begin jy die proses altyd met 'n ooreenkoms. Jong kinders weet vir seker nie wat al die gevolge van toewyding is nie. Hulle sien net die genot van die oomblik en die aantreklikheid van die roem. Al is dit die waarheid, moet 'n kind eerstens inkoop in die proses, al verstaan hy nie werklik die proses nie. Dit verg wysheid van ouers en afrigters om hierdie proses te bestuur en 'n balans te behou tussen liefde, genot en die toewyding aan die sport of aktiwiteit.

Elke kind met 'n droom verdien 'n geleentheid om dit te verwesenlik. Vind 'n spesialis-afrigter as jy sien jou kind het 'n passie vir iets saam met sy of haar talent daarvoor. 'n Spesialis is opgelei om die basiese tegnieke en beginsels van 'n aktiwiteit vir 'n kind te kan aanleer. Kinders met 'n natuurlike talent pas dikwels die basiese beginsels van 'n sport of ander aktiwiteit toe sonder dat hul dit besef. Maar, daardie beginsels kan dikwels beter toegepas word en dit is waar 'n spesialis-afrigter so belangrik is, want hy kan dit raaksien en adresseer. Dit mag beteken dat hy effens gaan verander aan die tegniek. Let daarop dat verandering baie versigtig en met groot wysheid hanteer moet word. Verandering in tegniek veroorsaak bykans altyd dat die kind se prestasie eers sal val voor dit weer gaan verbeter omrede hy nou meer dink aan elke aksie wat hy doen.

Wanneer 'n atleet swakker presteer, verminder sy ervaring van sukses. Dit beteken sy motivering kom in gedrang. **Sukses-ervarings is immers die grootste bron van intrinsieke motivering.** Die persoonlikheid van die atleet en die vermoë van die afrigter om sy geloof te behou gaan bepaal of die kind hierdie fase suksesvol gaan deursien en of hy gaan opgee en negatief raak.

Talle jong kinders word negatief en bang vir mislukking, veral as hulle vroeg in hulle lewens te veel sukses gesmaak het. Wanneer hul dan in 'n fase kom waarin hul tegnieke verander en verbeter word, gee baie op. Dit is juis daarom dat 'n afrigter baie seker moet wees dat 'n nuwe tegniek op die langtermyn sal werk voor hy aan die ou tegniek verander, want dit is 'n fyn lyn wat baie wysheid en kundigheid vereis. Dit is dikwels beter om twee of drie opinies te kry voor 'n mens besluit om 'n tegniek te verander, want hierdie wysiging beteken dat jy ook verander aan die geloof en motivering van 'n atleet. Soms is 'n vreemde tegniek dalk die volgende deurbraak wat van jou atleet 'n kampioen kan maak. Dink dus baie mooi voor jy 'n tegniek verander. Dit bly 'n opinie. Wanneer 'n atleet sy tegniek verander en hy ervaar nie onmiddellik 'n mate van sukses nie, begin hy maklik in homself twyfel. Om homself emosioneel te beskerm, raak jong atlete maklik negatief (verwag die slegste) om sodoende die vernedering wat hom heel moontlik in die oog staar te probeer beheer (voorspel).

Die ideaal is die aanleer van die basiese beginsels van die korrekte tegniek aan die begin van enige kind of atleet se loopbaan. Die rol van 'n afrigter of onderwyser in so 'n kind se lewe is geweldig belangrik. 'n Totale afrigter is uiteindelik baie meer as net 'n spesialis. Daar is baie spesialiste, maar min totale afrigters. Die ideaal is om uiteindelik 'n totale afrigter te kan wees met ander spesialiste wat deel vorm van die span. Daar is baie afrigters wat 'n strategie of 'n tegniek kan afrig, maar min wat 'n hart kan wen . . . Daar is wel besondere mense wat dit kan doen, maar van tegniek en die basiese beginsels van die sport weet hy ongelukkig min. Sou so 'n persoon groot genoeg wees om te verstaan waarmee hy goed is, sal hy 'n spesialis se hulp kry om die basiese tegnieke vir die atlete aan te leer. Die ideaal is uiteindelik om beide te bemeester, om te weet hoe om 'n kind se hart te wen, en om in staat te wees om 'n tegniek korrek aan te leer. Dit is en bly 'n wonderlike avontuur.

4

Die begin van die verhouding:
Die ooreenkoms

Enige verhouding kan werk as die partye ooreenstem oor
waarheen daardie verhouding op pad is en wat elkeen se rol
in die verhouding is. Sonder 'n ooreenkoms werk ons op aan-
names en die resultaat hiervan is meeste van die tyd intense
teleurstellings en spyt. Hoe sluit 'n mens 'n ooreenkoms? Dit
klink so maklik as 'n mens dit sê: "*Sluit 'n ooreenkoms . . .*" Dit is
amper soos die gedagte van doelwitstelling. Dit klink so maklik
om doelwitte te stel. Ons lees en hoor by suksesvolle mense
hoe belangrik doelwitstelling is. Wanneer jy egter moet gaan
sit en jou doelwitte neerskryf met 'n teikendatum daarby, is
dit asof jou brein 'n lugleegte tref. Jy kan net nie dink wat om
neer te skryf nie. Juis daarom is dit dat meer as 95% van die
samelewing sonder duidelike doelwitte leef. Mense het drome,
maar hulle weet nie hoe om doelwitte te stel nie sodat hulle
hierdie drome kan uitleef nie.

Wat is 'n ooreenkoms en waarom is 'n ooreenkoms so be-
langrik? Ek gaan dit eenvoudig maak. Hier volg 'n voorbeeld
van so 'n gesprek. Ek verwys na die afrigter of onderwyser en
die atleet in hulle manlike vorme, maar dit geld 100% net so vir
die vroulike geslag.

Die ooreenkomsgesprek:
Die proses

Die afspraak tussen ouers en afrigter of onderwyser

Ouers:

"Meneer X, ons wil hoor of u ons kind sal afrig? Ons hoor baie positiewe dinge oor u en ons sal graag ons kind na u wil bring. Het u plek vir hom in u groep?"

Afrigter/onderwyser:

"Dankie vir die vertroue wat julle in my stel. Dit sal vir my 'n voorreg wees, maar heel eerste sal ons 'n ooreenkoms moet sluit. Ons moet saamstem oor die pad voor ons dit begin stap. Kan ons dalk ontmoet sodat ons van aangesig tot aangesig kan gesels?"

Ouers:

"Doodreg, hoe lyk môreoggend om tienuur?"

Afrigter/onderwyser:

"Perfek, ek bring my gedagtes saam. Julle moet vir my sê wat julle verwagtinge en planne is sodat ons kan sien of hierdie verhouding sal kan werk."

STAP 2:

Die ontmoeting met die ouers

As dit 'n individuele sport is, maak jy eers 'n afspraak met die ouers alleen. As dit 'n spansport is, is dit belangrik dat jy 'n ontmoeting reël **met al die ouers van die span voor** jy met die kinders of spelers gesels.

Afrigter/onderwyser:

"Dit is lekker om julle te ontmoet. Dit is vir my belangrik dat ons ooreenkom oor die verwagtinge en behoeftes wat ons van mekaar gaan hê. As ons saamstem daaroor, sal dit vir my lekker wees om met jul kind te kan werk."

Ouers:

"Dankie vir u tyd, ons vertrou dat dit so sal wees."

Afrigter/onderwyser:

"Wanneer ek afrig, raak ek persoonlik betrokke by jul kind se lewe. Julle is die belangrikste rolspelers in sy lewe en dit moet so wees. As julle my die reg gee om in julle kind se lewe in te spreek, moet ons ook ooreenstem oor wat ons van jul kind gaan verwag. As ons uit verskillende monde praat, sal dit nooit kan werk nie.

Ek rig af volgens sekere beginsels. Ek verwag sekere dinge van my atlete. Daar is dinge wat ek vir julle as ouers wil vra waarvoor julle julself moet verbind. Voel asseblief vry om vir my te sê wat julle van my verwag. As ons saamstem oor die pad, kan dit 'n heerlike avontuur wees. As julle dinge verwag waarvan ek nie bewus is nie, kan dit net teleurstelling veroorsaak. As ek van julle dinge verwag waarvan julle nie bewus is nie – presies dieselfde. Julle kind is uiteindelik die een wat dan daaronder sal ly."

Ouers:

"Ons stem saam."

Afrigter/onderwyser:

"Ek gaan van jul kind verwag om in te koop voor ons met die pad begin. Let asseblief op die volgende punte:

» *Ek gaan my bes doen om altyd betyds te wees. Indien ek laat gaan wees, sal ek julle kind laat weet en ook oefeninge gee om solank te begin met opwarming.*

» *Ek verwag van julle kind dieselfde – om betyds te wees. As hy nie betyds kan wees nie, moet hy my vroegtydig te laat weet.*

» *Ek gaan voor elke oefening verduidelik wat ons gaan doen en wat die doel daarvan is – julle kind sal weet wat om te verwag.*

» *Ek wil professioneel wees en ek sal so probeer optree te alle tye. Persoonlike sake van julle kind sal ek konfidensieel hanteer, tensy sy gesondheid of welstand deur my stilswye nadelig beïnvloed sal word. Dan sal ek dit nog steeds met diskresie hanteer.*

» *Ek vertrou dat julle my in my professionele en persoonlike hoedanigheid sal beskerm. Indien daar iets is wat julle pla of kwel, verwag ek dat julle dit met my sal bespreek en nie gerugte en stories sal versprei nie. Ek gaan vir seker nie alles perfek doen nie en ek weet dit. Daarom is ek oop vir julle kommunikasie en gedagtes. Die rede waarom julle my vra om julle kind af te rig, is vir wie ek is en wat ek doen. Ek is honger om te groei en te leer – ek dink beslis nie ek weet alles nie. Ek gaan nie elke nuwe tegniek of teorie waarvan ons hoor of lees toepas nie. Ek wil en sal op hoogte bly met die nuutste vordering en navorsing en sou daar 'n geleentheid opkom, gaan ek vir seker dinge probeer.*

» *Ek sal enige tegniese probleem wat jul kind ervaar, onmiddellik aanspreek, hetsy deur die tegniek te verander of om alternatiewe professionele raad in te win.*

» *Wanneer daar tegniekverandering (wat ek net in uiters noodsaaklike gevalle sal doen) nodig is, sal julle kind se prestasie waarskynlik eers val voor dit gaan verbeter. In daardie tyd (ek sal julle op hoogte hou) is dit baie belangrik dat julle julle kind positief moet ondersteun, want twyfel sal wel inkruip. As hy vir een oomblik in my as afrigter twyfel, is ons verhouding gedoem en mors ons ons tyd. Julle sal my moet ondersteun in daardie tyd. My grootste ideaal is om met elke kind of atleet te werk soos wat hy is.*

» *Hierdie is 'n reis waar ons heeltyd uitdagings sal moet bemeester. Jy kan net die beste word as jy die bestes kan wen. My doel is nie om dit vir julle kind maklik te maak nie. Maklik gaan dit nie wees nie. Ek wil dit vir hom opwindend, lekker en uitdagend maak. Om 'n kampioen te word, is nie vir sissies nie. Ek verstaan daar is tye waarin 'n mens 'af' is. Ek sal sensitief bly vir julle kind se emosionele behoeftes. My doel is om julle kind die beste toe te rus vir die pad na 'n droom. As julle wil hê ek moet net die basiese vaardighede van die sport vir julle kind leer, is dit 100% met my. Dan sal die intensiteit van die sessies bepaal word deur die gemoedstoestand van julle kind. As julle en julle kind egter daarvan droom dat hy moet verbeter en teen die bestes meeding, sal die intensiteit en kwaliteit van oefening en voorbereiding heel anders wees. Dit gaan toewyding en dissipline vereis. Is dit reg so met julle?*

» *Ek vra julle om nie langs die baan te wees tydens oefensessies nie. Julle invloed en oordeel is en sal altyd belangrik vir julle kind wees. As hy elke keer eers moet kyk of julle tevrede is met wat hy doen, of met wat ek doen, gaan dit nie werk nie. Ek moet vry wees om hom af te rig soos ek is. Hy moet vry wees om foute te maak en net homself te kan wees tydens afrigting. As julle teenwoordig is, sal dit nie so wees nie. Ek vertrou julle verstaan my versoek.*

As julle graag die oefensessies wil sien, voel vry om van 'n onsigbare afstand dop te hou. Julle kind mag nie van julle bewus wees nie. Julle mag hom nie na 'n oefening aanvat oor dinge wat julle raakgesien het tydens 'n oefening nie. Dit is 'n verhouding wat ek met hom moet bewerkstellig en dis my werk om dissipline korrek te hanteer.

» Ek sal bly wees as julle kompetisies kan bywoon. Ek vra (soos wat 'n kind verander, verander die situasie) dat julle aanvanklik 'n emosioneel-onbetrokke afstand sal hou. Moet asseblief nie tekere gaan langs die veld of baan nie, want dit plaas onnodige emosionele druk op hom. Die beste kontak of kommunikasie met julle kind is 'n thumbs up wanneer hy in julle rigting kyk, maak nie saak wat hy in die kompetisie doen nie. Hierdie is 'n proses van groei en dit neem tyd. Die beste is om 'n gematigde afstand te behou sodat julle nie emosioneel betrokke kan raak by sy wedstryd nie. Julle is daar om sy vordering en groei te geniet, nie om hom onder emosionele druk en spanning te plaas nie. Een van die grootste redes waarom baie kinders in bedorwe snuiters verander, en ook waarom hulle ophou met deelname, is die feit dat hul hul ouers probeer beïndruk. Ek glo julle verstaan wat ek bedoel?

» Na 'n wedstryd praat ons eerste oor dit wat positief was. 'n Positiewe ervaring is van kardinale belang vir julle kind se volgehoue motivering en toewyding. Daarna vra ons hom wat hy dink hy anders wil doen in die toekoms. Die pad na sukses is 'n proses en dit neem tyd. Dit gaan wysheid vereis van my en van julle. Ek wil hom die beste geleentheid gee en ek wil sy hart behou.

» Daar is karaktereienskappe wat ek van julle kind gaan verwag en daarsonder kan ek nie werk nie:

1. Respek: Vir my as afrigter, vir julle as ouers, vir teenstanders en vir die reëls van die spel.

2. Dissipline: Altyd betyds, emosionele beheer, toegewyd in oefeninge en bly by ons ooreenkoms.

3. Sportmangees: Ek verwag volwasse en trotse optrede teenoor enige vorm van kompetisie, gesag en reëls.

4. Emosionele beheer: Een van die voorvereistes voor ek julle kind sal afrig, is dat hy homself moet verbind om 'mentally tough' te word. Dit beteken geen arrogansie, geen woedebuie, geen verkleinering, geen klaery en geen verskonings. Volle verantwoordelikheid word aanvaar vir uitslae, en as daar dinge buite ons beheer gebeur sal ons eenvoudig moet leer om dit te bemeester. Alles wat sleg is, soos swak skeidsregters, swak ondersteuners, skelm teenstanders, ensovoorts, is dinge wat bemeester moet word as jy die beste wil word. Om daaroor te kla gaan nie deel wees van ons pad nie.

5. Intensiteit: Elke oefening se sukses word bepaal deur julle kind se gesindheid en ek verwag 'n positiewe gesindheid. As jy kind opsetlik lyfwegsteek en ongemotiveerd en negatief is, gaan ek hom vra om uit te sit. Ek glo nie daaraan om kinders te straf met fisieke oefening nie. Kinders moet oefening sien as 'n voorreg en nie as 'n werk of 'n straf nie. Ek wil 'n liefde vir oefening en fisieke aktiwiteit kweek, daarom kan en sal ek nooit fisieke oefening gebruik as metode om kinders

mee te straf nie. Soms is 'n verlore oefening juis die vonk wat jou kind se gesindheid kan verander.

» Ek onderneem om julle in die prentjie te hou aangaande die vordering van julle kind. Ek gaan poog om ten minste twee maal per jaar 'n persoonlike gesprek met julle te hê waarin ons die ervaringe en vordering van julle kind kan bespreek en die pad vorentoe in oënskou kan neem.

» As daar enige ander vrae of versoeke van julle kant is – wees vry om dit met my te bespreek."

Ouers:
"Dis reg so, Coach, ons is in"

Afrigter/onderwyser:
"Dankie, ek stel julle gesindheid hoog op prys en ek gaan my beste gee om hierdie avontuur met julle kind onvergeetlik te maak. Nou moet ons by julle kind hoor of hy reg is hiervoor."

STAP 3:

Die ontmoeting met beide die ouers en die kind of atleet

Hierdie kan ook die ontmoeting wees tussen die afrigter of onderwyser en die span aan die begin van 'n nuwe seisoen. Ek gaan in die gesprek na die enkelvoud verwys (jy), maar dit is presies dieselfde met 'n span (julle).

Afrigter/onderwyser:
"Voor ons begin met hierdie seisoen moet ons ooreenkom oor die pad wat ons gaan stap. Jou ouers het my gevra of ek jou sal help met jou droom. Kan ek vra: Wat is jou droom?"

Atleet:

"My droom is . . ."

Afrigter/onderwyser:

"Is jy seker hieroor? Dit is 'n groot avontuur met baie trane en uitdagings en dit is beslis nie vir sissies nie. Ons sal langs dieselfde vuur moet sit en dieselfde moet dink oor jou droom. Ek het reeds met jou ouers gesels oor wat hulle van my verwag. Ek het ook met hulle gepraat oor wat ek van hulle verwag. Hulle is oukei met alles. Jy moet nou besluit of jy kans sien vir my. Vertel my eers weer van jou droom – waarom het jy hierdie droom?

Atleet:

"Sjoe, Coach, ek wil graag 'n Springbok word." (Of as dit 'n span is: "Coach, ons sal graag die beker wil wen hierdie jaar.")

(Nota: Ek vind dat kinders bang is om groot te droom omdat hul dalk bang is hulle maats spot hulle oor hulle daaroor. Jy moet kinders uitdaag en stimuleer (met vrae) om GROOT te droom. 'n Groot droom vereis baie toewyding en dissipline. 'n Klein droompie vereis nie baie werk of dissipline nie.)

Afrigter/onderwyser:

"Ek hou van jou droom. Wat dink jy gaan ons moet doen om hierdie droom waar te maak? Dink jy dit gaan altyd maklik wees, of dink jy daar gaan hindernisse en moeilike omstandighede wees wat ons sal moet oorkom?"

Atleet:

"Daar gaan vir seker hindernisse en struikelblokke wees om te oorkom, Coach."

Afrigter/onderwyser:

"Wil jy hê ek moet dit vir jou maklik maak? Net lekker oefen, baie speletjies speel en grappies maak, of sou jy wou hê ek moet dit vir jou taai en moeilik maak? Nog steeds pret hê, maar hard oefen, vreemde dinge doen en moeilike omstandighede bemeester?"

Atleet:

"Coach moet dit vir my taai maak. Ek sal graag wil hard oefen en moeilike dinge bemeester. Moet dit nie vir my maklik maak nie, Coach."

Afrigter/onderwyser:

"Wonderlik, ek dink dit is 'n slim besluit. Ons gaan vir seker baie pret hê, maar eerste dinge kom eerste. Jy moet nou besluit wat jou gesindheid gaan wees wanneer ons moeilike dinge doen. Gaan jy kla, of gaan ons as 'n span saamwerk en alles in 'n positiewe gesindheid doen?"

Atleet:

"Ek gaan saamwerk, Coach. Ek sal 'n positiewe gesind-heid hê en ons gaan hierdie dinge bemeester."

Afrigter/onderwyser:

"Is dit 'n ooreenkoms? Sê jy vir my dat ek jou nooit hoef te oortuig om 'n hard te werk en positief te bly nie? Sê jy vir my dat jy positief sal praat, al voel dit asof jy nie meer kan nie?

Atleet:

"Dis 'n ooreenkoms, Coach. Ek verbind my daartoe."

Afrigter/onderwyser:

"Wonderlik! Ek sien uit daarna. Ek hou daarvan om betyds te wees, want tyd is vir my baie belangrik. Ons oefentye is van vieruur tot sesuur. Hoe laat kan ek jou daar verwag? As jy dit nie betyds kan maak nie, sal jy my betyds laat weet? Ek sal betyds wees en as daar iets voorval, sal ek met iemand reël of ek sal die oefeninge vir jou gee sodat jy op jou eie kan aangaan. Is dit reg so?"

Atleet:

"Dit is 100% so, Coach."

Afrigter/onderwyser:

"Dankie. Die volgende punt is selfdissipline. Ek wil dit geniet om met jou te werk. Ek wil hê dat jy net soveel pret het saam met my. Ek wil jou inspireer, nie kritiseer nie. Sal jy my help? Jy moet verantwoordelikheid neem en planne maak, en ek is daar om jou te help. Van tyd tot tyd gaan ek 'n oefensessie in jou hande sit. Ek sal jou sê wat om te doen, en dan gaan ek net kyk hoe jy dit doen. Ek wil sien of jy jouself kan motiveer en of jy op jou eie voete kan dink. Ek wil sien hoe jy uitdagings hanteer en oplos. Is dit reg so?"

Atleet:

"Ja, Coach. Dit is doodreg."

Afrigter/onderwyser:

"Wonderlik. Die volgende punt is persoonlik. Elkeen van ons gaan deur persoonlike uitdagings. Dalk gebeur daar ongemaklike dinge by jou huis of dinge in 'n verhouding loop skeef. Dalk loop dinge nie altyd lekker by die skool nie. Alles beïnvloed jou lewe en ook jou prestasie. Ons moet oop kaarte met mekaar speel. As jy opdaag by 'n oefening en jy is nie lekker nie – vertel my eerste. Ek wil weet wat met jou aangaan en waar ek met jou staan. Een ding moet jy weet. Ek kan en sal jou nie jammer kry nie. Ek weet dat ALLES wat met ons gebeur tot ons voordeel is en dit maak ons sterker, want God se Woord sê so in Romeine 8:28. Daarom kan ek jou nie jammer kry nie. Ons sal oplossings vind vir elke uitdaging wat oor jou pad kom. Ek verwag dat jy altyd die waarheid met my sal praat, is dit reg so?"

Atleet:

"Dit is 100% reg so, Coach."

Afrigter/onderwyser:

"Wonderlik. Ek sal saam met jou staan as jy belowe om in die waarheid te staan. Nou so paar gedagtes oor myself:

Is ek altyd 100% seker wat die regte ding is om te doen? Glad nie.

Gaan ek altyd die regte besluite neem? Beslis nie.

Ek kan net besluite neem op grond van wie ek is, wat ek ken en waarvoor ek staan. Ek weet ek is 'n goeie afrigter. Ek kan nie afrig as ek dit nie glo nie. Ek glo in wat ek doen en dit kan net werk as jy ook glo in wat ek doen. As jy my betwyfel sal niks kan werk nie. As ek jou vra om op jou hande te loop moet jy glo dit gaan werk vir jou. Dan moet jy nie vra: 'Hoekom, Coach?' nie! Jy moet glo daar is 'n rede waarom ek dit sal vra. Jou geloof in wat ek doen is uiters belangrik. As jy nie glo nie kan ek jou nie afrig nie.

Gaan ek almal tevrede stel met my besluite? Die kans daarvoor is amper nul. Ek en jy moet werk as 'n span. Jy moet saam met my spring as ek sê ons spring.

Daar gaan natuurlik tye wees wat ons van mekaar verskil. Ons sal mekaar leer ken met tyd. Jy moet inkoop saam met my, want ons word 'n span. Ons sal dinge bespreek en ondersoek – ek het geen probleem daarmee nie Die vinnigste manier waarop ons verhouding vernietig sal word, is wanneer jy agter my rug begin om my te bevraagteken. Dan kan ons dit maar net sowel nou laat staan. Ek verbind my daartoe om altyd eerlik en reguit met jou te praat en om te erken as ek 'n fout gemaak het. Dit is die risiko wat ons saam moet vat, is dit reg met jou?"

Atleet:

"Dis reg so, Coach."

Afrigter/onderwyser:

Daar is 'n paar sake wat ek reeds met jou ouers bespreek het. Ek lig jou net hiervan in en wil hoor of jy oukei is met die volgende:

» *Ek sal voor elke oefening verduidelik wat ons gaan doen en wat die doel daarvan is. Jy sal dus weet wat om deur die oefening te verwag.*

» *Ek gaan ons verhouding met respek hanteer. Ek sal jou persoonlike sake tussen ons hou tensy dit nie tot jou voordeel is nie.*

» *Ek verwag dat jy en jou ouers my as afrigter en ook in my persoonlike hoedanigheid sal beskerm. As daar iets is wat jou bekommer of waarmee julle ongelukkig is, bespreek dit met my maar moet asseblief nie stories en gerugte versprei nie. My deur is altyd oop om van julle te hoor.*

Julle vra my om jou te help. Ek doen dinge soos ek is en hoe ek glo. Jy sal my moet vertrou, selfs al wonder jy soms hoekom ek dinge doen. Ek kan net afrig soos ek is. Ek sal myself op hoogte te hou met die nuutste vordering en navorsing om jou ook die beste te kan gee.

» *Ek gaan sover moontlik enige tegniese probleem wat jy ervaar dadelik probeer aanspreek – hetsy deur jou tegniek te verander of om dalk ander professionele raad in te win.*

» *Wanneer ons dalk jou tegniek moet verander (wat ek net in uiterste gevalle sal doen), moet jy weet dat jou prestasie waarskynlik – nie altyd nie – eers gaan afneem voor dit gaan verbeter. Jy moet dan vasbyt om saam met my te bly werk en te glo dat dit gaan beter word. Dit is deel van duisende atlete se loopbane. Jou liggaam groei en verander. Daarmee saam ook dikwels jou tegniek. Verstaan jy dit en is jy oukei daarmee?*

» Ek weet daar is tye wanneer 'n mens net 'af' is. Ek verstaan dit 100%. Ons het egter nie die luuksheid om buierig en ongeskik met mekaar te wees nie. Vir ons verhouding is respek die fondasie waarop alles staan. Is dit reg so met jou?

Nota: Belangrik – in die geval van vroulike atlete op topvlak is dit noodsaaklik dat jy bewus is en kennis dra van jou atleet se maandstondesiklus. 'n Vroulike atleet het dikwels 'n groter emosionele behoefte as manlike atlete en jou bewustheid van haar emosionele siklus is dus essensieel.

» My doel is om jou te help dat jy jou droom kan leef. As jy nie regtig meer glo dat jy jou droom kan bewaarheid nie en dit rustiger wil vat, is dit 100% met my. Ek wil nie iets jaag, maar jy glo nie daarin nie! Jy moet eerlik wees met my. As jy regtig daarvan droom om die beste te word, sal die intensiteit en kwaliteit van ons oefening nie altyd gemaklik wees nie. Dit vat meer dissipline en meer toewyding as wat die gemiddelde mens bereid is om te gee. Is jy regtig gereed vir hierdie uitdaging?

» Ek het jou ouers gevra om nie by ons oefensessies te wees nie. As jy elke keer moet kyk of jou pa of ma saamstem met wat ons doen, gaan dit nie werk nie. Aan die ander kant – wanneer jy foute maak (wat jy beslis gaan doen) wil ek nie hê jy moet bekommerd wees oor jou pa of ma langs die kant nie. Ek wil hê dat jy moet vry wees om jou beste te probeer. Jy moet vry wees om foute te maak. As jy bang is om foute te maak, gaan niks vir jou werk nie. Jy sal moet leer om kanse te vat.

» Ek het ook met jou ouers gepraat oor hulle optrede by kompetisies. Ons wil hulle daar hê, maar op 'n

afstand. Jy moet leer kompeteer sonder dat jy be-
kommerd is of jou pa en ma tevrede is. Jy moet vry
wees wanneer jy deelneem.

» *Daar is bepaalde karaktereienskappe wat ek van jou*
  gaan verwag. As ons nie hieroor saamstem nie, dan is
  ek nie die regte afrigter vir jou nie:

1. *Respek: Vir my, vir jou ouers, vir teenstanders, vir*
    die skeidsregters (al is hulle soms verkeerd) en vir
    die reëls.

2. *Dissipline: Ek verwag van jou om betyds te wees,*
    om in beheer te wees van jou emosies (jy het nie die
    voorreg om jouself op te ruk nie), om toegewyd te
    wees in oefeninge en te bly by ons ooreenkoms.

3. *Sportmangees: Ek verwag van jou om met respek*
    en trots op te tree teenoor teenstanders, skeids-
    regters, ander kinders se ouers, en enige vorm
    van gesag of reëls, maak nie saak of die ander
    partye dalk verkeerd is nie.

4. *Emosionele beheer: Jy sal moet leer om mentally*
    tough te wees. Dit beteken geen arrogansie, geen
    woedebuie, geen verkleinering van 'n teenstand-
    er, geen klaery en geen verskonings. Jy neem
    volle verantwoordelikheid vir wat gebeur. As daar
    dinge buite ons beheer gebeur, sal ons eenvoudig
    moet leer om dit te bemeester.

Daardie slegte dinge soos swak skeidsregters, swak on-
dersteuners, teenstanders wat oneerlik is, ander kinders
se ouers wat jou probeer intimideer, ensovoorts Dit is alles
dinge wat jy sal moet bemeester as jy die beste wil word.

5. *Intensiteit: Elke oefening se sukses word bepaal*
    deur jou gesindheid. Ek gaan my beste gee. Ek
    gaan jou beste verwag. Daar gaan baie tye wees

wat ons net gaan ontspan en pret hê. Wanneer ons besluit om hard te werk en jy het klaar in jou kop besluit jy sien nie kans nie – sê my voor die tyd. Dan is dit beter dat ons nie oefen nie. Dit doen jou meer skade om swak te oefen as wat jy eerder uitsit en te kyk hoe die ander oefen. Dan groei 'n mens se honger weer. Om swak en negatief te oefen breek jou gees.

» *Ek beplan om ten minste twee maal per jaar met jou ouers te gesels oor jou en jou pad vorentoe. Is dit alles reg so met jou?"*

Atleet:

"Dis alles reg so, Coach."

Afrigter/onderwyser:

"Wonderlik, nou weet ons wat ons van mekaar kan verwag. Is daar dalk nou enige iets wat jy van my wil weet?"

Atleet:

Stilte

Afrigter/onderwyser:

"Dan begin ons amptelik met ons nuwe seisoen. Dankie vir die gesels. Ek sien uit na die avontuur. Ons sien mekaar Maandagmiddag om vieruur."

Groet is baie belangrik en dit is die fondasie van elke ontmoeting. Maak moeite met hoe jy jou atlete groet. Voor die covid-19-pandemie was 'n handdruk altyd gepas. Dalk verander ons manier van groet dramaties, maar dit kan altyd baie persoonlik bly! Jy kan 'n spesiale groet uitwerk wat jy en jou atlete laat uitstaan van ander. Vermy dit om te soengroet. Soengroet is vir families en verliefdes. Groet is jou eerste manier om respek te wys wanneer julle mekaar ontmoet.

Beide partye (jy en jou kind of atleet) is nou in 'n posisie van medeverantwoordelikheid. Die ooreenkoms het die fondasie gelê vir vryheid binne die raamwerk van julle ooreenkoms.

'n Ooreenkomsgesprek klink so maklik en dit is maklik as jy dit reg doen. Dit is baie makliker en gemakliker om nie so 'n gesprek te hê nie, maar dan kies jy dadelik die pyn van spyt. Hoeveel van julle wat nou hier lees het al ooit so 'n gesprek met 'n afrigter of onderwyser in jou lewe gehad? Hoeveel van julle het al ooit so 'n gesprek met jou ouers gehad? Dit is waarom soveel verhoudings uitdraai op hartseer en teleurstelling. Onthou die reël:

Iets wat maklik is om te doen is ook iets wat maklik is om nie te doen nie.

Die verskil tussen sukses en mislukking is dikwels verskuil in daardie maklike dinge.

Jannie Putter

So paar van daardie maklike dinge om te onthou:

- Is dit maklik om 'n ooreenkomsgesprek met 'n kind, atleet of span te hê?

- Is dit maklik om jou program vir die middag uit te skryf en gereed te hê voor 'n oefening?

- Is dit maklik om *voor* elke oefensessie 'n ooreenkoms te kry by elke individu?

- Is dit maklik om mense met respek te groet en te hanteer?

- Is dit maklik om by jou ooreenkoms te bly?

- Is dit maklik om te staan by wat julle besluit het?

Is bogenoemde aspekte al 'n gewoonte by jou, of moet jy dalk begin om bewustelik 'n paar daarvan in te oefen? Sukses is beskikbaar vir elkeen wat bereid is om daardie maklike dinge te doen. Die gemaklike verskoning is om te sê jy het nie tyd daarvoor nie. In so 'n geval moet jy jou afrigting op die veronderstelling baseer dat dinge op 'n sekere manier moet gebeur. Die uitslag van meeste veronderstellings is teleurstellings in mense en beskuldigings wat heen en weer gegooi word. Talle verhoudings, van die laagste vlak van afrigting tot op die hoogste vlak, het al versuur omdat die verhouding gebou was op 'n veronderstelling sonder 'n duidelike ooreenkoms.

- Die belangrikste deel van enige projek is die korrekte beplanning daarvan (die begin).

- Die belangrikste deel van 'n huis is sy fondasie (die begin daarvan).

- Die belangrikste deel van opvoeding is jou kinderjare (die begin).

- Die belangrikste deel van afrigting of opvoeding is die ooreenkoms (die begin). Dit berei die tafel voor vir die avontuur wat kom.

Begin die verhouding reg; begin met 'n ooreenkoms en spaar jouself baie hartseer en teleurstelling.

5

Doelwitstelling aan die begin van 'n seisoen: Hoe doen ek dit?

Steven R. Covey maak 'n stelling in sy boek, *The Seven Habits of Highly Effective People,* waar hy sê: "Successful people begin with the end in mind". Deur die hele lewe werk dit so – sonder 'n duidelike doelwit of teiken word ons werk en ons lewe net 'n dolle gejaag na niks. Voor jy jou oë uitvee word elke dag in beslag geneem deur dinge wat jou net besig hou maar nêrens neem nie. Jy slaan daardie spreekwoordelike vure dood en jy is uitgeput aan die einde van elke dag. Dit is 'n besige, maar rigtinglose en uiteindelik sinnelose lewe.

> Ons is besig met so baie dinge dat ons min dinge regtig goed doen. Moet ons nie dalk begin om minder dinge te doen en daardie dinge beter doen nie?
>
> Dan sal elkeen meer sukses kan smaak en ons lewens sal ook baie meer sin maak.
>
> *Jannie Putter*

Die meeste van julle wat nou hier lees weet reeds: 'n Doelwitstelling is noodsaaklik vir 'n suksesvolle loopbaan, huwelik, werk en lewe. Dit is nie nuwe nuus nie. Ek vra jou nou: Het jy jou eie persoonlike doelwitte vir hierdie jaar, en dalk vir die volgende vyf jaar van jou lewe, gaan bedink en neergeskryf met 'n teikendatum daarby? Die algemene antwoord hierop is gewoonlik: *"Ek het my doelwitte en ek weet waarheen ek op pad is, maar ek het dit nog nie neergeskryf nie."* Ek kan net glimlag. As dit jou antwoord is, kan jy geensins verstaan wat die effek van doelwitstelling is nie. Om van iets te weet en om iets te verstaan is twee verskillende wêrelde. Die verskil is dikwels so klein (dink en doen), tog is die effek daarvan dramaties.

Jy verstaan wat jy weet die oomblik wanneer jy self doen dit wat jy weet en slegs dan kan jy dit vir iemand anders leer. Begrip is 'n baie hoër vlak van intelligensie as blote kennis. Kennis is beskikbaar vir almal. Jy kan op die internet soek en 'n leeftyd se kennis op jou rekenaar aflaai. Kennis wat egter nie oorgaan in begrip nie het min waarde.

Hoe kan jy iets vir iemand anders leer as jy dit nie self verstaan nie? Hoe kan jy 'n tegniek vir 'n atleet aanleer as jy nie verstaan wat die sleutelpunte en die ergonomiese effek daarvan op die liggaam is nie? Talle afrigters en onderwysers probeer kinders of atlete se tegniek verander sodat dit lyk soos die tegniek van die kampioen in die boek. Hulle verstaan egter nie dat tegniek 'n persoonlike en unieke kwaliteit is wat met tyd ontwikkel en bemeester word nie. Tegniek is spesifiek tot elke individu, want elkeen het 'n unieke samestelling. Elkeen van ons se DNS verskil. Jou spiersamestelling is uniek, jou beenlengte is uniek, jou swaartepunt is uniek, jou balans is uniek, jou spierkrag is uniek, jou uithouvermoë is uniek, jou denkwyse is uniek, jou persoonlikheid is uniek, jou emosies is uniek. Natuurlik is daar basiese beginsels wat enige suksesvolle tegniek onderlê, maar die uitvoering daarvan kan totaal en al verskil van persoon tot persoon. 'n Atleet se doelwit moet nooit wees om te probeer lyk en doen soos iemand anders nie. Dit werk vir daardie persoon, maar jy is anders. Jy moet uitvind wat vir jou werk.

Twyfel is enige sportman se grootste vyand. As jy twyfel in jou tegniek, is jy gedoem tot mislukking. Wanneer druk verhoog, bring dit twyfel na die oppervlakte. As jy onseker is oor wat jy doen, sal jy, wanneer jy in situasies van druk kom, dit halfhartig en versigtig doen. Dit is amper onmoontlik om suksesvol te wees met so 'n benadering. Sou jy wel suksesvol wees terwyl jy versigtig en halfhartig was, kan jy dit maar net toeskryf aan geluk. Nou ja, soms is geluk (die perfekte tyd op die perfekte oomblik) al wat ons nodig het en dit gebeur.

> The more I practice, the luckier I get.
> *Gary Player*

Doelwitstelling aan die begin van 'n seisoen en aan die begin van 'n loopbaan is uiters noodsaaklik. Dit is stap nommer twee wat volg na julle ooreenkoms. Elke kind of atleet moet duidelike doelwitte (teikens) hê waarheen hy werk. Duidelike doelwitte gee rigting, dit maak die proses van vordering meetbaar, en dit dien as bron van motivering.

'n Groot fout wat baie afrigters, onderwysers, kinders, atlete en ouers maak, is om uitslag as doelwit te hê. Om uitslag as doelwit te hê is nie wys nie. Uitslag is die GEVOLG van die bereiking van persoonlike doelwitte. Uitslag is die droom, nie die doelwit nie!

Wat is uitslagdoelwitte (drome)?

- "Ek wil 'n wedstryd wen."

- "Ek wil die span maak."

- "Ek wil 'n kompetisie wen."

- "Ek wil nommer een word."

- "Ek wil 'n Springbok word."

Baie van hierdie drome is geskryf is as doelwitte op die borde van afrigters en onderwysers. Hierdie is **drome**, nie doelwitte nie! 'n Droom is 'n eindpunt en 'n strewe; 'n doelwit is 'n tree in die rigting van daardie eindpunt. Talle mense droom van groot dinge, maar hulle weet nie hoe om te begin en die eerste tree te gee nie. Hulle weet nie waarheen nie en hulle is meeste van die tyd te bang om 'n fout te maak.

'n Goeie doelwit is nooit 'n uitslag nie. Uitslag is onbekend, buite jou beheer en die komponent wat aan sport en kompetisie sy kleur, geur en romantiek gee. Uitslag (onsekerheid) is die adrenalien wat ons voel wanneer die bloed polsend deur jou are pomp voor jy in die blokke sak of voor jy op die veld draf. Almal droom van 'n suksesvolle uitslag en as ons seker kon wees daarvan, sou kompetisie sy waarde, misterie, aantreklikheid en adrenalien verloor. Tog is dit vreemd dat soveel mense probeer om seker te wees van 'n uitslag voor hulle hulle beste gee.

Goeie doelwitte is daardie klein dingetjies of treetjies wat ons elke dag moet doen om ons nader aan ons droom te bring. Dit is belangrik om groot te droom, want 'n goeie droom is 'n droom wat jou asem wegslaan en wat jou laat wakkerlê in die nag; 'n droom wat uiteindelik groter is as jy.

> 'n Droom is 'n prestasie – 'n eindresultaat.
> 'n Doel is die stappe wat nodig is om by die droom te kom.
> 'n Goeie doelwit is nooit 'n resultaat nie.
> 'n Goeie doelwit is een tree in die rigting van jou droom.
>
> *Jannie Putter*

'n Wyse afrigter verstaan dat 'n mens begin met klein treetjies – soos enige mens wat leer om te loop. Die eerste paar treë is altyd wankelrig en onseker. Dit neem tyd en herhaling totdat jou eerste treë verander na sekere treë. Wanneer jy selfversekerde treë kan gee, slaan jy dalk oor na 'n onsekere en wankelrige draffie. Soms val jy. Dit gebeur met die meeste van ons. Ons raak maklik vol selfvertroue en dan kyk ons nie meer waar ons trap nie. Voor jy jou oë uitvee, lê jy op die grond, want jy het nie die trappie of die klip raakgesien nie. Hierdie is 'n nimmereindigende proses waarin jy elke keer meer ervaring en wysheid leer. Foute word minder en jy kan meer kanse begin waag. Jy begin jouself beter ken en as jy aanhou met hierdie proses van groei, word jy uiteindelik 'n meester. Dit is waarvan almal droom. Selfs die mees ervare mense val nog steeds, want die uitdagings van die lewe verdwyn nooit nie. Dit is waaroor lewe gaan – om die uitdagings van die oomblik, van hierdie dag die hoof te kan bied en te bemeester.

Die proses is eenvoudig. Jy kan nie begin hardloop voor jy nie kan stap nie. Jy kan nie berekende kanse vat voor jy nie die basiese vaardighede bemeester het nie. Jy kan nie ophou om uit te kyk vir die klein trappies en die klein steentjies wat oral lê nie, maak nie saak hoe goed jy is nie.

Foute sal altyd deel wees van hierdie proses en daarsonder staan jy stil en is jy nêrens heen op pad nie. Om uiteindelik 'n meester te word beteken bloot dat jou foute minder word omrede jy hulle waarskynlik meer gemaak het as ander. Jy ontwikkel 'n groter vryheid (in jou denke) om kanse te waag. Die kanse wat jy vat is meer gereeld suksesvol omdat jy hulle al genoeg gemaak het. Dit bly 'n proses sonder 'n eindpunt. 'n Fout is 'n gebeurtenis en nie 'n resultaat nie – behalwe as jy besluit om op te gee. Dan is dit 'n resultaat.

Hoe, en watter doelwitte moet jy vir jou atlete stel?

'n Paar punte om te onthou:

- Alles begin by 'n droom en daarom moet ons kinders leer om GROOT te droom.

- Dit gaan oor die kind se droom, nie jou droom vir jou kind nie. Laat jou kind jou oortuig van sy droom. Wanneer hy jou smeek en enige iets sal doen om daardie droom te leef, dan het jy sy hart.

- Wanneer 'n kind sy droom met jou gedeel het, vra: *"Hoe dink jy gaan ons daarby uitkom?"*

- Die antwoord sal altyd iets wees soos: *"Ek sal moet hard werk, hard oefen en bereid wees om ekstra in te sit."*

- Dis die oomblik waar die platform gereed is om doelwitte te stel.

> Successful people begin
> with the end in mind.
> *Steven R. Covey*

Die gesprek:

Nota: Vir die doeleindes van hierdie boek gaan ek tennis as 'n voorbeeld neem om 'n gesprek te illustreer.

Afrigter/onderwyser:

"Jy is reg. Hoe gaan ons dit meet? Dit is belangrik dat jy moet voel dat jy beter word. Ons moet jou vordering kan meet. Dink bietjie aan die vaardighede wat jy sal moet bemeester in hierdie sport. Kom ons skryf hulle neer . . ."

Nota: Sit 'n pen en papier voor die kind neer en vra hom om dinge wat hy sal moet bemeester, neer te skryf. Jy sit saam met die kind en gesels, maar die kind moet skryf!

Elke sport het verskillende **sleutelvaardighede**. Daar is ook essensiële, dog onsigbare vaardighede wat uiteindelik die bestes van die gemiddeldes onderskei. Dit is belangrik dat jy as afrigter soveel moontlik kennis hiervan moet dra! As jy nie self die sportsoort beoefen het en eerstehandse kennis dra van die eise van die sport nie, is daar talle YouTube-video's waar sportsterre getuig van die uitdagings wat hulle moes oorkom. Leer by hulle! As jy net die sport op skoolvlak beoefen het beteken dit vir seker nie dat jy die eise van topprestasie ken of verstaan nie. Tegnologie is beskikbaar om jou te help – gebruik dit!

Doen moeite hiermee. Jy gaan dit net eenmaal hoef te doen, dan weet jy dit. As jy nie moeite doen om kennis hiervan op te doen nie, sal jy altyd raai en jou eie onsekerheid sal veroorsaak dat Jy nooit regtig met gesag hieroor kan praat met jou atlete nie. Sodra jy hierdie kennis opgedoen het, of self eerstehandse ervaring daarvan het, sal jy weet wat dit vat om 'n meester te word. Eers dán kan jy werklik doelwitte saam met jou atlete bespreek.

Afrigter/onderwyser:

"Wat dink jy sal jy alles moet leer?"

Kind/atleet:

"Coach, ek sal al die verskillende houe moet leer wat daar is. 'n Voorhand, 'n rughand, 'n afslaan, 'n vlughou, 'n mokerhou . . ."

Afrigter/onderwyser:

"Jy is reg. Dit is sekerlik waar ons moet begin. Wat dink jy is daar buiten die verskillende houe wat jy nog sal moet leer voor jy 'n meester kan word in tennis?"

Kind/atleet:

"Ek sal moet hard werk, Coach. Ek sal moet fiks wees en ek sal moet leer hoe om my teenstanders op te som."

Afrigter/onderwyser:

"Jy is reg. Fiksheid is ontsettend belangrik en so ook krag, soepelheid en spoed. Daar is nog ander dinge ook – wat dink jy kan dit wees?"

Kind/atleet:

"Sjoe, ek weet nie, Coach. Help."

Afrigter/onderwyser:

"Om die beste te word, is 'n avontuur wat nooit gaan ophou nie.

» Jy is reg oor die houe, en onthou, daar is opwindende maniere om elke hou te speel. Daar is 'n topspin, 'n sny, 'n drop shot, 'n lob en so hou dit aan . . .

» Daar is verskillende situasies wat jy moet ervaar. Wat doen jy as die momentum aan jou kant is? Wat doen jy as die momentum aan die teenstander se kant is?

» Hoe gaan jy dink en speel wanneer jy voor is? Hoe gaan jy dink en speel wanneer jy agter is?

» Daar is kritiese oomblikke in 'n wedstryd – jy sal voel en leer ken. Jy sal moet leer wat om met hulle te maak.

» Jy gaan druk ervaar – daar gaan mense langs die baan sit. Die ouers van teenstanders is soms baie wreed. Jy gaan met skeidsregters te doen kry – sommige puik, ander korrup. Jy moet leer om te speel as die wind waai as dit verskriklik warm is, en wanneer jy moeg is.

- » *Jy moet leer hoe om in finale te speel – die ervaring van druk is net anders.*

- » *Jy sal jou teenstanders reg moet opsom – elkeen het 'n manier van speel en jy moet die beste manier vind om teen hom of haar te speel.*

- » *Jy moet leer hoe om te wen.*

- » *Jy moet leer om teleurstelling te verwerk en jou kop hoog te hou.*

- » *Jy moet leer om op 'n waardige wyse met sukses te kan deel.*

- » *Jy moet leer hoe dit gaan voel as jy die teiken is – as almal jou graag wil wen omdat jy die 'een is om te wen'.*

- » *Jy moet leer hoe om te veg as jy agter is, om vas te byt en nooit tou op te gooi nie, want in tennis het jy altyd nog 'n kans.*

- » *Jy moet leer hoe dit is om voor te wees en steeds aan te hou om aan te val.*

- » *Jy moet leer om nie na ander te kyk nie, maar na jouself, jou eie standaarde en jou eie waardes.*

- » *Jy moet leer om die negatiewe opmerkings van ander nie persoonlik te vat nie. Jy sal mentally tough moet word.*

- » *Jy sal moet leer hoe om met arrogante en negatiewe teenstanders te werk.*

- » *Jy sal moet fikser en vinniger word as al die ander.*

- » *Jy sal moet reg eet, gedissiplineerd leef en wyse besluite moet neem.*

- » *Jy moet leer hoe om met die pers te kommunikeer. Jy sal moet leer om voor mense te praat en om in die openbaar op te tree.*

- » *Jy sal moet leer hoe om op te staan nadat jy platgeslaan is.*

- » *Jy sal moet leer hoe om jou vreugde te behou, selfs al voel dit asof dit die einde van die wêreld is.*

- » *Jy sal moet leer om in beheer te wees van jou emosies in alle omstandighede.*

- » *Jy sal moet harder te werk as enige iemand anders.*

- » *Jy sal moet bly glo en nooit jou hoop verloor nie.*

Verstaan jy nou hoe groot is hierdie avontuur? Dink jy jy is reg vir al hierdie dinge?"

Kind/atleet:
"Sjoe, Coach – ek het nie aan al hierdie dinge gedink nie, maar dit maak my sommer opgewonde. Ja, Coach, ek wil dit doen."

Afrigter/onderwyser:
"Wonderlik, dan sluit ons nou 'n ooreenkoms. Ons gaan hierdie avontuur saam leef. Jy gaan leer om al hierdie dinge te bemeester. Jy moet my nou belowe dat jy nooit jouself gaan meet aan hoe vinnig jy wen nie. Wen is 'n resultaat wat sorg vir homself wanneer jy gereed is. As jy goed genoeg speel op die dag, sal jy die wedstryd wen. As jou teenstander beter en slimmer speel, gaan jy ervaring wen, maar nie die wedstryd nie. Van nou af is wen of verloor nie iets waaroor ons praat nie. Van nou af is jy 'n wenner – altyd 'n wenner. As jy nie die wedstryd wen nie, dan wen jy ervaring, maar verloor is nie meer deel van jou gedagtes nie. As iemand na 'n wedstryd vir jou vra hoe dit gegaan het, is jou antwoord

altyd dieselfde: 'Ek het gewen'. (die wedstryd of ervaring – een van die twee). Kan ons daaroor ooreenkom?"

Kind/atleet:
"Ja, Coach, dis reg met my."

Afrigter/onderwyser:
"Dit waaraan jy dink, is dit waarnatoe jy gaan. As jy dink aan verloor, word jy bang en begin jy twyfel. As jy dink aan sukses gaan jou liggaam na die aanvalkant. Verloorders is bang vir verloor. Wenners wil suksesvol wees en jy is 'n wenner. Jy wen óf die wedstryd óf jy wen ervaring. Vir elke oefening gaan ons 'n doelwit hê. As jy daardie doelwit kan bemeester aan die einde van die oefening, gee ek jou 'n thumbs up. Ons gaan elke doelwit evalueer op 'n skaal van een tot tien. Ons gaan nie stop totdat elke doelwit 100% bemeester is nie – is dit reg met jou?"

Kind/atleet:
"Dis reg met my, Coach."

Afrigter/onderwyser:
"Gaan huis toe te gaan skryf elke doelwit neer waaraan jy kan dink. Dan gaan ons hulle een-vir-een afmerk tot jy elkeen bemeester het."

Kind/atleet:
"Reg, Coach."

Doelwitstellingskaart (tennis):

Vaardigheid	Vlak van bemeestering
Voorhand	
Voorhand (*topspin*)	1 2 3 4 5 6 7 8 9 10
Voorhand (sny)	1 2 3 4 5 6 7 8 9 10
Voorhand (*cross-court*)	1 2 3 4 5 6 7 8 9 10
Voorhand (*down-the-line*)	1 2 3 4 5 6 7 8 9 10
Voorhand (*inside-out*)	1 2 3 4 5 6 7 8 9 10
Voorhand (middelbaan)	1 2 3 4 5 6 7 8 9 10
Voorhand (naderhou)	1 2 3 4 5 6 7 8 9 10
Voorhand (halfbaan-*volley*)	1 2 3 4 5 6 7 8 9 10
Voorhand (*volley* – bokant die skouer)	1 2 3 4 5 6 7 8 9 10
Voorhand (*volley* – onder die skouer)	1 2 3 4 5 6 7 8 9 10
Voorhand (*drop shot*)	1 2 3 4 5 6 7 8 9 10
Voorhand (dryf-*volley*)	1 2 3 4 5 6 7 8 9 10
Voorhand (mokerhou)	1 2 3 4 5 6 7 8 9 10
Voorhand (mokerhou agter die kop)	1 2 3 4 5 6 7 8 9 10
Voorhand (*lughou*)	1 2 3 4 5 6 7 8 9 10
Voorhand (herstel nadat jy "ge-lob" is)	1 2 3 4 5 6 7 8 9 10
Rughand	
Rughand (*topspin*)	1 2 3 4 5 6 7 8 9 10
Rughand (sny)	1 2 3 4 5 6 7 8 9 10
Rughand (*cross-court*)	1 2 3 4 5 6 7 8 9 10
Rughand (*down-the-line*)	1 2 3 4 5 6 7 8 9 10

Rughand (middelbaan)	1 2 3 4 5 6 7 8 9 10
Rughand (naderhou)	1 2 3 4 5 6 7 8 9 10
Rughand (halfbaan-*volley*)	1 2 3 4 5 6 7 8 9 10
Rughand (*volley* – bokant die skouer)	1 2 3 4 5 6 7 8 9 10
Rughand (*volley* – onder die skouer)	1 2 3 4 5 6 7 8 9 10
Rughand (*drop shot*)	1 2 3 4 5 6 7 8 9 10
Rughand (dryf-*volley*)	1 2 3 4 5 6 7 8 9 10
Rughand (mokerhou)	1 2 3 4 5 6 7 8 9 10
Rughand (mokerhou agter die kop)	1 2 3 4 5 6 7 8 9 10
Rughand (*lob*)	1 2 3 4 5 6 7 8 9 10
Rughand (herstel nadat jy "ge-lob" is)	1 2 3 4 5 6 7 8 9 10
Afslaan	
Plat-afslaan	1 2 3 4 5 6 7 8 9 10
Topspin-afslaan	1 2 3 4 5 6 7 8 9 10
Sny-afslaan	1 2 3 4 5 6 7 8 9 10
Mental Toughness	
Aanval onder druk	1 2 3 4 5 6 7 8 9 10
Negatiewe teenstander maklik hanteer	1 2 3 4 5 6 7 8 9 10
Van agter af kan veg en terugkom	1 2 3 4 5 6 7 8 9 10
Voor wees en voor bly in aanval	1 2 3 4 5 6 7 8 9 10
Strategie kan verander wanneer teenstander *zone*	1 2 3 4 5 6 7 8 9 10
Geduldig bly in alle omstandighede	1 2 3 4 5 6 7 8 9 10
Wyse keuses maak onder druk	1 2 3 4 5 6 7 8 9 10
Positief bly in ALLE omstandighede	1 2 3 4 5 6 7 8 9 10
Altyd in beheer van my emosies	1 2 3 4 5 6 7 8 9 10

Die standaard stel en nie "soos ander" oefen nie	1 2 3 4 5 6 7 8 9 10
Intensiteit gedurende oefeninge hoog hou	1 2 3 4 5 6 7 8 9 10
Intensiteit gedurende wedstryde hoog hou – fokus	1 2 3 4 5 6 7 8 9 10
Kritiese punte met wysheid te speel	1 2 3 4 5 6 7 8 9 10
Momentum kan "draai"	1 2 3 4 5 6 7 8 9 10
Momentum kan behou	1 2 3 4 5 6 7 8 9 10
Leergierig wees – nie antwoorde hê nie	1 2 3 4 5 6 7 8 9 10
Verantwoordelikheid neem – GEEN verskonings nie	1 2 3 4 5 6 7 8 9 10
Hantering van beserings	1 2 3 4 5 6 7 8 9 10
Fiksheid en krag	
Uithouvermoë (5 km tot 10 km)	
Spier-uithou (10 X 400 m)	
Spoed-uithou (10 X 100 m)	
Krag-uithou (3 stelle van) ✓ 20 x *push-ups* ✓ 40 x *sit-ups* ✓ 6 x optrekke ✓ 20 x paddaspronge ✓ 20 x medisynebal skouerstoot ✓ 10 x burpees	
Core-krag	
Soepelheid ✓ hampese ✓ heupe ✓ rug ✓ skouers	

Publieke/mensvaardighede	
Selfbeeld (*self-talk*)	1 2 3 4 5 6 7 8 9 10
My maniere en netheid op die baan	1 2 3 4 5 6 7 8 9 10
Kommunikasievaardig (individue)	1 2 3 4 5 6 7 8 9 10
Kommunikasievaardig (pers)	1 2 3 4 5 6 7 8 9 10
Kommunikasievaardig (teenstander)	1 2 3 4 5 6 7 8 9 10
Kommunikasievaardig (skeidsregters)	1 2 3 4 5 6 7 8 9 10
Hantering van stresvolle situasies	1 2 3 4 5 6 7 8 9 10
Hantering van moeilike situasies (vriende en familie)	1 2 3 4 5 6 7 8 9 10
Hantering-leersituasies (afrigter, ouers of onderwysers)	1 2 3 4 5 6 7 8 9 10
Hantering van oorwinning	1 2 3 4 5 6 7 8 9 10
Hantering van neerlaag	1 2 3 4 5 6 7 8 9 10
Oorwinningstoespraak	1 2 3 4 5 6 7 8 9 10
Neerlaagtoespraak	1 2 3 4 5 6 7 8 9 10
Gewoontes wat ek wil aanleer:	
Stiptelikheid – altyd betyds	1 2 3 4 5 6 7 8 9 10
Deeglikheid – doen dinge beter as wat verwag word	1 2 3 4 5 6 7 8 9 10
Nougeset – doen dinge DADELIK – geen uitstel nie	1 2 3 4 5 6 7 8 9 10
Respek – Dankie en asseblief	1 2 3 4 5 6 7 8 9 10
Uitmuntendheid – trots op elke besluit	1 2 3 4 5 6 7 8 9 10
Waagmoed – probeer die onbekende en vat kanse	1 2 3 4 5 6 7 8 9 10
Geduld – wag vir die regte oomblik	1 2 3 4 5 6 7 8 9 10

Emosionele beheer – rustig in alle omstandighede	1 2 3 4 5 6 7 8 9 10
Netheid – trots op hoe jy lyk en hoe jou dinge lyk	1 2 3 4 5 6 7 8 9 10
Positief – leef as 'n optimis	1 2 3 4 5 6 7 8 9 10
Geloof – altyd	1 2 3 4 5 6 7 8 9 10
Grootmoedig – gee maklik (nie suinig nie)	1 2 3 4 5 6 7 8 9 10
Gemaklik – in alle omstandighede	1 2 3 4 5 6 7 8 9 10

Nota: Dit is dalk 'n goeie plan vir 'n afrigter om so 'n doelwitstellingskaart vir sy of haar sportsoort saam te stel voor afrigting begin. Dit gaan 'n bietjie navorsing vat, maar glo my – jy hoef dit net eenmaal te doen.

Wanneer 'n kind een so 'n gesprek het in sy lewe, kyk hy na sy lewe en na die sport met 'n totaal ander oog as 'n kind wat elke keer met 'n situasie gekonfronteer word, maar nooit voorberei daarvoor was nie. Wanneer jy weet wat die geleenthede en uitdagings is, is jou brein baie skerper en meer voorbereid wanneer enige iets opduik.

Dink vir 'n oomblik hoe ryk sal 'n gesprek van 'n halfuur jou maak VOOR jy begin met 'n droom – as jy wel bewus gemaak is van alle moontlike strikke en uitdagings wat oor jou pad gaan kom. Dit sit jou in 'n totaal ander gedagtegang of ingesteldheid as iemand wat onbewus is van die eise en die strikke.

Begin by die eerste paar treë. Besluit saam wat die eerste stap is wat julle wil bemeester. Besluit **wanneer** die atleet **op watter vlak** wil wees met daardie vaardigheid. **Voor elke oefensessie moet die kind of atleet duidelik weet wat die doel van daardie oefensessie is.** Na afloop van elke oefensessie moet julle gesels oor wat die kind se ervaring was gedurende die sessie.

Oefensessies gaan meeste van die tyd meer as net een doelwit hê, want alle doelwitte is nie noodwendig vaardigheidsdoelwitte nie. Daar is daardie "onsigbare vaardighede" wat meer fokus op emosionele doelwitte. Dit gaan oor die ontwikkeling van 'n gesonde ingesteldheid. Dit is uiters belangrik dat jou atlete bewus is van hierdie "onsigbare vaardighede", want uiteindelik is dit hulle wat jou vat na die kruin. Jou atlete moet weet dat jy hulle deurentyd dophou met betrekking tot hulle bemeestering daarvan. Hierdie gesprek na afloop van 'n oefening is uiters belangrik, veral om 'n denkwyse (*mindset*) te ontwikkel oor tyd.

Die kernrol van korrekte doelwitstelling is intrinsieke **motivering. Die sterkste bron van motivering is sukses.** Wanneer jy sukses meet aan die uitslag op 'n telbord, loop jy op dun ys. Jy sal gedurig wipplank ry met jou atlete se emosionele (intrinsieke motivering) toestand. Wanneer hulle verloor, sal jy hulle gedurig moet oortuig om te oefen, om positief te wees en om aan te hou glo. Herhaaldelike neerlaag op 'n telbord beteken uiteindelik 'n totale verlies aan motivering.

Wanneer **vaardigheidsdoelwitte** egter nagestreef word, is sukses-ervarings baie meer en ook meer gereeld. Dit bou die intrinsieke motivering van jou kind of atleet. Om uiteindelik 'n kampioen te word, is 'n PROSES en nie 'n uitslag nie. **Die fout wat meeste sportlui maak, is om sukses te meet aan uitslag. Ware sukses is 'n proses nie 'n uitslag nie.** Uitslag is uiteindelik die spreekwoordelike "kersie op die koek", maar sonder die koek is die kersie maar min werd. Wees versigtig om in die strik te trap dat jou kinders of atlete sal glo dat sy sukses bepaal word deur die uitslag op die telbord. Dit is 'n aspek wat jy in jou kind se psige moet vasmaak. **Sukses is** 'n **manier van dink of** 'n **ingesteldheid, nie** 'n **resultaat nie.**

Die telbord sorg uiteindelik vir homself. Doen wat jy moet doen. As jy dit goed genoeg doen sal jy uiteindelik ook wedstryde begin te wen. Maak seker dat jou kinders of atlete elke dag een of ander vorm van sukses ervaar. Elke dag moet elkeen van hulle 'n eenvoudige doelwit bereik. Dit wen hulle harte! As jy dit mis, is dit 'n dag gemors en min groei het plaasgevind. In teendeel, dan het jy 'n tree agteruit geneem en voor jy jou oë uitvee, het jy dalk 'n hart verloor.

6

Die sleutels tot die aanleer van vaardighede.

Alles begin by die korrekte prentjie, want ons brein werk in prentjies. Wanneer ons 'n opdrag of storie hoor, begin die brein soek na relevante verwysings uit ons verlede om 'n prentjie te vorm van dit wat ons hoor. Die prentjie wat jou brein vorm, word dan in die vorm van senuwee-impulse na die liggaam gestuur om die betrokke spiergroepe te laat saamtrek of te laat ontspan sodat die beweging wat jy in jou gedagtes het, uiteindelik fisies uitgevoer kan word. Wanneer 'n mens 'n beperkte verwysingsraamwerk het, is dit amper onmoontlik vir die brein om die korrekte prentjie te vorm. Dit beteken ons raai en ons probeer *naboots dit wat ons sien.* By sommige mense kan die nabootsing redelik snaaks lyk aan die begin omrede die liggaam geen verwysingsraamwerk het nie.

As jy enigsins wonder oor die krag van 'n prentjie, kyk na jouself; jou eie maniere, jou manier van loop, jou manier van praat en jou manier van dinge doen. Almal van ons kan iewers ons ouers in ons persoonlike gewoontes raaksien. Dit is natuurlik vir dié van ons wat bevoorreg genoeg was om met ouers te kon grootword. Daar is 'n bekende uitdrukking: *"Monkey see, monkey do".* Hierdie woorde is die sleutel tot die aanleer van enige vaardigheid.

Die Beginner

STAP 1:

Voor jy enige iets verduidelik, vat jou atleet na 'n televisieskerm of 'n iPad. Kry beeldmateriaal van die vaardigheid wat jy beplan om vir jou kinders te leer. Daar is duisende voorbeelde waar die bestes in die wêreld afgeneem is op kamera. Laat jou kinders oor en oor na die beeldmateriaal kyk. Hulle sien die prentjie van die suksesvolle uitvoering van 'n vaardigheid. Sodra hulle 'n prentjie het van die eindproduk, kan jy begin om dit vir hulle op te breek in stappe. Dis belangrik om stil te bly terwyl hulle na die suksesvolle uitvoering van die vaardigheid kyk. Elke kind se brein vorm 'n prentjie – soos wat daardie kind is.

STAP 2:

Wys die vaardigheid in **stadige aksie** en druk pause na elke sleutel-beweging (basiese beginsel). Verduidelik die sleutelelemente wat die beweging of aksie onderlê. Lig die basiese beginsels van die aksie uit. Dit is dinge soos balans, kontakpunt, posisie van die oog, posisie van voete, ensovoorts. Begin met een, twee of drie basiese beginsels en hou dit eenvoudig. Goeie afrigters en onderwysers het 'n vermoë om basiese beginsels te verduidelik met snaakse stories of snaakse uitdrukkings. Dit het baie meer krag as om suiwer en korrekte wetenskaplike terme te gebruik. Goeie afrigters maak dit interessant, humoristies en maklik vir kinders om te onthou.

Voorbeeld:

In plaas daarvan om te sê: *"Buig jou bene wanneer jy net toe beweeg"*, sê jy: *"Wanneer jy net toe beweeg is dit soos 'n sluipaanval! Jou teenstander moet jou net te laat sien. Bekruip hom agter die net en verras hom wanneer jy opwip by die net".* Die term is dus: *"BEKRUIP die teenstander en verras hom"*, in plaas daarvan om te sê: *"Buig jou bene"*.

STAP 3:

Vra die kind om te verduidelik wat hy gehoor het. Wanneer hy die regte dinge sê, bevestig dit en stem saam – met energie. Dit is 'n sekere manier om selfvertroue te bou en dit steek die vuur van motivering aan in die kind se hart.

STAP 4:

Gaan veld of baan toe en begin by die begin. Leer die basiese beginsels stapsgewys aan. Wanneer hulle korrek uitgevoer word (stadige aksie), voeg hulle stap vir stap saam totdat hulle uiteindelik 'n volledige beweging is. Oefen hierdie bewegings oor en oor in. Maak die uitvoering eenvoudig en maak sukses maklik (groot teikens, teikens wat naby is, eenvoudige doelwitte). Dit is noodsaaklik dat die kind of atleet sukses ervaar en 'n gevoel kry dat hy die vaardigheid baasraak. Onthou, soms is dit beter om stil te bly en 'n kind toe te laat om self te voel en homself te korrigeer tydens die herhaling daarvan. Dit vat geduld en wysheid.

> Repetition is the mother of skill and the
> father of action which makes it the architect
> of accomplishment.
>
> *Zig Ziglar*

Die Gemiddelde- tot topatleet

By so 'n atleet is die basiese beginsels van die vaardigheid reeds aangeleer. Tegniek is in 'n sekere mate vasgelê en gebeur amper outomaties. Herhaling bly een van die belangrikste beginsels om 'n vaardigheid vas te lê en ook te verbeter. Om iets reg te kry, beteken nie dat jy dit bemeester het nie – dit beteken dat jou senuweebane en jou spiere iewers perfek saamgewerk het om 'n vaardigheid suksesvol uit te voer. Was dit 'n gelukskoot of was dit 'n sekerheid? Topsportlui hou nooit op om 'n vaardigheid oor en oor te oefen nie. Daar kom in werklik nooit 'n punt waar 'n mens kan sê dat jy 'n vaardigheid 100% bemeester het nie. Hoe meer jy 'n beweging herhaal, hoe meer verseker word jy van jou vermoë om dit weer te doen. Hoe sekerder jy is van dit wat jy doen, hoe meer waagmoed sal jy uiteindelik kry, en waagmoed is 'n essensiële kenmerk van toppresteerders.

> Moenie iets oefen totdat jy dit regkry nie
> Oefen iets totdat jy dit nie meer verkeerd kan
> doen nie.

Die veranderlikes wat in elke sport betrokke is soos die weer, die oppervlakte, die omstandighede, ensovoorts, maak dit by-kans onmoontlik om te voorspel hoe suksesvol jy gaan wees. Dit bly 'n voortdurende proses van evalueer, aanpas, verander en toepas. Dit waaroor jy beheer het, is jou tegniek. Die meeste van die ander faktore is dinge buite jou beheer.

Om toernooie, kompetisies en wedstryde te wen, moet jy waagmoed hê. Jy moet bereid wees om berekende risiko's te neem en kanse te vat om daardie dinge buite jou beheer tot jou voordeel te laat werk. Top-kompetisie beteken dat elke deelnemer die basiese vaardighede van die sport in 'n groot mate bemeester het. Die een wat op die dag bereid is om kanse te waag, risiko's te neem en seker is dat hy wel die aksie suksesvol kan uitvoer vind soms daardie oomblik van perfeksie (die *zone*) waar tegniek, faktore buite jou beheer en die geleentheid perfek sinkroniseer en jy spreekwoordelik "uit jou vel uit" speel. Om op topvlak te kan wen het 'n mens 'n sekere mate van geluk nodig. Geluk beteken dat alles op daardie dag en op daardie oomblik perfek saamwerk vir jou.

Hoe rig jy iemand af om 'n meester te word? Hoe leer jy iemand om risiko's te neem en sy geluk te vind op daardie dag? Hoe leer jy iemand 'n karaktereienskap wat essensieel is vir prestasie in hoëdruksituasies? Daardie karaktereienskap is waagmoed!

Hoe leer jy iemand waagmoed?

- Bespreek deurentyd (tydens oefening en ook tydens kompetisie) die vraag van **wat die beste optrede is** in 'n spesifieke situasie met jou atlete. 'n Groot hulpmiddel om beste optrede te bespreek is om te kyk na watter keuses die bestes in die wêreld maak in spesifieke situasies. Kyk na video's van kampioene en kyk watter besluite maak hulle in die hitte van die oomblik. Rig die gedagtes van jou atlete op die sukses van wyse besluite. Vermy dit ten alle koste om jou atlete te leer om nie foute te maak nie! Kyk na sukses-oomblikke! Mislukte pogings mag dalk snaaks wees om na te kyk, maar dit sit ook 'n prentjie in jou kind se kop waarsonder hy beter sou kon klaarkom.

- **Fokus** jou atleet se gedagtes daarop om na **geleenthede te soek** en uiteindelik die **kans te waag** om daardie sneller te trek. Bou waagmoed.

- **Sê** vir jou kind of atleet **wat om wel te doen** (nie wat om nie te doen nie).

- **Beloon** jou kind of atleet **verbaal** wanneer hy wel die risiko neem, selfs al is die poging nie suksesvol nie. As hy nie suksesvol is nie en jy gee negatiewe terugvoer, bou jy vrees op (die teenoorgestelde van waagmoed). Hoe meer hy onsuksesvol is, maar bereid is om weer te probeer, hoe meer sal hy uiteindelik suksesvol wees! Dit is 'n proses, nie 'n produk nie!

- Fokus deurentyd op wat jou kind of atleet wel reg doen. **Vermy** die woord "**moenie**" ten alle koste. Jy leer nooit iemand om waagmoed te beoefen wanneer jy hom in werklikheid leer om 'n fout te vermy nie.

Te veel afrigters en onderwysers leer kinders en atlete om nie foute te maak nie. Ons skep in werklikheid 'n vrees vir 'n foute. Die resultaat hiervan is dat kinders hulle waagmoed verloor. Die hooffokus van die meeste mense is om foute te vermy. Die tendens begin op skool waar kinders mekaar uithaal (vir mekaar verkleinerend lag) wanneer iemand sy of haar beste gee, maar misluk. So verloor kinders met tyd al hulle waagmoed en niemand is meer bereid om kanse te waag en risiko's te neem nie. Ons kweek dalk intense kompeteerders, maar nooit ware kampioene nie.

Die meerderheid afrigters rig foute af. Foute is dit wat ons wil vermy. Foute is wat ons vul met vrees. Foute is wat ons onseker laat voel. Foute is die wortel van kommer. Kommer is die wortel van spanning. Spanning is die oorsaak dat kinders en atlete nie kan presteer volgens hulle potensiaal nie. Spanning en kommer lei uiteindelik ook tot siektes. Foute is dit wat die meeste van ons vrees. Waarom sal ons dan al ons energie fokus op foute?

Jou werk as afrigter of onderwyser is nie net om die foute raak te sien nie. Om 'n fout te sien is maklik – enige persoon met 'n gesonde verstand kan 'n fout raaksien. Foute is immers orals teenwoordig, want "perfek" bestaan nie. Jou werk as afrigter is om die *oplossing* af te rig vir die fout wat jy raaksien. In elke tegniek en in elke mens sal elkeen van ons kan foute identifiseer. Daar is immers geen perfekte tegniek en geen perfekte mens nie. Die samelewing het ons gekondisioneer om vrees te gebruik as bron van motivering. Skuldgevoelens word gebruik as manipulerende krag en ook as bron van gesag. Wat 'n tragedie. Hoeveel van ons is vasgevang in hierdie strik? Nie net in sport nie, maar in ons alledaagse lewe.

Ons vrees om 'n fout te maak is groter as ons begeerte om die regte ding te doen. Hierdie benadering het 'n gewoonte en tradisie geword en dit is die doodsteek in enige afrigter se poging om van 'n kind 'n kampioen te maak. As jy bang is om 'n fout te maak, kan jy maar vergeet van jou groot droom. Jou begeerte om die regte ding te doen moet so in jou brand dat foute geen effek het op jou vordering nie. In teendeel, foute word dan 'n bron van motivering.

> As 'anders' vir jou werk, doen dit.
> Dalk word jy die volgende 'meester' met daardie 'anders'.
> *Jannie Putter*

Ons probeer perfekte kinders grootmaak. Kinders wat gesien word, maar nie gehoor word nie. Kinders met perfekte maniere.

Kinders wat in rye loop. Kinders wat in die top tien in hul klas is. Kinders wat soos grootmense lewe, dink en reageer. Ons Christen-kultuur leer ons kinders van kleins af om nie sonde te doen nie. Die verbete kompetisie op skool om onder die top tien in jou klas te wees beroof soveel kinders van hulle waagmoed. Hulle probeer perfek wees en hulle wil "in" wees. Perfek bestaan nie – net God is perfek! Foute en mislukking is deel van menswees en die proses van voluit lewe. Jy kan dit nooit totaal en al vermy nie. Foute en mislukkings is dinge wat bemeester moet word. Dit is dinge wat ons sterker en slimmer maak om vandag beter te wees as gister. Hoor die woorde van Michael Jordan, die legendariese basketbal-speler: *"I've missed more than 9 000 shots in my career. I've lost almost 300 games. Twenty-six times I've been trusted to take the game-winning shot and missed. I've failed over and over and over again in my life . . . and that is why I succeed."*

Die dwase afrigter of onderwyser (Vrees-metode van afrigting):

- Stel geen duidelike doelwitte voor 'n oefening nie.

- Wys deurentyd foute uit tydens oefening.

- Vertel gedurig sy kinders of atlete wat om *nie te doen nie*: "Moenie . . ."

- Gebruik skuldgevoelens, sarkasme, teleurstelling en woede as bron van gesag en as manier om terugvoering te gee.

- Vul sy kinders of atlete met twyfel en vrees – en kry daarmee 'n gevoel van mag.

- Dreig sy spelers dat as hulle foute maak, hulle hulle plek gaan verloor.

Die wyse afrigter of onderwyser
(Krag-metode van afrigting):

- Begin elke oefensessie met 'n ooreenkoms en duidelike en haalbare doelwitte.

- Gee baie meer krag aan dinge wat reg gedoen word as om foute uit te wys. Wanneer 'n fout wel uitgewys word, word dit gedoen deur aan die kind of speler te sê wat om eerder te doen (wat die oplossing is).

- Rig af deur duidelike rigting te gee. Vertel die kinders of spelers wat om wel te probeer.

- Gebruik pret en vertel stories om vaardighede te beskryf en aan te leer.

- Gebruik aanmoediging en erkenning as bron van kommunikasie.

- Vul die kinders, atlete of spelers deurentyd met hoop en entoesiasme.

- Moedig spelers aan om risiko's te neem, dinge te probeer en unieke talente te leef. Wanneer foute gemaak word, word daar nie krag en energie daaraan gegee nie.

- Wys altyd eers op iets wat reg gedoen is voor 'n verandering aan strategie of spel gemaak word.

Wen-afrigting
vs
Verloor-afrigting of onderrig:

- -

Waarom werk die wen-metode van afrigting of onderrig (wanneer jy fokus op dit wat jy graag wil doen) soveel beter as die tradisionele verloor-metode van afrigting (waar ons foute uitwys en probeer vermy)? Die antwoord is eenvoudig: Beide metodes van afrigting het 'n inherente beginsel van hoe die mens se brein funksioneer as basis van motivering. Dit is 'n beginsel (wetenskaplik bewys) van hoe ons brein (denke) en ons liggaam saamwerk. Hierdie beginsel word eenvoudig beskryf in die volgende aanhaling deur Earl Nightingale: *"We become what we think about most of the time."* Salomo het ook in Spreuke 10:24 hierdie beginsel beskryf: *"Dit wat die onregverdige vrees, dit kom oor hom. Maar die begeerte van die regverdige vervul die Here."*

Die grootste oorsaak vir mislukking is juis ons vrees daarvoor. Omdat ons gekondisioneer word om foute te vermy, bly ons daaraan dink. As jy aan foute dink is dit die prentjie waarmee jou brein besig is. Hierdie prentjie wat jy van die fout het word deur die senuweestelsel na die relevante spiere gestuur voor enige aksie fisies uitgevoer word. Hierdie stimulasie van die senuweestelsel veroorsaak terselfdertyd die vrystelling van vrees-endorfiene in die liggaam. Hierdie vrees-endorfiene is die bron van die veg-of-vlug-reaksie – spiere trek saam. Die reaksie werk direk negatief in teen dit waarvan almal droom: ritme, sekerheid en geloof. Die verdere effek van die vrees-endorfiene is ook die afskeiding van toksiese stowwe in die liggaam wat uiteindelik die wortel is van fisiese siektes. Lees gerus meer oor hierdie opspraakwekkende navorsing in die boek *Switch on your brain*, geskryf deur dr. Caroline Leaf.

Die antwoord is eenvoudig: Rig jou kinders of atlete af deur hulle die prentjie te skets van die **oplossing** (van die fout wat jy raaksien). Maak hulle bewus van die korrekte prentjie van sukses, beheer en ritme. Ek noem dit die **wen-metode van afrigting.** Hier volg 'n praktiese voorbeeld:

Ek slaan een oggend balle saam met my seun op die tennisbaan. Hy slaan 'n paar rughande in die net en hy vra my: *"Pa, wat doen ek verkeerd?"* Iets in my (dalk my eie onkunde) sê vir my: *"Bly stil Jannie."* Ek bedink myself en bly toe stil. Hy kyk my onseker aan, maar ons hou aan met slaan. Hy maak nog 'n paar rughandfoute en vra my weer: *"Pa, wat doen ek verkeerd?"* Sonder om sy vraag te beantwoord sê ek vir hom: "*Victor, draai jou skouers net 'n bietjie meer voor jy slaan en sit net jou regterskouer meer in die bal en swaai lekker ver deur.*" Hy doen dit en skielik vlieg sy bal pragtig oor die net. Dadelik sê hy: "*Dit werk, Pa!*" Ek sê toe vir hom: "*Onthou altyd om jou hou in te lei met jou regterskouer, Seun. Dit is die sleutel!*" Ons slaan toe heerlik verder.

Op pad huis toe maak Victor die opmerking: "*Pa, dit was regtig 'n heerlike oefensessie.*"

Ek vra hom toe: "*Waarom was hierdie sessie vir jou lekker, Seun?*"

Sy antwoord: "*Ek was nie bang vir foute nie, Pa.*"

Ek sê toe vir hom: "*Victor, toe jy my vra* watse fout jy maak, *het Pappa besef dat dit dom sal wees om jou te vertel van die fout wat ek sien. As ek jou van die fout vertel (wat ek dink ek sien), dan gaan jy die heeltyd daaraan dink. Jy gaan ook die hele tyd probeer om dit nie te doen nie. Dit is simpel om jou te laat dink aan die verkeerde prentjie en te hoop jy doen die regte ding. Dis tog onmoontlik. Wanneer ek vir jou vertel van dit wat jy dalk verkeerd doen, probeer jy onmiddellik om dit nie te doen nie. Die werklikheid is dat jy 'n vrees daarvoor in jou kop sal vorm. Vrees het 'n geweldige negatiewe effek op ritme, 'n onspanne liggaam en kalmte van gees.*

Aan die ander kant, toe Pappa vir jou sê om jou skouer in die bal te sit, het jy nooit 'n fout gehad om aan te dink nie. Al waaraan jy kon dink, was aan dit wat jy moes doen. Toe Jy dit doen, toe werk alles skielik."

Victor het net breed geglimlag. Ek weet dat die sielkunde agter alles nie vir hom so belangrik was op daardie oomblik nie – al wat hy ervaar het, was die positiewe resultaat en dit **sonder daardie vrees.**

Verstaan die implikasies wanneer jy iemand bewus maak van 'n fout. Hoeveel keer hoor ons in 'n oefensessie:

- "*Moenie dit doen nie . . .*" of
- "*Nee, jy lê te veel agteroor*" of
- "*Nee, jy speel net met jou arm . . .*"

Dit is amper ingegraveer in ons manier van opvoeding en afrigting. Wanneer jy iemand wys op 'n fout veroorsaak jy juis dat daardie persoon aan die fout sal dink. Dit waaraan jy dink is waarheen jou liggaam neig. Dit sal dus baie beter wees om om eerder vir jou kinders en atlete te vertel wat hulle wel moet doen in plaas daarvan wat om nie te doen nie. Fokus hulle denke en hulle aandag op die oplossings. Die oplossings gaan uiteindelik ook veroorsaak dat hulle suksesvol sal wees, is dit nie?

Die uitdaging: Word 'n afrigter wat verder en meer kan sien as net die foute wat jou kinders of atlete maak. **Sien die oplossings** vir daardie foute en fokus dan jou kind of atleet se aandag daarop. Leer jou kinders om anders te dink wanneer iets nie werk nie. In plaas daarvan om die fout te probeer vind, vind die oplossing en die antwoord. Leer hulle om die volgende te vra wanneer iets nie werk nie: *"Coach, wat sal Coach sê moet ek eerder doen?"* Vergelyk dit met die tradisionele vraag: *"Coach, wat doen ek verkeerd?"* Ek is seker dat jy nou ook lekker glimlag. Hoeveel van ons het, en trap nog steeds, in die strik van fout-afrigting (verloor-afrigting) in plaas van oplossing-afrigting (wen-afrigting)? Enige dwaas kan 'n fout raaksien. Dit vat wysheid en insig om die oplossings vir daardie foute te sien.

Afrigting en opvoeding is 'n avontuur van ontdekking saam met jou kind of atleet. As jy jou kind of atleet deurentyd uitvang verkeerde dinge doen, word jou werk omvou met 'n kleed van negatiwiteit, teleurstelling, en minderwaardigheid. Afrigting en opvoeding moet opwindend wees, dit moet pret wees om te kan leer, om beter te word, om kanse te vat en te weet jy is besig met 'n proses. Enige kind wat deur jou hande gaan moet entoesiasties en opgewonde wees om by jou sessies te kom. Dan wen jy hulle harte! Kinders moet vry wees om hulle unieke kwaliteite te ontwikkel en te oefen, selfs al lyk dit nie altyd soos 'n ander kind of atleet s'n nie. Kinders moet weet hulle is uniek en spesiaal (anders). As kinders hulleself deurentyd vergelyk met ander kinders mag dit dalk wees dat jy te veel fokus op die foute wat hulle maak. Dalk moet jy meer kyk vir oplossings.

7

Weet jy met wie jy werk?

Dit is algemene kennis dat daar verskillende persoonlikheids-tipes bestaan. Die mees algemene en bekendste klassifisering van persoonlikheidstipes is die Meyers-Briggs-klassifikasie wat gebaseer is op die werk van Isabel Briggs-Myers en haar ma, Katharine Briggs, wat 'n teorie ontwikkel het wat gebaseer was op die sielkundige Carl Jung se werk. Hierin word 16 verskillende persoonlikheidstipes geïdentifiseer, beskryf en gekategoriseer.

Tot op hede is daar talle verskillende persoonlikheidstoetse ontwikkel – elkeen baie relevant en gepas en ook redelik ak-kuraat vir die spesifieke doel waarvoor dit ontwikkel is. Die nadeel van al hierdie toetse is dat ons nooit seker is watter een om te gebruik nie. Daarom vermy die meeste van ons dit en laat dit staan vir die dag wanneer jy by 'n sielkundige of 'n psigiater uitkom (vir watter rede ook al).

Sou ons wel besluit om onsself of iemand waarmee ons werk te laat toets, weet ons dikwels nie wat ons moet maak met al die inligting wat ons uit die toetse kry nie. Dikwels is die toetse so lank en uitgerek dat dit net te veel tyd in beslag neem. Baie daarvan is vervelig, veral vir kinders. 'n Ander nadeel is dat baie van die toetse weer so omslagtig is dat jy eintlik net te veel inligting kry. Jy wil 'n afrigter of 'n onderwyser of net 'n pa en ma wees – nie 'n gekwalifiseerde sielkundige nie. Die realiteit is dat 'n totale afrigter, onderwyser of ouer in 'n groot mate ook die rol van 'n sielkundige moet kan vertolk. Jy moet baie duidelik weet *hoe* om met elkeen van jou kinders of atlete te werk. 'n Ware afrigter kan dus nie hierdie aspek vermy nie.

Jy wonder dalk nou of elkeen van die kinders wat jy afrig 'n toets sal moet aflê, of dat jy als sal moet bestudeer voor jy hul kan afrig? Nee, natuurlik sou dit ideaal en perfek wees, maar min afrigters sal dit wel doen. Sielkunde is 'n studierigting op sy eie en daar is nog steeds nie duidelike antwoorde op al die vrae oor persoonlikheid nie. In vandag se lewe waar tyd so kosbaar is, het ons net nie die tyd om alles in diepte te gaan bestudeer nie. Inligting is amper te veel – so baie dat ons uiteindelik die pap op die grond laat val en kinders se harte in die proses verloor. Doen die moeite om uit te vind **met wie jy werk** voor jy begin afrig. Dit sal jou baie ontnugterings en teleurstellings spaar en glo my, die stelling **voorsorg is beter as nasorg** is beslis baie waar. 'n Klein bietjie moeite aan die begin van hierdie proses sal jou baie sakke vol emosionele energie spaar. Dit sal ook jou kans om suksesvol te wees in hierdie avontuur, veel groter maak.

In 'n gesprek met een van die wêreld se top vrouetennis-afrigters het hy vir my gesê: *"Jannie, ek moet selfs weet wat my speelster se maandstondesiklus is, want ek moet haar op die regte manier hanteer. Weet ek dit nie, bring dit spanning en verkeerde reaksies. Dit kan die verskil tussen 'n Grand Slam-titel en 'n eerste rondte-neerlaag beteken."*

Veronderstel jy besluit om wel jou atlete se persoonlikhede te ontleed en te verstaan, watter persoonlikheidstoets kies jy? Moet jy 'n sielkundige aanstel om dit vir jou te kom doen? Dit is natuurlik die ideaal, maar ons kan dit nie almal bekostig nie. Daar is baie verskillende toetse en baie verskillende teorieë. Die antwoord hierop is dus net so breed as wat daar toetse is. **Dit maak nie regtig saak nie – doen net een** sodat jy meer ingelig is oor die mense waarmee jy werk. Tyd is altyd 'n faktor. Dikwels kom daar atlete by jou in die middel van 'n seisoen of 'n week of twee nadat die seisoen begin het. My raad aan jou is dit: Maak dit standaardprosedure om, nadat jy die ooreenkoms met hulle aangegaan het, jou nuwe kind of atleet 'n kort persoonlikheidsvraelys te laat voltooi. Verduidelik ook waarom jy dit doen sodat jy kan verstaan wie hy of sy is en hoe jy op die beste manier met hom of haar moet werk.

Tydens my studies op universiteit het ons deur 'n groot aantal verskillende persoonlikheidstoetse gewerk. Elke toets neem ongelukkig sy tyd en die meeste mense het nie daardie tyd nie. Toe ek begin praktiseer het ek besef daar is definitief 'n plek vir 'n toets. Persoonlikheidstoetse (of uitslae) gee vir baie mense 'n mate van sekerheid en rigting. Na 'n hele paar jaar in praktyk het ek besluit om dit makliker te maak vir myself. Ek het gemeenskaplike faktore van verskillende vraelyste geneem en 'n eenvoudige en baie kort vraelysie geformuleer. Is dit 'n wetenskaplike vraelys? Nee dit is nie, maar dit werk vir my.

Ek het wel 'n paar vergelykende toetse gedoen deur beide die lang (wetenskaplike) vraelys, sowel as my eie verkorte vraelys te laat voltooi. Die akkuraatheid van my verkorte vraelys was hoog genoeg in vergelyking met die langer weergawes. Dit was al wat ek nodig gehad het – iets wat werk, maar wat nie ure vat om te voltooi nie. Ek het met tyd aanpassings hierin gemaak, maar die basis is dieselfde. Ek gebruik dit vandag nog as 'n eenvoudige en maklike persoonlikheidsevaluering. Ek herhaal: Dit is nie 'n formeel wetenskaplike vraelys nie, maar dit werk vir my.

Ek plaas die vraelysle hier vir jou om te gebruik indien jy sou wou. Let wel, dit is nie 'n getoetste en 'n wetenskaplikbewese vraelys nie; dit is 'n kort vraelysie wat vir jou as afrigter of onderwyser 'n algemene aanduiding gaan gee van wie dit is waarmee jy werk. Dit is vir seker beter om dit wel te doen as om niks te doen nie.
Sodat dit maklik verstaan kan word, het ek nie hoogsgeleerde terminologie gebruik om die verskillende persoonlikheidstipes te beskryf nie. Ek het die vier hoofkategorieë elkeen gekoppel aan 'n dier waarmee ons almal maklik kan assosieer. Ek vertrou dit maak alles sin.

Persoonlikheidsprofiel:

Lees elke punt in hierdie vraelys en merk waar dit op jou van toepassing is. Daar waar jy die meeste merkies het, beskryf jou persoonlikheid die beste.

Kolom 1:
Jy is baie kompeterend en om te wen is vir jou belangrik.
Jy is meeste van die tyd die leier of voorloper.
Jy het waagmoed en vat maklik kanse.
Jy hou daarvan om reëls te maak en ander daarvoor verantwoordelik te hou.
Jy konfronteer maklik iemand en is nie bang vir konflik nie.
Jy is redelik kritiese op ander en word gelei deur reg en verkeerd.
Jy hou nie daarvan as iemand 'n ander opinie het as joune nie.
Jy is redelik ongemaklik met emosies soos byvoorbeeld smart en romanse.

	Kolom 2:
	Jy is versigtig en kyk eers voor jy doen. Jy vat berekende kanse.
	Jy is redelik krities, veral op jouself. Jy hou nie daarvan om foute te maak nie.
	Jy doen meestal die regte ding en maak dus min foute. Jy is geneig om 'n perfeksionis te wees.
	Jy is dikwels stil en amper "skaam" persoon. Jy deel nie maklik jou gevoelens met ander nie.
	Jy vat die lewe en mense ernstig op en word maklik teleurgestel deur ander.
	Jy vat dinge persoonlik, so kritiek laat jou maklik terugtrek in jou dop.
	Jy hou nie van die kalklig nie en wil nie voor mense praat nie.
	Jy is baie talentvol en dink gereeld oor dinge. Jy analiseer alles.

	Kolom 3:
	Jy hou van mense om jou en hou daarvan om te kuier.
	Jy beloof soms meer as wat jy kan doen omdat jy daarvan hou om mense tevrede te stel.
	Jy is dikwels impulsief en doen iets net omdat ander dit wil doen.
	Jy maak liewers 'n grap as om oor ernstige dinge te praat.
	Jy is dikwels die energie van 'n groep en kan as luidrugtig voorkom.

	Jy wil graag ander tevrede stel, so jy doen maklik wat ander wil doen.
	Jy is 'n wonderlike spanspeler en almal hou van jou.
	Jy is geneig om emosioneel op en af te wees – gelukkig of ongelukkig.

Kolom 4:	
	Dit gee jou vreugde om ander te ondersteun en te help om suksesvol te word.
	Jy neem altyd ander in ag, selfs ten koste van jouself.
	Jy is betroubaar. Jy volg reëls en doen die regte ding.
	Kompetisie is nie vir jou belangrik nie. Jy wil ander gelukkig sien en voel selfs skuldig as jy iemand wen.
	Jy is 'n vredemaker en vermy konflik met alles wat jy het.
	Jy vat kritiek redelik persoonlik omdat jy altyd die reëls probeer volg.
	Jy is soms besluitloos en sal eerder doen wat ander voorstel. Jy eis niks.
	Ander kan jou soms gebruik of oor jou loop omdat jy nie aggressief is nie.

Kolom 1 – Die Leeu:

- Hierdie persoon is gewoonlik vol selfvertroue en glo in sy of haar vermoëns.

- Dit is iemand wat iets sal doen sonder dat iemand hom of haar vra.

- Hulle het gewoonlik waagmoed en is bereid om risiko's te neem.

- Hulle is kompeterend en wil altyd wen. Dit mag veroorsaak dat die persoon maklik ongeduldig raak.

- Aanvanklike mislukking is nie so negatief nie en hierdie persoon is gemotiveerd om dinge te bemeester, selfs al misluk hy aan die begin.

- Hulle hanteer veranderinge maklik en soek dikwels daarna. Hy of sy hou egter van reëls.

- Dit is iemand wat daarvan hou as jy reguit met hom of haar praat. Hul sal altyd verduidelike waarom hul iets doen en seker maak die ander persoon verstaan sy standpunt. Hul hou ook dikwels daarvan om te argumenteer of te redeneer.

- Hierdie persoon mag dalk net een siening hê wat nie altyd reg is nie. So 'n persoon moet kans gegee word om iets te oordink en nie in 'n verbale argument betrokke te raak nie.

- Dit is iemand wat altyd wil voel hy of sy is in beheer. Dit veroorsaak dat hulle nie baie goed luister nie en ook nie ander se gevoelens in ag neem nie.

- Hierdie persoon tree dikwels na vore as leier en is bereid om verantwoordelikheid te vat.

- Hulle is goed in kompetisie. Mislukking en neerlaag is motiverend en nie 'n bedreiging nie. Hulle is meer geneig om *mentally tough* te wees.

Kolom 2 – Die Tier:

- Hierdie persoon is versigtig, nougeset, pligsgetrou en korrek.
- Dit is gewoonlik baie talentvolle persone.
- Hulle is taalgeoriënteerd en geniet dit om op sy of haar eie te werk.
- Hierdie persoon is gewoonlik 'n denker en internaliseer dinge en handhaaf hoë persoonlike standaarde.
- Hul is baie bewus van detail en daarom is hy of sy selde verkeerd.
- Hul deurdink dinge voor hul besluite neem en voer gewoonlik die besluite deur.
- Hierdie persoon neem dinge ernstig op en is in staat om intens te fokus.
- Hul is versigtig van geaardheid en neem net brekende risiko's. Vat dus nie maklik kanse nie.
- Hul word gelei deur verstand en nie emosies nie. Hul kom amper voor as "ongevoelige" mense. Baie realisties.

- Hul is geneig om sterk intuïsie te hê aangesien hul deurentyd besig is om data in te samel. Hul doen gewoonlik die regte ding op die regte manier.

- Hul mag sukkel met 'n swak selfbeeld omdat so 'n persoon baie selfkrities is. Hul het hoë standaarde en is soms perfeksioniste.

- Hul vat kritiek baie sleg (omdat hul altyd reg is) en ook dikwels persoonlik. Ander moet dus versigtig wees oor wat hul vir hierdie persoon sê.

- Hierdie persoon is nie altyd 'n goeie spanspeler nie en is dikwels te krities, ook op ander.

- Vat moeilik komplimente en voel ongemaklik daarmee, maar soek tog daarna.

- Hul wil nie graag in die kalklig wees nie. Hul onderskat dikwels hul eie vermoëns en hou nie soseer van leierskap nie, alhoewel hul dikwels die leier kan en moet wees.

- Wees versigtig hoe jy met so 'n persoon werk. Hul is baie lojaal, maar ook baie kwesbaar. Hulle verkies om konflik te vermy en trek eerder terug in die skaduwee.

Kolom 3 – Die Dolfyn:

- Hul is gewoonlik 'n mense-mens wat van interaksie en geselskap hou.

- Vriende en die erkenning wat hy of sy van ander kry, is vir hierdie persoon belangrik.

- Hulle is emosionele mense wat met hul hart op die mou rondloop.

- Hulle is gewoonlik opgewek en vrolik – 'n grapmaker, maar dit lei ook tot persoonlike onsekerheid.

- Dit is nie iemand wat graag voorloop nie. Hul sal wel volg en in die groep wees. Hul is baie bewus van almal in die groep se behoeftes.

- Hulle is optimiste en vol energie om dinge te doen en te probeer.

- Hulle is baie afhanklik van goedkeuring en aanvaarding. Dit mag veroorsaak dat hierdie persoon nie by die reëls sal bly nie, maar eerder mense sal probeer tevrede stel.

- Dikwels is hierdie persoon oorsensitief vir kritiek en sien dit as 'n persoonlike mislukking wat hul persoonlik opvat.

- Hulle manier van stres hanteer is om 'n hanswors te word en die realiteite te ontken.

- So 'n persoon is baie beïnvloedbaar deur ander omdat aanvaarding so belangrik is.

- Hulle het nie 'n sterk selfbeeld nie, maar is wel 'n goeie spanspeler – 'n belangrike skakel in enige span.

Kolom 4 – Die Olifant:

- Hulle is gewoonlik die staatmaker – die een wat deur dik en dun sal gaan.

- Hierdie persoon het deursettingsvermoë en volg take deur as ander wil ophou. Hulle is baie deeglik.

- Dit is spanspelers. Hulle is lojaal en pligsgetrou, maar verkies om nie aan beheer van 'n projek te staan nie. Hul volg eerder as om te dien.

- Hierdie persoon hou nie van verandering nie en soek na struktuur en roetine, want dan voel hy of sy veilig.

- Dit is iemand wat gewoonlik 'n swak selfbeeld het. Hulle is baie afhanklik van ander se opinie en aanvaarding.

- Hulle primêre fokus is om ander te dien en te help. Hulle word beskou as 'n wonderlike vriend en vredemaker.

- Hulle geluk lê daarin dat ander gelukkig is en om ander se behoeftes te bevredig.

- Hulle hou geensins daarvan om in die kollig te wees nie. Tog het hulle 'n baie sterk behoefte aan erkenning.

- Dit mag veroorsaak dat hy of sy dinge wat nie so bedoel is nie, persoonlik vat. Hierdie persoon bejammer hom- of haarself maklik. Vat kritiek baie persoonlik en trek dan terug in selfbejammering.

- Hulle is gemaklik in verhoudings en verdra ander se foute maklik sonder om hulle werklik te korrigeer. Verkies eerder om konflik te vermy.

- Hy of sy dink voor hul optree en beplan dinge baie deeglik. Juis daarom is hul 'n goeie spanspeler, maar mense kan hom of haar maklik misbruik.

Dit is belangrik om te onthou dat min mense rigied net een persoonlikheidstipe is. Ons almal het variasies van elke persoonlikheidstipe in ons en dit is immers wat ons so uniek maak.

Die meeste van ons het wel 'n dominante element of karakter. Dis lekker om jouself te kan klassifiseer, want dit gee aan ons 'n gevoel van behoort. Dit is goed so, want dit is soos God ons gemaak het. Al is ons baie soos ander, bly elkeen van ons nog steeds uniek soos wat God ons gemaak het. Dit is juis hierdie uniekheid wat jy moet verstaan, beklemtoon en ontwikkel . . . Dit is waaruit kampioene gebore word.

8

Hoe werk motivering?

Die woord "motivering" is sekerlik een van die mees gebruikte woorde in Afrikaans, maar een van die terme waarvan ons die minste verstaan.

Wat beteken die term "motivering"?

Motivering word gedefinieer as interne en eksterne faktore wat 'n **behoefte** en **energie** in mense stimuleer om deurentyd geïnteresseerd en toegewyd te wees tot 'n taak, 'n rol of tot die poging om 'n doelwit te bereik. Motivering is die resultaat van 'n interaksie van beide bewustelike sowel as onbewustelike faktore soos:

a)   die intensiteit van 'n behoefte of begeerte;

b)   die waarde of beloning wat die bereiking van 'n doelwit inhou; en

c)   die verwagtinge van 'n individu en sy of haar vriende.

Hierdie drie faktore is die vernaamste redes waarom ons op spesifieke maniere optree. 'n Voorbeeld hiervan is 'n student wat ekstra tyd spandeer om vir 'n toets te leer omrede hy beter punte wil behaal om ook sy ouers trots te maak.

Dan is daar die term "**prestasiemotivering**", waar sielkundiges persoonlikheidseienskappe, sowel as sosio-ekonomiese agter-grond (soos die plek waar 'n individu grootword, sy geboorte-orde, ekonomiese vermoëns, sy ouers, hulle geskiedenis, ensovoorts) koppel aan sy begeerte om suksesvol te wees in kompetisie-situasies.

Die waarheid is dat daar 'n nimmereindigende bron van fak-tore is wat die motivering van 'n individu as 'n karaktereienskap sowel as sy of haar vlak van motivering in 'n spesifieke oomblik beïnvloed en bepaal. Jou doelwit is om uit te vind hoe jy die beste met elkeen van jou kinders of atlete moet werk sodat jy daardie kind kan bestuur om op sy optimale vlak (hoogste punt) van motivering of aktivering te wees tydens kompetisie. Daar is nooit werklik 'n vaste patroon of reël nie, maar ons kan wel suksesgewoontes aanleer. Optimale vlak van motivering is 'n dinamiese proses wat verskil van dag tot dag, kompetisie tot kompetisie en persoon tot persoon. Dit bly 'n avontuur om dit te ontdek en dan te geniet wanneer jy dit wel vind. Vir 'n afrigter is dit waarskynlik die grootste uitdaging saam met die feit dat jy tegnieke en vaardighede vir jou kinders moet aanleer.

Wat beteken optimale vlak van motivering? Vroeërjare (en ongelukkig het die meeste mense nog nie verder beweeg as wat destyds geglo is nie) is geglo dat hoe hoër iemand se aktiveringsvlak (sy vlak van emosionele intensiteit, motivering, opgewondenheid en bravade) is voor oefening of kompetisie, hoe beter sal daardie persoon presteer. As 'n mens 'n grafiek trek om daardie geloof (die verband tussen prestasie en akti-vering) te demonstreer, lyk dit soos volg:

Let wel, dit is wat vroeërjare geglo is, maar dit is VERKEERD!

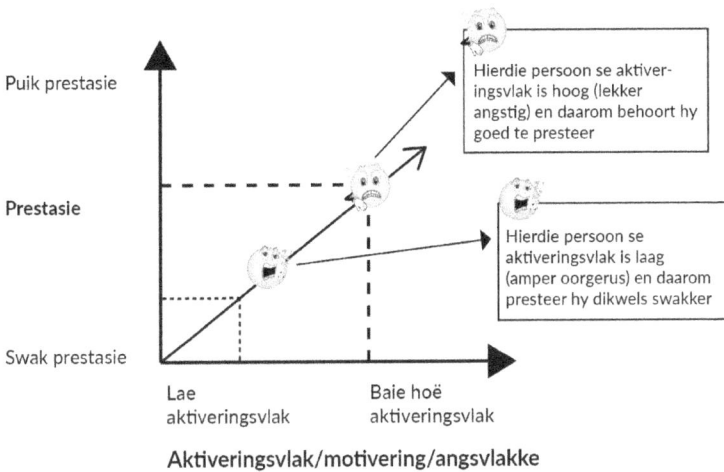

Puik prestasie

Hierdie persoon se aktiveringsvlak is hoog (lekker angstig) en daarom behoort hy goed te presteer

Prestasie

Hierdie persoon se aktiveringsvlak is laag (amper oorgerus) en daarom presteer hy dikwels swakker

Swak prestasie

Lae aktiveringsvlak   Baie hoë aktiveringsvlak

Aktiveringsvlak/motivering/angsvlakke

Soos wat meer navorsing gedoen is na die invloed van motivering of aktivering op prestasie, hoe meer is daar gevind dat elke individu verskil, dat elke sportsoort verskillende eise stel, en dat die belangrikheid van die kompetisie 'n groot invloed het op die verband tussen aktivering en prestasie.

Die teorie van die omgekeerde U-kurwe is ontwikkel. Hierdie teorie beweer dat daar 'n optimale punt is ('n perfekte plek) vir beste prestasie. Wanneer 'n kind of atleet nog verder gemotiveer word of nog meer geaktiveer word, sal sy prestasie begin val. Hierdie situasie of gebeurtenis word beskryf as *psych-out*. Dit beteken 'n atleet het kop verloor. 'n Meer eenvoudige beskrywing van die situasie is: Die persoon het net heeltemal te veel gedink.

Die teorie van die omgekeerde U-kurwe is egter nie net toepaslik op sport en sportprestasies nie, maar op bykans elke ander aspekte van die lewe. Hier volg 'n paar voorbeelde:

- Die verband tussen die hoeveelheid geld wat iemand het en die geluk of sukses wat so 'n persoon beleef.

- Die verband tussen die grootte van die skool waarheen 'n kind moet gaan en die geluk of sukses wat die kind sal beleef.

- Die verband tussen die hoeveelheid maats wat 'n kind het en die geluk of sukses wat so 'n kind beleef.

As 'n mens 'n grafiek trek van die omgekeerde U-kurwe om die verband tussen prestasie en aktivering of motivering te illustreer, lyk dit soos volg. Jy kan natuurlik ook ander aspekte soos geluk (aan die linkerkant) en hoeveelheid geld (aan die onderkant) sit. Of geluk en grootte van 'n skool, of geluk en hoeveelheid maats:

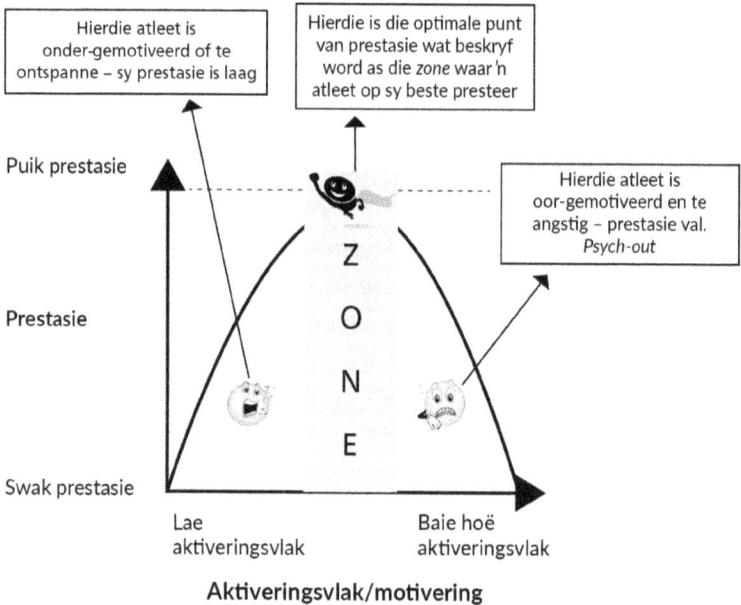

Aktiveringsvlak/motivering

Wat beteken hierdie inligting vir jou as afrigter of onderwyser of ouer? Weet dat elke kind of atleet op 'n unieke manier ge-motiveer moet word om op die dag van kompetisie sy beste prestasie te kan lewer.

- Wanneer 'n atleet ondergemotiveerd is, sal sy prestasie laag wees. Dit gebeur gewoonlik wanneer iemand oor-gerus is en grootkop in 'n kompetisie ingaan en sodoende die teenstanders onderskat.

- Oormotivering is wanneer 'n atleet te veel "opge-*psych*" is en te perfek en presies probeer wees. In so 'n geval speel vrees 'n baie groot rol. Die atleet is bang vir die teenstander en hoofsaaklik bang vir verloor. Dit kom baie maklik voor in die finaal van 'n toernooi of kompetisie. Skielik begin die atleet te veel dink en analiseer in plaas daarvan om net voort te gaan met wat hy gedoen het om in die finaal te kom.

- Die ideaal is die *zone*. Dit is wanneer 'n atleet gefokus is en in die oomblik leef. Dinge gebeur outomaties sonder dat 'n mens bewustelik dink aan wat jy doen. Dit is 'n plek van harmonie waar die liggaam, siel en gees gesinchroniseer is. 'n Gevoel van vrede en rustigheid is kenmerkend van die *zone*.

Die avontuur van afrigting lê daarin om jou atleet werklik te leer ken. Vind uit wat hom laat *tick*. Bestuur dan die persoon en sy energie met wysheid. Daar is 'n uitstekende boek geskryf oor die vyf liefdestale, *The Five Love Languages*, deur Gary Chapman. Dit is vir seker 'n boek wat elke afrigter iewers in sy loopbaan moet lees.

Motivering voor kompetisie – 'n Paar punte om in gedagte te hou:

- Meer kinders of atlete word oorgemotiveer en veroorsaak dat hulle psych-out as wat atlete ondergemotiveerd in 'n kompetisie ingaan.

- Wanneer 'n wedstryd se **kans op sukses 90%** is (maklike wedstryd), is dit dikwels nodig om jou kind meer emosioneel **wakker te maak**. Plaas die klem op die **bereiking van persoonlike doelwitte** eerder as om sukses te meet aan die uitslag van die wedstryd.

- Wanneer 'n wedstryd se **kans op sukses 10%** is (baie moeilike kompetisie), is dit dikwels nodig om jou kind of atleet meer **rustig te kry** en sy of haar aandag te fokus op **spesifieke take** wat jy wil hê hulle moet bemeester eerder as om oor die uitslag bekommerd te wees.

- Wanneer dit 'n **50/50 wedstryd** is ('n finaal, of wanneer jou atleet deelneem teen teenstanders wat min of meer dieselfde sterkte is), is dit belangrik dat jy jou atleet moet lees. **Vroeë ervaring van sukses** in so 'n wedstryd is **baie belangrik**, want dit lig die vlak van selfvertroue. Vroeë ervaring van mislukking in so 'n wedstryd veroorsaak dikwels 'n verlaging in selfvertroue. Wanneer dit gebeur kruip daar dikwels 'n vrees in om foute te maak en jou atleet begin verdedigend optree.

Stel redelike maklik en bereikbare vaardigheidsdoelwitte vir so 'n wedstryd. In tennis sal dit byvoorbeeld beteken:

- Met jou eerste afslaan slaan jy met 80% van jou krag en sit meer sny in jou dien. Maak seker die bal is in. Jou teiken is die rughand van jou teenstander.

- Met die tweede punt slaan jy af met 90% van jou krag. Maak jou teiken die teenstander se lyf.

- Met die derde punt slaan jy af met 100% van jou krag in die middel van die baan – op die teenstander se rughand. Jou plan is 'n kishou, maar wat ook al gebeur is oukei. Dit is die begin van 'n wedstryd, so julle voel mekaar nog. Kry jou ritme en gevoel op die bal. As jou teenstander eerste afslaan en hy slaan op jou voorhand, slaan 'n normale oorkruishou en kry jou teenstander van balans af. As hy op die rughand afslaan, slaan jou bal reg in die middel af, terug na jou teenstander en lekker diep.

Wat jy hier sien is eenvoudige doelwitte. Nie uitslaggedrewe nie, maar vaardigheidsdoelwitte. Dit fokus jou speler se aandag **op die taak en nie die resultaat nie**.

Sodra 'n speler 'n paar eenvoudige doelwitte bemeester het, is die kans dat hy na die *zone* kan beweeg baie groter. Die *zone* gaan oor gevoel en nie denke nie. So begin 'n speler homself vertrou om wyse besluite te neem en die beste hou vir die oomblik te slaan.

'n Fout wat die meeste mense maak in die hitte van kompetisie is dat hulle te veel wil dink. Ons moet leer om ons selfvertroue te oefen. Selfvertroue groei soos wat 'n mens 'n ding oor en oor doen – só baie dat jy uiteindelik nie meer hoef te dink aan wat jy doen nie. Dit gebeur uiteindelik outomaties. Selfvertroue en innerlike vrede is die sleutel tot die deur van die *zone*. **In die *zone* dink jy nie, jy doen net!** Die tyd om te dink is op die oefenbaan. Die tyd om te doen is in die wedstryd en in kompetisie. Jou kind of atleet kan tydens oefening en afrigting dink, maar tydens 'n kompetisie moet hy leer om te doen sonder om te veel te dink daaraan. Daar is 'n fyn balans wat bepaal word deur die vlak van 'n kind se vaardigheid (is hy 'n beginner of hy 'n meer gevorderde atleet?). As jy 'n beginner is, gaan jy natuurlik baie meer moet dink. Jy is nog besig om te leer bestuur, so jy moet dink aan eerste rat, tweede rat, rem, flikker, ensovoorts. Sodra jy 'n meer gevorderde bestuurder is, hoef jy nie meer aan daardie detail te dink nie – dit gebeur outomaties, want jy weet presies hoe.

Kry ankers (roetines) waarna jou atleet kan terugbeweeg in oomblikke van intense druk. Druk veroorsaak dikwels dat 'n mens haastig raak en jou ritme verloor. Alles in die lewe gaan oor ritme – om saam met die brander te swem en nie teen die brander te veg nie. Soms, wanneer 'n teenstander op daardie perfekte plek is (*zone*) en alles net perfek werk vir hom, moet jou atleet verstaan dat dit sinneloos is om dan paniekerig te word. Nou kom daardie *mental toughness* na vore. Geduld is die sleutel! Sien die oomblik deur, want hy kan nie vir altyd aanhou nie! Wees geduldig en swem saam met die stroom. Dit help nie om teen die stroom te veg nie. Swem uit hom uit, nie teen hom in nie! Bly in beheer van jouself; dit is die belangrikste in so 'n situasie.

Wanneer jy uit die stroom is, begin jy weer. Doen daardie klein dingetjies (die *basics*) wat die ritme en vloei van die teenstander kan versteur en uiteindelik veroorsaak dat die momentum in jou guns draai. Om die psigiese momentum in 'n wedstryd te draai, moet jy geduldig wees en deurentyd in beheer wees van jou emosies. Sou jy paniekerig word gooi jy al die momentum in die teenstander se guns.

Roetines is bekende dinge waaroor jy totale beheer het. Ons noem dit ankers, want dit is 'n plek waar jy veilig is en beheer het. Dit is dinge soos hoe vinnig jy stap tussen punte, hoe vinnig jy asemhaal, waarna jy kyk, wat jy besluit om te dink of te sê, om na jou handdoek te stap en sweet af te vee, om te dans op jou voete, ensovoorts. Talle topatlete in die wêreld het hulle anker-roetines waar hulle in totale beheer kan wees en nie omver gegooi word in oomblikke van druk nie.

- Hou 'n **langtermyndroom voor oë**. Kinders verloor maklik hulle motivering as hulle net fokus op uitslag. Sukses is 'n proses, nie 'n resultaat nie. Die pad na sukses gaan vir seker met baie ervaringe van neerlaag (op die telbord) gepaard. Dit is 'n essensiële gedeelte van sukses en jy kan dit nie probeer vermy nie! Net 'n dwaas sal dink dat om suksesvol te wees jy altyd moet wen. Bespreek hierdie beginsel met jou kinders voor hulle in kompetisies ingaan. Besluit voor enige kompetisie wat jou optrede gaan wees wanneer jy wen op die telbord en wanneer die teenstander wen. Jy kan dit nie oorlaat aan die emosie wat 'n kind gaan ervaar binne daardie oomblik nie. Dit is waar talle kinders hulle grootste seer en vernedering beleef – in 'n emosionele oomblik van teleurstelling omrede hulle afrigters of ouers nie vooraf met hulle gepraat het oor hulle reaksie aan die einde van 'n wedstryd (wen óf verloor) nie. Hulle ervaar 'n persoonlike mislukking en vernedering en dit is een van die grootste redes vir 'n verlies aan intrinsieke motivering, want hulle verloor hulle hart.

- **Maak seker dat jou kind meer wen as wat hy verloor**. Is dit moontlik? Natuurlik is dit moontlik – alles hang af van wat wen en verloor is. In werklikheid is sukses nie 'n uitslag nie maar **'n manier van dink**. Dit is 'n besluit. Sukses is moontlik vir elkeen wat kies om op die volgende manier te dink: *"Ek is gebore as 'n wenner, daarom wen ek altyd. Verloor bestaan nie vir my nie. Verloor is vir 'n verloorder, maar ek is 'n wenner. As ek nie die wedstryd wen nie, dan wen ek ervaring. Ervaring is wat my beter en slimmer maak sodat ek môre dalk die wedstryd kan wen."*

- **Selfkritiek en selfveroordeling** is een van die grootste oorsake van mislukking, verlies aan selfvertroue en gebrek aan motivering (waarom kinders hulle harte verloor). Geen atleet sal dit maak tot bo as hy homself kruisig na 'n fout nie. 'n Kritiese gees is dodelik vir topprestasie. Jy moet jou eie beste vriend word, nie jou eie grootste vyand nie! Vermy selfkritiek en selfveroordeling ten alle koste. Wakker waagmoed aan en beloon 'n positiewe gesindheid teenoor jouself. Vermy en verwyder 'n negatiewe gesindheid met wortel en tak – dit het geen positiewe effek vir enige iemand nie. In plaas daarvan om hulself uit te trap wanneer hulle 'n ongedwonge fout begaan, leer jou kinders om vir hulself te glimlag. 'n Negatiewe gesindheid of selfveroordeling is letterlik die vervulling van die uitdrukking: *"Twee treë vorentoe en drie treë terug"*. Dit vat meer as 21 herhaalde ervaringe van sukses om 'n geloof te begin vestig. Dit vat net een negatiewe opmerking om alle geloof te vernietig.

- **Maak dit 'n reël om goeie dinge raak te sien**. Leer jou kind om voor elke oefening te sê wat hy verwag van die oefensessie. Na afloop van 'n oefening moet elkeen iets sê wat goed was van die oefensessie. Hierdie praat vorm 'n gesindheid en denkwyse (*mindset*) wat uiters noodsaaklik is om 'n topatleet te kan word. Dit is nie iets wat outomaties gebeur nie – dit moet deel word van die roetine van jou afrigting. Wanneer jy praat, gebeur daar iets binne jou. Waaroor jy praat bepaal jou fokus en die rigting waarin jy beweeg.

- Een van die grootste bronne van motivering is **die prentjie van jou droom.** Bou 'n droomkaart vir jouself. Daag jou kinders uit om dit ook te doen. 'n Droomkaart is foto's of prentjies van wat jy vir jou toekoms hoop of van jou waar jy doen waarvan jy droom. Jy moet jouself kan sien in die middel van jou droom. Talle kinders doen dit reeds, want hulle plak prentjies van hulle helde teen hulle kamermure. Die volgende stap is om jouself in daardie prentjie te kan sien.

- **Na afloop van** 'n **wedstryd** waar jou kind die wedstryd verloor het, is dit belangrik dat jy die emosie van teleurstelling sal erken en verstaan. Tog kan jy nooit jammer voel vir jou kind nie. Die oomblik wat jy jammer voel vir iemand gaan hy homself jammer kry. Wanneer iemand homself jammer kry verdwyn persoonlike verantwoordelikheid en verskonings en beskuldigings word die antwoord. In geen kampioen kan verskonings 'n eerbare rol vertolk nie. Erken teleurstelling, maar behou jou hart! Vat verantwoordelikheid om die ervaring wat opgetel is in die wedstryd, om te skakel in 'n plan vir die volgende wedstryd wat voorlê.

- **Wanneer dinge verkeerd loop** is dit baie belangrik dat jy nooit die blaam sal plaas op ander of verskonings sal aanbied nie. Leer jou kinders om verantwoordelikheid te vat om wyse besluite te neem te midde van onaangename situasies. Jy kan nooit op 'n plek gaan waar jy jou kinders jammer kry nie. Selfbejammering is die broeigrond van arrogansie, onverantwoordelikheid en moed opgee. Dit is 'n plek waar selfvertroue en selfrespek verlore gaan. Vermy dit ten alle koste. Daar is 'n antwoord vir elke uitdaging in die lewe.

Motivering is baie meer as om iemand op te *psych* voor 'n wedstryd. Ware motivering kom uit die hart van 'n kind, nie sy verstand nie. Korrekte motivering word gedryf van binne af (intrinsiek). Jou sterkste bron van motivering is die feit dat jy jou atleet se droom moet ken. Dit moet jy uitvind aan die begin van julle verhouding. Dit is waarom die ooreenkoms aan die begin van die verhouding so belangrik is. As jy met wysheid werk, hoef jy nooit kwaai te wees met jou kinders nie. Jy hoef nooit iemand te oortuig om te oefen nie. Jy hoef nooit iemand te smeek om positief te wees nie. Jy hoef nooit iemand te dreig nie. Al wat jy hoef te doen, is om hom te herinner aan sy droom. Dit is soveel makliker.

9

Hoe hanteer jy die ouers van kinders of atlete wat jy afrig?

Een van die grootste uitdagings van afrigting is waarskynlik om die ouers van die kinders waarmee jy werk met wysheid en goeie oordeel te hanteer. Daar is soveel kinders se loopbane al vernietig deur die toedoen van hulle ouers. Baie hou op met deelname as gevolg van die verleentheid en die druk wat hulle ouers op hulle sit. Ander word weer in spanne gesit waar hulle glad nie hoort nie omdat hul ouers 'n invloed het en druk plaas op die afrigter, onderwyser of selfs skoolhoof.

Baie afrigters en onderwysers se grootste bron van kommer, en selfs vrees, is die ouers van die kinders waarmee hulle werk. Die effek wat die ouers op kinders se emosies, motivering, gesondheid en geloof het, is 'n groot frustrasie en baie moet teen hulle eie beterwete besluite neem as gevolg van die druk wat ouers op hul uitoefen. Daar is ook afrigters wat nooit die rol kan vertolk wat hul eintlik moet nie as gevolg van hierdie ouers se inmenging.

Ons kan 'n hele boek skryf oor die invloed en die aksies van ouers. Die meeste van hierdie verhale is amper te belaglik om te glo en te hartseer om te vertel. Dit is wel 'n realiteit wat ons nie kan miskyk nie. Ouers het 'n geweldige invloed op die emosies, die geloof, die gesondheid en die prestasies van hulle kinders. Die vraag is: *Wat is jou verhouding en ooreenkoms met die ouers van die kinders waarmee jy werk?*

Voor jy met 'n kind 'n pad stap, moet jy eers in ooreenkoms kom met die kind se ouers, want daarsonder sal jy voortdurend vure doodslaan en massas emosionele bagasie moet hanteer. **Die ooreenkoms aan die begin van die verhouding is essensieel**. Hoe meer moeite jy daarmee doen en hoe deegliker jy dit doen, hoe minder "vure" sal jy later hoef dood te slaan.

Hier is 'n paar belangrike punte:

- Gaan jy alles reg doen? Nee, jy is 'n mens met jou unieke en persoonlike opinie. Sodra ouers of 'n span jou as afrigter kies, kies hulle ook jou persoonlike waardes en norme – wie jy is! Dit is onmoontlik om almal tevrede te stel en dit is dwaas om dit probeer doen.

- Ouers wat by oefensessies langs die kant staan, ontneem die afrigter van alle gesag. Ouers het altyd 'n hoër gesag in hulle eie kind se lewe. As 'n pa of ma langs die oefenveld sit, gaan hulle kind altyd moet seker maak dat hulle gelukkig is. Dit kan nie werk nie, want daardie kind is nooit vry om foute te maak nie. Die afrigter het ook werklik geen gesag om met die kind te werk nie . . . Die ouers se teenwoordigheid stop alles! Maak 'n reël dat geen ouers langs die oefenveld mag sit nie. Hierdie reël moet deel wees van jou aanvanklike ooreenkoms met die ouers.

- Jy mag van die ouers verwag dat hulle jou keuses en besluite respekteer en bekragtig by hulle kinders. Die vinnigste manier waarop jy jou waarde en outoriteit verloor, is wanneer ouers dinge oor jou sê wat nie goed is nie. As 'n kind nie 100% vertroue het in sy afrigter nie, kan dit nie werk nie. As ouers hulle kinders laat twyfel oor die afrigter, is die fondasie van die verhouding gebreek. Geen toekoms kan op 'n gebreekte fondasie gebou word nie.

- Ouers se optrede teenoor hulle kinders het ook 'n geweldige effek op hulle vertroue in 'n afrigter. As jou kind by die huis kom en 'n negatiewe opmerking maak teenoor die afrigter, **moet die ouers dit onmiddellik in die kiem smoor.** Hulle kan luister, maar nooit saamstem nie – tensy hulle natuurlik beplan om te verander van afrigter. As ouers ooit saamstem oor hulle kind se klagtes oor wat 'n afrigter klaarblyklik verkeerd gedoen het, kan die verhouding maar net daar gestop word. Dit gaan oor wat die kind glo. As jou kind twyfel in sy afrigter, kan jy maar halt roep. Ouers kan kinders laat glo in hulle afrigters. Geen afrigter is perfek nie. Elke afrigter het iets goeds – fokus daarop.

- Hou altyd die ouers in die prentjie. Maak 'n punt daarvan om aan die einde van elke week 'n kort boodskap aan die ouers te stuur deur middel van 'n sms of 'n WhatsApp waarin jy kortliks verslag doen oor die week. Alle ouers wonder hoe dit met hulle kinders gaan. Laat hulle weet. Dit is heerlik om te weet 'n afrigter ag my belangrik genoeg (as ouer) om my erkenning te gee deur vir my 'n boodskap te stuur oor wat in my kind se lewe gebeur. Kommunikeer altyd die volle waarheid met die ouers. As 'n kind sy hart verloor het in 'n sport – deel dit met die ouers. Word liewer gerespekteer deur mense as wat almal van jou moet hou. Oop en eerlike kommunikasie met ouers is een van die belangrikste, maar tog een van die dinge wat die meeste vermy word.

Ouers kan 'n bron van krag en plesier wees as jy die proses reg begin. Maak 'n ooreenkoms met hulle. Wanneer daar respek in 'n verhouding is, en wanneer jy meer doen as wat van jou verwag word, sal jou werk bekragtig en ondersteun word deur kinders se ouers. Dan bou jy werklik 'n wenspan.

10

Oefening en moegheid:
Die sielkunde daaragter

Wat ook al jy glo sal jy waar bewys. As jy glo iets is moeilik, dan is dit – vir jou. As jy glo jy is moeg, dan sal dit so wees – vir jou. As jy glo dat iets ver is ('n oefening), dan is dit so – vir jou. As jy glo jy is siekerig en lam, dan is dit so – vir jou. Jy is soos wat jy glo is jy. Jou liggaam gaan die simptome wat jy glo jy het realiseer. Jy voel wat jy glo jy voel.

Hier is so paar geloofsoortuigings of **maniere van dink** waarmee die meeste van ons groot geword het:

- Oefening is moeilik.

- Oefening is harde werk.

- Om 'n kampioen te word, is **baie** moeilik en net 'n paar mense maak dit.

- Sukses hang af van hoe gelukkig jy is en wie jy ken.

- Wanneer ek misluk, beteken dit ek is 'n verloorder.

- As ek my beste gee en ek misluk, beteken dit ek is net nie goed genoeg nie; ek het my plafon bereik.

- Dissipline beteken jy moet kwaai wees. Afrigters moet hulle atlete dreig, want sonder dissipline sal jy dit nooit maak nie.

- As iemand halfhartig oefen, is die beste medisyne om almal te straf met harde oefening – dan sal daardie een wat halfhartig geoefen het skuldig voel en dit nie weer doen nie.

- Hoe harder en moeiliker 'n oefening is, hoe beter vir jou.

Veronderstel ons kan die bogenoemde verloor-ingestelheid verander na die volgende gedagtes (voel hoeveel anders voel jy wanneer jy dit hardop lees):

- Oefening is 'n voorreg en 'n fees.

- Oefening is iets van uitnemendheid, iets wat ek met **trots** kan doen.

- Om 'n kampioen te wees, is 'n keuse en nie 'n uitslag nie. Dit is beskikbaar vir almal, maar dit word gekies deur net 'n paar.

- Sukses is nie in 'n uitslag nie. Sukses is 'n manier van lewe en ook 'n manier om na die lewe te kyk.

- Ek wen altyd – as ek nie die wedstryd wen nie, dan wen ek tog ervaring wat my beter maak om môre weer te kan kompeteer.

- As ek my beste gee en ek misluk (in uitslag), leef ek nog steeds met die trots en die adrenalien dat ek in die arena van die lewe is. Die meeste mense is toeskouers van die lewe; ek is in die arena van die lewe! Ervaring is een van die belangrikste sleutels na sukses. Hoe meer ervaring ek optel hoe meer suksesvol sal ek wees.

- Dissipline is die trotse keuse van 'n kampioen. Geen dissipline kan geforseer of beloon word nie; net dwase doen dit so. Die soete smaak van selfdissipline is 'n hartskeuse van 'n ware kampioen.

- As iemand halfhartig oefen is dit daardie persoon se keuse. Dalk het daardie kind net sy droom verloor?

- As iemand ander daarvan beroof om hulself te verbeter, is dit beter om so 'n persoon uit jou groep te verwyder. Jy haal die vrot appel uit die mandjie – anders maak hy al die ander appels ook vrot!

- Hoe beter jy oefen, hoe beter sal jy word. Dit gaan nie altyd oor hoeveel jy oefen nie, maar wel oor hoe goed jy oefen! Sodra jy te moeg is om goed te oefen is jou oefening verby.

Moegheid is meeste van die tyd meer 'n manier van dink, of ingesteldheid, as wat dit 'n fisiese realiteit is.

Watter opsie word gewoonlik gekies wanneer 'n atleet tussen die volgende opsies van oefening moet besluit? Met ander woorde, watter opsie is outomaties aantreklik vir 'n mens se brein?

✓ Min oefening		✓ Baie oefening
✓ Baie repetisies	**VS**	✓ Minder repetisies
✓ Moeilike oefening		✓ Maklike oefening
✓ Harde werk		✓ Kwaliteit werk

Die manier waarop jou brein dink het 'n direkte fisiologiese reaksie op hoe jou liggaam reageer.

In plaas daarvan om baie oefeninge te doen – waarom nie minder oefeninge nie? In plaas van baie repetisies – waarom nie minder repetisies nie? In plaas van moeilike oefeninge – waarom nie lekker oefeninge nie? Die brein soek altyd die pad van die minste weerstand (gemak). Minder werk is meer aantreklik vir jou brein en uit die aard van die saak dus ook vir jou liggaam. Hoe kan jy jou brein kondisioneer om 'n positiewe ervaring te koppel aan baie doen (dit is immers wat kampioene doen)?

Die antwoord is eenvoudig: Hoe dink jy oor wat jy doen?

a) Maak bondeltjies:

In plaas daarvan om elke repetisie te tel – maak bondeltjies van repetisies. Elke vyf of elke tien repetisies is een bondeltjie. In plaas daarvan om die totale aantal repetisies te tel – doen eerder 'n paar bondeltjies. Vir die brein is die grootte van die getal dit wat 'n effek op die liggaam het (jou gevoel van moegheid). Hoe kleiner die getal, hoe minder moeg word jou liggaam. Groot getalle is baie. Die liggaam se reaksie op baie is om baie moeg te voel.

In praktyk beteken dit dat as jy 'n honderd opstote wil doen, jy eerder tien bondeltjies van tien opstote elke moet doen. Die grootste getal in jou telling is tien en nie honderd nie. Jy doen net tien keer tien opstote. Dit is baie makliker vir die brein as 'n honderd opstote.

As jy 'n honderd lengtes moet swem kan jy maklik die honderd verminder na vyftig deur een lengte te sien as soontoe en terug. Vyftig lengtes is soveel makliker vir die brein as 'n honderd lengtes.

b) Begin tel by die einde en tel terug na die begin:

Om meer te doen beteken jy word moeër. Om minder te doen beteken dit word makliker. Wanneer jy by die einde begin tel terwyl jou liggaam nog vars en sterk is, beteken dit jou getalle word elke keer minder en kleiner . . . Die effek daarvan op die brein is baie meer positief as wat jy by een sou begin tel, op na tien. As jy tien bondeltjies het om te doen – begin by bondeltjie nommer tien. Sodra jy daarmee klaar is beteken dit daar is nog net nege bondeltjies oor. Nege is minder as tien en ook makliker om te doen. Hoe nader jy aan een kom, hoe makliker word dit en hoe meer opgewonde word jou brein, want jy is amper by die begin, wat in werklikheid die einde is.

c) Bou 'n bankbalans:

Sommige kinders wil harder werk as ander. Sulke kinders dink: *"Ek gaan meer doen as die ander kinders, want dan gaan ek vinnig beter word as hulle."* Daar bestaan egter nie 'n "vinnig" vir sukses nie. Sukses en karakter vorm met tyd en die vrugte van harde werk word oor die langtermyn gepluk – nie korttermyn nie! Kinders wat bereid is om harder te werk verstaan egter nie altyd hierdie proses van tyd nie. Hulle soek vinniger 'n beter prestasie – wat min gebeur – en dan verander hulle gedagte van **"harder werk"** baie maklik na 'n gedagte van "arme ek". Dit help nie en ons noem dit selfbejammering. Selfbejammering is so negatief soos twyfel vir enige droom.

Maar . . . veronderstel jy leer 'n kind om eerder te dink: *"Ek belê in my bankbalans"* wanneer hy harder werk in plaas daarvan om te dink: *"Ek werk harder".* Dan slaan jy die spreekwoordelike spyker op die kop. As jy jou kinders kan leer om 'n bankbalans op te bou in die eerste sewe jaar van hulle loopbaan en dat hulle eers na die sewende jaar kan begin om onttrekkings te maak wanneer hulle dit nodig het, maak jy 'n kopskuif!

Elke keer wanneer 'n kind dus meer doen as die ander (een oefening ekstra nadat die ander reeds opgehou het), moet hy dink: *"Ek belê in my droom, want oor sewe jaar kan ek onttrekkings begin maak wanneer ek dit nodig het."* Daardie kind wat vandag meer doen as die ander kinders, doen dit met die gedagte dat hy belê in sy toekoms – oor sewe jaar! Selfbejammering kan nie deel word van so 'n gedagte nie, want jy word elke dag ryker.

d) Maak seker dat jy die oefening wen:

Elke kind droom daarvan om uiteindelik 'n sterk selfbeeld met selfvertroue en waagmoed te ontwikkel. Ons tradisionele metode van oefening (*"no pain, no gain"*) breek in werklikheid selfbeeld by kinders af en dit ontwikkel 'n vrees vir oefening.

Ons kompeteer van kleins af en meet onsself aan ander se prestasies. Ons hardloop om **eerste** oor die lyn te gaan. Ons doen oefeninge om **eerste** klaar te wees. Alles gaan oor die woordjie "**eerste**". Eerste klaar. So ontwikkel ons egter 'n valse beeld van ons vermoëns. Om eerste klaar te wees, is baie maklik. Vir laerskoolkinders gaan alles oor hierdie woordjie: **EERSTE**

- Spring net vroeër weg as die ander – net vroeg genoeg dat julle nie teruggeroep word nie dan maak jy **eerste klaar** – en jy is die wenner.

- Doen die oefening nie heeltemal tot onder nie. Net voor jy onder is, wip vinnig op, want dan gaan jy **eerste** klaar wees.

- Hoe meer jy beweeg, hoe moeiliker lyk dit. Maak ruk-bewegings, kreun en steun. Jy flous die afrigter en jy maak tog **eerste** klaar . . .

- Wanneer julle hardloop, moet jy net voor die lyn omdraai, want niemand sien tog regtig waar jy draai nie. Die belangrikste is dat jy **eerste** klaar maak . . .

Ek kan aangaan met voorbeelde van wat kinders doen om **eerste** klaar te wees. Dit klink niksseggend en onbenullig, maar dit vorm 'n ingesteldheid by kinders. Talle volwassenes sal nog steeds kul net om te kan sê hulle was **eerste klaar**. Ons ontwikkel 'n maniese vrees dat ons nie eerste sal klaarmaak nie.

Ek sê weer: Om eerste klaar te maak is maklik, want jy moet net goed genoeg kan kul. Van vroeg af word ons gekondisioneer om óf te kul, óf jouself te bejammer, want die ander kinders doen dit en is oneerlik en kul. Daar sal altyd iemand wees wat dit doen omdat almal eerste wil wees. Heel dikwels is hierdie resies groter tussen die ouers as wat dit tussen die kinders is . . .

'n Kampioen se doelwit is nie om eerste te wees op laerskool nie. 'n Kampioen leer van kleins af om eerder te kyk **hoe goed** hy iets kan doen. Die **kwaliteit** van dit wat 'n kind doen wat soos 'n kampioen dink, is juis wat hom laat uitstaan tussen ander. 'n Kampioen is nie bekommerd om eerste te wees nie.

'n Kampioen fokus op **hoe goed** hy dit kan doen wat hy besig is om te leer – nie hoe vinnig hy dit kan doen nie. 'n Kampioen se gedagtes is nie om eerste te wees nie – sy doelwit is om die beste te wees! Wanneer 'n mens iets beter kan doen as iemand anders – dít is wanneer jy ook uiteindelik eerste sal kom!

Om die mentaliteit van 'n kind in laerskool, waar almal jaag om eerste te kom, te verander na die mentaliteit van 'n kampioen, waar die doelwit is om die beste te word, moet jou fokus wees op die **kwaliteit van oefeninge** (hoe goed jy 'n oefening kan doen). Leer 'n kind dat dit nie gaan oor hoe vinnig jy baie oefeninge kan doen nie. Dit gaan alles oor hoe goed jy die oefeninge kan doen wat jy wel doen! Uiteindelik is die doelwit om meer en meer van hierdie uitstekende oefening te kan doen. Dan word jy uiteindelik die beste.

Kinders moet van vroeg af geleer word om elke oefening wat hy doen te "wen" of te bemeester. Sodra 'n oefening jou "wen" – wanneer jy die oefening swak doen omdat jy nie meer genoeg krag het nie – verloor jy selfvertroue en maak jy die deur oop na onsekerheid. Jy begin dan dink soos 'n skelm en 'n verloorder . . .

Dit is verstommend om te sien hoeveel potensiële kampioene (kinders met besondere talent) nooit die laerskool-mentaliteit van eerste kan verander na die beste nie. As jy nie iets die beste kan doen nie gaan eerste in elk geval niks beteken nie. Hier volg 'n praktiese voorbeeld:

Wanneer jy dink soos die gemiddelde laerskoolkind:

- -

Gestel jy wil optrekke doen om krag te bou. Jy kan met moeite, 'n groot ruk-en-pluk, met baie spoed en met gebuigde arms so ongeveer tien optrekke doen (swak na gemiddeld). Jou ken kom wel bokant die stang, maar jou arms gaan nooit reguit wanneer jy afsak nie. Jy hou die hele tyd spanning in jou arms, want jy wil nie jou momentum verloor nie . . . Ek glo jy kry die prentjie.

Hierdie optrekke is vir seker nie van hoë gehalte nie. Hier by nommer sewe begin jy te bewe; jou lyf ruk, jou bene trek krom en jy maak net-net die tiende optrek. Jy val amper van die stang af en jy is maar te dankbaar om klaar te wees – beslis nie trots nie. Jy dink jy het tien optrekke gedoen, maar wat jy werklik gedoen het, was om gemiddeld as goed genoeg te aanvaar. Jy dink soos 'n laerskoolkind. In werklikheid het hierdie oefening jou gewen. Jy dink jy het tien optrekke gedoen, maar in werklikheid het jy gekul, want jy het dit nie uitstekend gedoen nie.

Wanneer jy soos 'n kampioen dink:

Jy weet jy kan dalk ook tien gemiddelde optrekke doen soos die ander kind. Tog het jy 'n kopskuif gemaak. Gemiddeld is nie meer goed genoeg vir jou nie. Jy het besluit om nie meer om te gee wat ander doen nie. Jy het besluit om jou eie droom te leef. Jy dink anders.

Jou doelwit is uitstekende optrekke – berekend, in beheer en indrukwekkend. Jy weet jy kan met baie moeite dalk agt van hierdie optrekke doen, maar hier by nommer ses is jy uitgeput en begin jy veg om die optrek perfek te doen. Jy maak dus NIE jou doelwit om agt te doen nie. Jy stel 'n doelwit om vyf perfekte optrekke te doen. By nommer vier is jy nog steeds perfek in beheer en jy weet jy kan dalk nog so twee doen, maar jy stop na nommer vyf. **Jy stop terwyl jy die oefening wen**. Jy is nog die oefening se baas. As jy nou stop is jy totaal en al in beheer, want jy voel trots en al weet jy jy kan dalk nog so een doen gaan jy NIE tot op 'n punt waar jou uitstekend verander na gemiddeld nie.

Natuurlik gaan daar op 'n later stadium 'n punt kom waar jy daardie ekstra optrek op 'n uitstekende manier gaan doen.

Natuurlik gaan jy beter en sterker word en jou aantal optrekke gaan vir seker meer word met tyd. Hulle word egter meer en beter met tyd – nie meer en slegter nie.

'n Kampioen kan nooit tevrede wees met 'n gemiddelde poging nie en dit is presies waar kampioene van kinders geskei word. Kinders dink baie en vinnig (eerste) beteken hulle is goed. 'n Kampioen verstaan dat alles begin by uitstekend. Met tyd word jou uitstekend ook baie en natuurlik baie vinniger. Voor jy jou oë uitvee, leef jy jou droom, want dan is jy ook die beste.

Te veel afrigters dink wanneer hulle kinders of atlete kan druk tot op 'n punt waar hulle nie meer kan nie, het hulle goeie werk gedoen. Dit is ou denke. Dit het sekerlik gewerk vir so 'n paar kinders, maar ongelukkig weet ons nie hoeveel kinderharte gebreek is in daardie selfde proses nie. Hoeveel potensiële kampioene het hulle harte verloor van wie ons nooit sal hoor nie? Met só benadering beroof jy kinders van hulle liefde vir sport en harde werk voor hulle nog eens kon verstaan wat dit werklik beteken om 'n kampioen te wees.

'n Afrigter en onderwyser se hoofdoel op laerskool is om 'n liefde vir 'n aktiwiteit, 'n liefde vir uitnemendheid en 'n trots van karakter in kinders te bou. Jy kan nie iemand motiveer om iets wat seer en vernederend is aan te hou doen nie. As deelname en oefening pynvol en teleurstellend is, verloor jy vinnig 'n kind se hart.

Afrigters moet nie die volle verantwoordelikheid vat vir die stel van doelwitte tydens oefeninge en kompetisies nie. Jy moet jou kinders begelei en leer sodat hulle vir hulleself doelwitte kan stel – met wysheid. Wanneer jy met jong kinders werk, gee hulle opsies om van te kies. Hulle moet weet jy stel nie belang daarin om te sien wie eerste is nie, maar eerder in wie dinge uitstekend kan doen. **Jy moet eers die beste kan wees voor jy eerste sal wees**. As jy eerste is, maar jy het in werklikheid gekul deur byvoorbeeld nie 'n beweging volledig uit te voer nie, kort van 'n lyn gestop het, vroeg weggespring het, of onregverdige voordeel geniet het, word jy nie 'n kampioen nie, maar eerder 'n skelm en verloorder . . .

Ons weet dat om die beste te wees op laerskool is hoofsaaklik 'n gevolg van genetiese samestelling (talent), geboorte-orde, geboortedatum (kinders wat vroeg in die jaar gebore is, is heelwat groter en sterker as kinders wat aan die einde van 'n jaar gebore is – veral in graad een en twee) en geleenthede. Hoe ouer jy word, hoe minder is die invloed van hierdie faktore. Sodra jy hoërskool toe gaan, bepaal hierdie faktore nie meer wie wen nie. Dan word harde werk, kwaliteit van oefening, karakter en deursettingsvermoë die dinge wat jou sukses bepaal. Hier volg 'n praktiese voorbeeld (die doel van 'n oefening is fiksheid en stamina):

Die tradisionele afrigter of onderwyser:

Afrigter/onderwyser:
"Reg span, vandag is fiksheid. Ons gaan vandag baie hard werk, want as ons die beste span in die liga wil wees, moet ons ook die fiksste span wees – stem julle saam? Ons gaan vanmiddag twintig keer tweehonderd meter-sprints doen. Die rustyd tussenin is 'n tweehonderd meter wat julle stadig kan draf om asem terug te kry. Verstaan julle? Ons gaan lekker hard werk! Is julle reg?"

Hier is die feite: Daar is twintig kinders in hierdie oefengroep of span. Hulle verskil almal. Sommige weeg 40 kg en ander weeg tot 80 kg. Hulle liggaamsamestellings verskil radikaal van mekaar. Sommige is gebou soos atlete, ander is gebou soos die tradisionele voorry. Die realiteit is dat 'n hele paar van hierdie kinders se harte vanmiddag verloor gaan word. Hulle gaan gebreek word, want hulle is glad nie gebou om 'n 200-meter-naelwedloop te doen nie – laat staan nog twintig keer!
Sodra die afrigter sy "opdrag" gee, gebeur die volgende:

- Speler A – 'n Voorry wat 80 kg weeg:

    "Genugtig, vanmiddag is ek dood. Ek haat hierdie oefening. My tekkies voel nie lekker nie. Ek het 'n seer knie en daar is 'n blaas op my een voet . . ."

- Speler B – 'n Vleuel wat so 46 kg weeg:

    "Vanmiddag wys ek hulle almal – ek gaan eerste wees! Ek gaan maklik voor hardloop en ek hoef gelukkig nie so hard te werk nie. Ek gaan almal beïndruk!"

Dieselfde oefensessie, maar elke speler het 'n verskillende ingesteldheid. Speler A se hart is verlore. Die oefening beteken vir hom pyn en vernedering. Die hele middag is 'n nagmerrie en hy het 'n weersin teen die emosionele vernedering wat die oefening hom gaan toedien.

Die afrigter en sy spanmaats sal hom die hele middag moet aanmoedig en motiveer. Ons dink dit is goed en sekerlik bou dit 'n mate van spangees. Die realiteit is dat so 'n speler meeste van die tyd sy hart verloor. Sy selfvertroue, sy trots en sy voortreflikheid word vernietig. Hierdie is nie 'n oefening wat werklik enige waarde vir hom het nie.

Speler B aan die ander kant floreer. Hy groei in selfvertroue, hy kom eerste, maar wat beteken dit? Meet hy homself aan die prestasies van ander, of meet hy homself aan dit wat hy werklik in staat is om te doen? Daardie antwoord word bepaal deur die speler se karakter, maar niemand sal werklik weet nie.

Die wyse afrigter of onderwyser:

Afrigter/onderwyser:

"Middag julle almal. Soos wat julle besluit het, is ons droom om hierdie jaar die liga te wen. Wat glo julle het ons nodig om dit reg te kry?

Span:

"Coach, ons sal vir seker die fiksste span moet wees . . . en nog 'n paar ander dinge . . ."

Afrigter/onderwyser:

"Dan beteken dit ons sal iewers moet werk aan ons fiksheid, stem julle saam? Is julle reg om vanmiddag 'n kwaliteit-fiksheidsessie in te sit?"

Span:

"Reg met ons, Coach!"

Afrigter/onderwyser:

"'n Uitstekende oefening vir fiksheid is hoë intensiteit sprints met min rus tussenin. Ek gaan drie groepe maak – jy kan kies waar jy gaan oefen vanmiddag:

» *Groep 1: Tweehonderd meter-sprints met 'n doel-wittyd van vyf-en-dertig sekondes. Ons doen dit in stelle van vyf maal tweehonderd meter op 'n slag en na elke stel kan ons rus vir drie minute. Die doelwit is uiteindelik om drie stelle te voltooi.*

» *Groep 2: Honderd-en-vyftig meter-sprints met 'n doelwit van vyf-en-twintig sekondes – ook in stelle van vyf met 'n drie minute rus tussen die stelle. Die doelwit is ook om drie stelle te voltooi binne die tyd van vyf-en-twintig sekondes per honderd-en-vyftig meter.*

» *Groep 3: Honderd meter-sprints met 'n doelwit van agtien sekondes vir elke honderd meter. Ook in stelle van vyf met 'n drie minute rus tussen die stelle. Janu, jy is ons voorry, by watter groep glo jy gaan jy vanmiddag die beste oefen?"*

Janu:

"Coach, ek sien kans vir daardie honderd meter-sprints. Ek glo ek gaan dit regkry."

Afrigter/onderwyser:

"Dis doodreg met my; ek weet jy gaan jou beste gee."

Elke speler kies dus wat sy doelwit is vir die middag. Die uiteinde moet nie wees wie eerste is nie, maar wel dat elke individu trots moet wees op die oefening wat hy die middag reggekry het. Kwaliteit van oefening kweek trots. Trots kweek selfrespek en ook respek vir ander. Respek is die fondasie van suksesvolle verhoudings, suksesvolle deelname en dit bou uiteindelik trots as karaktereienskap.

Wanneer jy dit kan regkry dat die kinders of atlete:

- self hulle doelwitte kies;
- lus is vir die oefening;
- trots is op hulle pogings;
- uitnemendheid het as hulle hoofervaring van die oefening; en
- in beheer is van elke oefening en nie daardeur gebreek word nie . . .

DAN wen jy hierdie kinders of atlete se harte, kry jy hulle vertroue en geniet jy hulle energie. Soos wat hierdie kinders groei en beter word, gaan hulle ook hulle doelwitte groter en meer uitdagend maak. Dit is uiteindelik al hoe 'n mens beter word. Die voorvereiste vir enige oefening is egter nie om te kyk wie eerste kan kom nie, maar hoe goed elkeen sy of haar oefening kan doen.

Wanneer 'n afrigter 'n kind probeer druk voor daardie kind volwasse genoeg is om te verstaan wat die basiese fondasie van sukses (kwaliteit, trots, motivering, lus, en binne jou vermoë oefen) is, verloor talle afrigters en onderwysers ongelukkig die harte van die kinders waarmee hulle werk. Hierdie afrigters (en die ouers) moet die hele tyd die kinders motiveer, dreig en uiteindelik belonings aanbied om hulle in die sport te probeer hou. Kinders reageer verskillend op verskillende situasies. Vind uit wat elke kind waarmee jy werk laat *tick*. Wen elke kind se hart.

As iemand nie persoonlike selfdissipline ontwikkel om dit wat hy doen uitnemend te doen nie, sal daardie persoon nooit die hoogste sport kan klim nie. As jy nie in staat is om jouself te druk tot by 'n punt van uitnemendheid nie, sal niemand anders dit lank genoeg kan doen om jou 'n kampioen te laat wees nie. Wanneer jy die hart van 'n kind het, kan jy daardie hart laat groei tot op 'n plek waar daar geen grense is nie.

Moegheid is grootliks 'n manier van dink, want jou liggaam doen wat jou brein vir hom vertel. As jou brein dink jy is moeg, sal jou liggaam hom reg bewys. Sou jy egter leer om jou denke te beheer, sal jy verras staan oor wat jou liggaam werklik kan doen! Hoeveel keer sal ons nog hierdie woorde hoor? *Die liggaam is tot baie meer in staat as wat ons dink?* Dalk, wanneer ons beter dink, verras ons liggaam ons.

11

Hoe word 'n span en spangees gebou?

Spansport is sekerlik een van die heerlikste uitdagings in afrigting. Jy werk met 'n dinamiese groep individue wat almal moet **saamwerk** na 'n gemeenskaplike doel. Onder jou leiding moet hierdie groep individue saamgroei in 'n eenheid waar almal se persoonlike drome en doelwitte ook uiteindelik bereik moet word. Spansport is totaal verskillend van individuele sport en die eise wat dit aan 'n afrigter stel is baie groter as wanneer jy met 'n enkele kind of atleet werk.

Daar is derduisende gesegdes, navorsing en teorieë wat die invloed van maats (span) op die prestasie van 'n individu beskryf, bepaal en verklaar. Die kern van die saak is dat die krag van 'n span of 'n groep onteenseglik die prestasies van elke individu daarin beïnvloed. Hierdie invloed het 'n groot uitdaging ingeweef in die drade wat spanlede aan mekaar verbind. Hierdie uitdaging is **die aanvaarding van individuele verantwoordelikheid deur elke lid van die span of groep**. Wanneer jy dit kan regkry dat die individue in 'n span elkeen (op sy eie) persoonlike verantwoordelikheid aanvaar vir enige iets wat in die span gebeur, is jy besig om die spreekwoordelike spyker op die kop te slaan.

Die VAKUUM-SINDROOM:

Sodra daar twee of meer mense bymekaarkom as deel van 'n groep, gebeur daar iets in ons brein. Ek noem dit die "VAKUUM-SINDROOM". Die vakuum-sindroom is soos 'n virus wat energie, verantwoordelikheid en prestasie halveer en verander na "gemiddeld".

Die oomblik wat jy individuele uniekheid en verantwoordelikheid prysgee omdat jy omring word deur ander mense (as deel van 'n groep), stap jy in 'n vakuum in wat jou plat suig en jou deel maak van die pakkie (groep). Dit beroof jou van jou individuele karakter en dit maak die deur oop na die gemak van die massa waar niemand werklik verantwoordelikheid neem nie. Jy word deur 'n magiese krag getrek om in te pas en om deel te word van die groep.

Die belangrikste is dat jy skielik (uit respek vir die groep en vrees vir verwerping) nie meer wil uitstaan nie. Jy wil inpas. Daarom sal jy nie meer die waagmoed aan die dag lê om uit te staan deur kwaliteit aksies en besluite te neem nie. Jy voel ver-leë en wil nie die ander lede van die groep in 'n swak lig stel deur iets beter te doen as hulle nie. Hier volg 'n praktiese voorbeeld:

Ek werk met 'n span. Hulle sit op losstaande stoele in 'n vertrek. Wanneer die groep verdaag, is die enkele individu gewoonlik (in 99% van die gevalle) te bang om die stoele wat skeef staan, uit plek is en die plek laat slordig lyk, reg te skuif (tensy dit reeds deel is van die kultuur van 'n span). Dalk sien die ander dit nie? Die vraag is: Waarom sien hulle dit nie? Almal kan dit raaksien, maar niemand **kies** (neem persoonlike verantwoordelikheid) om dit raak te sien nie. Is dit dalk omdat ons grootgemaak word met te veel gemak? Is dit dalk omdat ons dink dit is ALMAL se verantwoordelikheid, maar uiteindelik is hierdie "almal" in werklikheid NIEMAND nie?

Die verantwoordelikheid is opgesuig deur die groep en het verdwyn. Sou 'n individu egter alleen in die vertrek inkom en sy karakter is 'n karakter van uitnemendheid, dan sou hy, omdat daar niemand anders is nie, wel die stoele in 'n ordelike manier rangskik.

Wie is die groep? Wanneer ons praat van die vakuumsindroom, is die groep 'n samestelling van individue wat deur 'n gemeenskaplike element verbind word. Hierdie element kan 'n skool, 'n span, 'n kerk, 'n oefengroep, 'n fietsrygroep, 'n groep ondersteuners, 'n politieke party, vriende, 'n familie, ensovoorts wees. Daar bestaan 'n veronderstelling of 'n gedagte dat jy op 'n sekere manier moet optree wanneer jy deel is van hierdie groep (die groep se kultuur). Hierdie manier van optrede word gewoonlik bepaal deur die leier(s) van so 'n groep.

In ons hedendaagse skoolsisteem, en in baie sportspanne, is hierdie voorlopers (leiers of aanhitsers) dikwels die rebelle of boelies. Hulle is dikwels die kinders wat meer waagmoed het om teen gesag of reëls te gaan. Hierdie voorlopers is soos spookasem – jy sien hom en hy is vol bravade, maar hy verdwyn sodra jy hom probeer proe. Hy bestaan in die teenwoordigheid van 'n groep, maar as individu wil hy nie bekend wees nie en dan verdwyn hy soos spookasem . . .

In sportspanne is hierdie spookasem-elemente dikwels daardie atlete wat baie talent het, maar nie as leiers verantwoordelik wil wees vir die groep nie. Hulle is dikwels die rebelle, die reëlbrekers en die kansvatters. Hulle is ook blasé oor hulle talente en ag dit nie baie belangrik nie omdat hulle dit beskou as vanselfsprekend. Hulle is nie so gefokus soos ander wat nie so talentvol is en harder moet werk om uiteindelik suksesvol te wees nie. Hulle het dikwels ook die vermoë om ander lede van die span verbaal "uit te haal" wanneer daardie lede misluk. Ons weet almal wie hierdie spookasem is, want ons het almal al hierdie spookasem in die lewe gesien.

Hulle wil nie verantwoordelikheid vat vir sukses nie en die maklikste is om weg te kruip agter die groep. Hulle wil nie opstaan en voorloop as leiers nie, want sodra hulle in 'n posisie van persoonlike verantwoordelikheid moet staan, is hulle baie ongemaklik. Die rede daarvoor is omdat hulle nie hulself wil onderwerp aan die reëls wat neergelê word vir die suksesvolle samewerking van die groep nie. Hulle is juis die reëlbrekers en eien hulself die luukskeid toe om hulle eie ding te doen. Dit is nie noodwendig altyd sleg nie, maar dit skep ongelukkig 'n president. Hierdie kinders of atlete het die mentaliteit van: *As hulle kan, dan kan die ander mos maar ook?* Die ander lede in die span is dalk nie so talentvol en sterk soos hierdie spookasem nie en as hulle dan dieselfde dinge probeer doen as hierdie skynbare leier in die span lei dit tot chaos.

Jy kry goeie spookasem en jy kry slegte spookasem. Die slegte spookasem verteenwoordig die negatiewe kant van karakter. Dit is mense wat geleer het dat hulle aandag kry en belangrik word wanneer hulle teen die verwagte morele waardes optree. Ons kan dit beskryf as REBELLIE. Rebellie word ongelukkig ook deur die oorgrote meerderheid van mense in die wêreld geadmireer, gevolg en aangehang. Dit word deur dwase gesien as durf en waagmoed en is die oorsprong van sonde en die karakter van Satan op sy heel beste. Rebellie is die kanker van enige langtermynsukses. Dit mag dalk lei tot korttermynoorwinnings, maar die uiteinde van rebellie is 'n geestelike en emosionele worsteling (dood).

Die krag van 'n groep lê in 'n emosionele element wat ons beskryf as groepsdruk. Groepsdruk se oorsprong is die mens se behoefte aan aanvaarding. Aanvaarding beteken dat ander jou toelaat om deel te wees van hulle groep. Die vraag wat nooit beantwoord kan word nie is: Wie is die "hulle"? Daardie "hulle" is dikwels net spookasem wat nie werklik bestaan nie.

In sy negatiewe vorm is die resultaat van die vakuum-sindroom dinge soos verkleinering, vernietiging, teleurstelling, onverantwoordelikheid, apatie, onoordeelkundige optrede, bisarre gedrag, walglikheid, rebellie, dronkenskap en spyt. In die vakuum van 'n groep probeer jy nie uitstaan nie – jy pas altyd in. Die ongesproke gedagte is **dat jy deel is van 'n groep en nie beter is as die ander individue in die groep nie.** Jy durf nie uitstaan nie, want dan sal die ander lede van die groep sleg lyk. As jy wil in wees, beskerm jy die ander lede van die groep deur nooit uit te staan nie. Almal word uiteindelik minder as gevolg van die vakuum-sindroom. Die negatiewe spookasem word daagliks groter en sterker in ons skoolsisteem! Ons moet dit uitroei met wortel en tak, want dit is soos 'n virus wat ons kinders van binne verwoes.

Die uitdaging vir enige afrigter of onderwyser is om hierdie vakuum-sindroom te verhoed. Jy wil hê dat elke individu in jou span die waagmoed sal hê om uit te staan. Jy wil hê dat elke individu in die span persoonlike verantwoordelikheid moet vat vir enige iets wat gebeur in en met die span. Jy wil hê dat elke individu in die span sy rol belangrik moet ag, dit aangryp en probeer uitstaan sonder dat die groep daardeur bedreig sal word. Jy soek in werklikheid 'n span wat bestaan uit 'n klomp leiers in hulleself. Jy wil 'n span bou waar die kultuur in die span deurentyd uitnemendheid, durf en waagmoed aanwakker. Jy wil 'n span bou waar elkeen die ander sal aanhits om kanse te vat, risiko's te neem en te weet dat as jy misluk jy nie ontbloot sal word nie (vir jou gelag word nie). As jy dalk misluk, sal die ander jou fout bedek.

Die doodsteek van enige span is spanlede wat vasgevang is in die vakuum-sindroom. Maak nie saak hoe talentvol kinders is nie – as hulle bang is om uit te staan omdat hulle nie die ander spanlede wil bedreig of laat sleg lyk nie, is jou span gedoem tot 'n inspirasielose span

Die mens is 'n sosiale wese. Navorsing het aangedui dat die grootste rede vir deelname aan sport by jong kinders juis hulle behoefte na aanvaarding is en die feit dat hulle saam met maats is. Wees bewus hiervan en werk met wysheid met jou kinders! Wanneer jy met jong kinders werk is dit eerste prioriteit. . . daarna word uitslag 'n belangrike faktor. Almal wil eerste deel wees. Wanneer hulle deel is wil hulle deel wees van sukses (wen). So volg stap na stap.

Die leier(s) van 'n groep bepaal die karakter van die groep. Jy is die hoofleier van jou span. Jy kan nie toelaat dat druk van ouers, druk van 'n sisteem, of die mag van geld jou beroof van jou rol as leier en dus ook jou gesag nie. Talle afrigters en onderwysers trap wel in hierdie strik. Hulle gee die gesag waaroor hul beskik vir 'n spookasem in hul span omdat hul bang is vir die gevegte met kinders se ouers of vir die druk wat hierdie spookasem op hulle kan sit wanneer hulle die reëls breek.

Die kans dat die spookasem jou mees talentvolle kinders of atlete is, is baie goed. Juis daarom is die ooreenkoms aan die begin van 'n seisoen so belangrik. Dit is 'n toets vir enige afrigter. Word jy geïntimideer deur die talentvolle, negatiewe spookasem, of staan jy by jou ooreenkoms? Is die karakter van jou span werklik jou eie karakter?

Die ware toets vir 'n enige afrigter is of hy hierdie spookasem kan deel maak van die span met al hulle talente, sonder om hulle harte te verloor of aan hulle te veel mag te gee. Die spookasem-kinders of atlete is kansvatters. Jy soek kansvatters in jou span. Jy soek 'n vry gees in jou span en dit is noodsaaklik vir sukses in enige span. Die karakter van jou span moet egter staan op die platform van agting en respek vir mekaar, die gryp van geleenthede (waagmoed) en die beskerming van mekaar wanneer daar gefouteer word. Daar kan nie jaloesie bestaan tussen mekaar nie. Jy as afrigter is die een wat daardie wortel heeltyd moet uitruk.

Die karakter van 'n span word bepaal deur die manier waarop dinge gedoen word in 'n span. As jy twyfel of spanlede mekaar sal beskerm in situasies van druk en uitdagings, dan het jy nog nie 'n span nie. As elke individu in die span egter erken en geken word, as daar agting en respek is tussen spelers, selfs al verskil almal hemels-breed, dan word 'n span 'n soos 'n familie en is die kanse op sukses soveel meer.

Elke span het staatmakers (kansvatters en konserwatiewe, doelgerigte, veilige spelers) en die wat soos spookasem is. Elkeen van hulle is belangrik vir die balans en sukses van die span. Die staatmakers is dikwels kinders wat maklik in die vakuum-sindroom kan verdwyn.

As jy nie die negatiewe spookasem in toom hou nie, is dit juis hulle wat die staatmakers in die span sal verneder. Hulle sal die staatmakers verkleineer wanneer hulle misluk of wanneer hulle hulle beste gee. Wees op jou hoede hiervoor en maak seker jy smoor negatiewe opmerkings (verkleinering, ensovoorts) in die kiem. Kinders maak altyd grappe en humor is 'n uiters belangrike eienskap van 'n gesonde huis, groep of span. Dit is 'n vaardigheid wat aandui hoe emosioneel intelligent en volwasse iemand is. Humor moet met wysheid beoefen kan word – jy moet weet wat jy kan doen met wie.

'n Dwaas maak 'n grap om iemand anders te verkleineer. 'n Wyse mens maak 'n grap waarin hy homself blootstel, maar omdat sy selfbeeld sterk genoeg is, gee dit nie ander die mag om hom te verkleineer nie. Grappe kan gemaak word om humor en goeie gees na vore te bring. Grappe kan egter ook gemaak word om ander te ontbloot en te verkleineer. Daar is 'n groot verskil. Humor bring vryheid en dit laat mense ontspan, maar as dit egter ten koste van iemand se selfbeeld is, is dit ongesond. Ongesonde humor is die vinnigste manier waarop jy die respek en lojaliteit van sekere spanlede (staatmakers) verloor.

Daardie wat negatiewe spookasem is, het min agting of respek vir ander, want alles gaan oor hulleself. Met ervaring en tyd word dit makliker om 'n negatiewe spookasem vroeg te identifiseer. Wanneer jy hom sien, moet jy hom op 'n wyse manier in toom hou. Onthou, enige span het spookasem – en hulle is dikwels die talentvolste spelers. Hulle word gekcn deur hulle gebrek aan individuele selfvertroue en hulle kruip altyd weg agter die groep. Wanneer hulle alleen is, is hulle heeltemal anders . . . gemanierd, stil en stemmig.

Wanneer 'n span se krag en karakter gebou is op die staat-makers, vul die wat soos spookasem is dit net aan. Hulle sorg vir daardie vars briesie van waagmoed en pret. Elkeen is nodig, want beide (staatmakers en spookasem) dra by tot die krag van 'n span. Dit is waarna elke afrigter of onderwyser soek, dat die krag van die span gekenmerk word deur suiwer karakter.

Dit beteken nie dat almal in die span 'n spul *softies* en patete is nie, in teendeel. Dit beteken dat 'n span bestaan uit 'n klomp spelers en leiers wat mekaar vertrou, respekteer, geniet, uitdaag en inspireer. Dit is 'n groep spelers wat bereid is om kanse te vat en buite die boks te dink, want hulle weet hulle word beskerm en ondersteun deur die res van die span. Daar sal altyd dié wees wat meer kanse sal vat as ander. Beide is nodig en noodsaaklik vir 'n span.

Hoe sien jy die vakuum-sindroom?

Meeste mense se persoonlike verantwoordelikheid gaan verlore in die vakuum wat veroorsaak word deur die teenwoordigheid van 'n groep of span. Jy dink skielik nie meer so logies soos wat jy sou dink sou jy alleen wees nie, jou verantwoordelikheid gaan verlore en is verskuil agter die identiteit van die groep of span. Die intensiteit van persoonlike verantwoordelikheid vir die eenvoudigste dinge soos om te reageer, dankie te sê, skoon te maak en op te ruim verlaag dramaties in die teenwoordigheid van 'n groep of span.

Die vraag is: Wie is die span? Die antwoord van elke individu in 'n suksesvolle span op hierdie vraag is: **EK is die span.** Tensy elke lid van die span of groep dit kan antwoord beteken dit daar bestaan nog 'n vakuum.

Onder die invloed van die vakuum-sindroom doen mense dinge wat hulle nooit sou doen in hulle individuele hoedanigheid nie. Die oorgrote meerderheid verloor persoonlike verantwoordelikheid omdat hulle glo hulle is deel van 'n groep of span.

Daar is wel 'n positiewe kant aan hierdie sindroom. Mense sal kanse vat en dinge doen saam met 'n groep, wat hulle nooit sou doen as hulle alleen was nie. Die rede hiervoor is groepsdruk (die persepsie dat ander dit van jou verwag). Hier volg 'n praktiese voorbeeld van die vakuum-sindroom:

'n Sportspan slaap oor in 'n hotel. Ruben ('n welopgevoede jong man) raak uitbundig en luidrugtig. Uiteindelik breek hy 'n venster, gooi 'n yskas onderstebo en maak 'n groot gemors in sy kamer onder luide gelag en aanmoediging van sy spanmaats. Hy skeur 'n laken, bind dit om sy kop en probeer die ander gaste in die hotel skrikmaak – tot groot vermaak van die res van sy span. Ruben is meer onder die invloed van die vakuum-sindroom as wat hy onder die invloed van drank is. Hy sien homself nie as 'n individu in hierdie situasie nie, maar as 'n lid van die span. Hy doen dinge wat hy nooit sou doen as hy alleen in die hotel sou oorslaap nie. Hy verloor sy verantwoordelik-heid – net soos die meeste ander lede van die span. Dit is gewoonlik net die kaptein en een of twee staatmakers wat nie deelneem aan hierdie soort manewales nie. In so 'n situasie sien jy maklik die negatiewe spookasem wat na die voorgrond tree. Hulle is dikwels die spelers wat ander sal aanmoedig om buitensporige dinge te doen en dan lekker sal lag daarvoor. Hulle inisieer belaglike optrede en die spelers wat op soek is na aanvaarding is gewoonlik hulle slagoffers. Die aanhitsers is slim genoeg om nie uitgevang te word nie. Dit is ongelukkig daardie staatmakers soos Ruben wat dan in die strik trap en uitgevang word.

Veronderstel Ruben was alleen in die hotel. Wat is die kans dat hy 'n laken sal skeur, om sy kop sal bind en ander gaste sal probeer skrikmaak? Die kans daarvoor is nul! Ruben sal dit net doen wanneer hy onder die invloed van die vakuum-sindroom (en dalk 'n bier of twee) is. Die vakuum-sindroom laat hom glo dat sy verantwoordelikheid oorgeneem sal word deur die groep. Wat 'n ontnugtering (spyt) wanneer hy later ontdek dat hy alleen verantwoordelik staan vir sy optrede en die skade wat aangerig is.

Hoeveel mense in tronke kan getuig van presies so 'n situasie? Onder die invloed van die vakuum-sindroom het hulle onsin-nige dade gepleeg en nou sit hulle alleen met die nagevolge daarvan. Toe verantwoordelikheid vereis word vir gebeure, het die groep soos spookasem verdwyn en die individue moes alleen die prys betaal.

Die vrugbaarste broeigrond van die vakuum-sindroom is alkohol. Wanneer iemand onder die invloed van alkohol is, verdubbel sy bravade en sy sin vir verantwoordelikheid halveer of verdwyn heeltemal. Die waarskynlikheid dat Ruben onder die invloed van alkohol sal kom wanneer hy onder die invloed van die vakuum-sindroom is, is baie hoog. Die kans dat Ruben op sy eie onder die invloed van drank sal kom, is laag.

Die vakuum-sindroom is die doodsteek van talle belowende spanne. Dit suig individuele verantwoordelikheid en gesag uit die groep en dan staan so span op die spookasemkrag van die groep. Die spookasemkrag beteken uiteindelik niks, want wanneer daar 'n krisis opduik of wanneer daar druk is, verdwyn die span en dan staan elkeen net vir homself.

Wanneer 'n individu sy persoonlike verantwoordelikheid opgee omdat hy homself sien as 'n produk van die span, flits die rooi ligte. Gewoonlik neem die kaptein van so 'n span alleen verantwoordelikheid, maar die krag van 'n span beteken dan niks. Sou dit gebeur dat 'n kaptein ook onder die invloed van die vakuum-sindroom beland, dan is dit totale chaos. Talle hotelbestuurders, gastehuiseienaars, huurmotor-maatskappye en lugvaartpersoneel kan hiervan getuig.

Die krag van 'n span veronderstel dat 'n individu die waagmoed sal hê om buite sy persoonlike veiligheidsraamwerk op te tree ter wille van die span. Hierdie optrede is ongelukkig die meeste van die tyd na 'n negatiewe kant (sosiaal onaanvaarbare optrede). Die vakuum-sindroom veroorsaak dat individue nie doen wat hulle normaalweg sou doen indien hulle alleen was nie.

In die teenwoordigheid van 'n groep waar die vakuum-sindroom bestaan, word die regte dinge soos om asseblief en dankie te sê, om skoon te maak nadat jy by 'n plek was, om goeie maniere te hê, om hoflik te wees, om respek te betoon en om uit te staan (want dan staan jy UIT) juis nie gedoen nie. In TOPspanne, waar persoonlike verantwoordelikheid deur elke lid van die span aanvaar word, is bogenoemde voor die hand liggend en deel van wat van jou verwag word.

Min afrigters maak sulke gedrag 'n voorwaarde in sy ooreenkoms met 'n span. Sommige doen dit wel, maar die toepassing daarvan bestaan nie. Selfs afrigters val in die strik van die vakuum-sindroom. Die span veroorsaak dat mense se individualiteit verdwyn. Wanneer 'n afrigter probeer om *nice* te wees, verloor hy sy gesag. Sodra hy in die strik van die vakuum-sindroom trap, het hy geen grond om korrekte, respekvolle en gedissiplineerde gedrag van sy spelers te verwag nie, want dan is hy self 'n spookasem!

Min mense, tensy hulle onder die invloed van alkohol, geestelike kragte of dwelms is, sal destruktief optree wanneer hulle alleen is. Dit is spookasem-ouens wat vol bravade en vol drank is wat probeer om ander mense te ontstel of te walg. Die teenwoordigheid van ander is soos 'n inspuiting om hulle belangrik te kan laat voel. Die groep is die geleentheid. Hoe voorkom jy dat die vakuum-sindroom jou span oorneem?

Die antwoord:

Bou 'n span met karakter en integriteit. Maak seker dat die spookasem in die skaduwee bly waar hulle hulle talente kan beoefen, maar nie die karakter van jou span bepaal nie. Jou leierskap en die ooreenkoms wat jy met jou span aangaan sal bepaal of jy hierdie dinamika in jou span sal vestig en behou. Jou eie optrede en eie waardesisteem sal bepaal of jou kinders genoeg respek het vir jou om jou toe te laat om hierdie waardes te kan verwag van hulle. Wees verseker – karakter is nie iets wat skielik gebeur en dan bly dit so nie. Karakter is 'n proses wat nooit stop nie. Dit is jou vermoë om die aanloklikheid van onmiddellike gemak te oorwin met die keuse van verantwoordelikheid en dissipline.

Om karakter te bou en te BEHOU is 'n nimmereindigende proses. Jy moet die spookasem in jou span in toom hou en

prosesse en gewoontes in plek sit sodat die karakter van die span voortdurend sal groei. Dit is soos 'n huwelik – dis 'n dinamiese proses waarin jy voortdurend werk en waar beide van julle altyd bly groei. Wanneer jy ophou werk en op jou louere gaan rus kruip die virusse in en hulle vernietig jou stelselmatig van binne af.

Hoe bou jy so span?

Begin by 'n ooreenkoms. Die lekkerste plek om so 'n ooreenkoms te maak is waarskynlik by 'n spankamp aan die begin van 'n seisoen. Na jou persoonlike ooreenkoms met die span oor jou manier van afrigting, bespreek julle 'n kampnaweek weg van die normale gemak van almal se lewens. Vind 'n plek in die natuur waar julle na die basiese van die lewe gaan. Weg van tegnologie, gemak en van dit wat jul gedagtes en energie elke dag vasvang. Die rede hiervoor is dat die brein baie meer ontvanklik is vir emosionele groei wanneer ons uit ons konkrete wêreld van kennis en tegnologie beweeg. Kreatiwiteit is veel hoër wanneer ons in 'n ongemaklike of onbekende omgewing is.

Die doelwitte van die kamp is:

a) om mekaar persoonlik te leer ken;

b) om lojaliteit en vertroue te vestig;

c) om saam te besluit oor die karakter van die span;

d) om doelwitte vir die seisoen te bepaal;

e) om in ooreenkoms te kom oor individuele insette en elke individu se rol; en

f) om gewoontes en roetines in plek te sit wat gaan verseker dat die proses van karakterbou nie stop by 'n ooreenkoms nie.

'n Spanboukamp

- -

Die basiese program vir so 'n kamp ('n tipiese voorbeeld vir 'n hoërskool- tot seniorrugbyspan):

Die Program

- -

Vrydagmiddag:

1. Arriveer en klok in. Kamermaats word deur die afrigter bepaal en GEEN ruilings of skuiwe vind plaas nie.

2. Sodra almal ingeklok het, kom almal bymekaar vir 'n verwelkoming. Die doel en reëls van die kamp word bespreek en vasgestel. Dit vind plaas in die vorm van 'n **ooreenkomsgesprek** wat gelei word deur die afrigter. Hier is 'n voorbeeld van so 'n gesprek:

Afrigter:
"Welkom hier almal van julle. Ek voel 'n gees van opgewondenheid tussen ons. Voor ons begin met hierdie kamp moet ons saam besluit wat hier gaan gebeur en hoe dinge gaan verloop. My vraag: Wat dink julle is die doel van hierdie kamp?"

Spelers:

"Coach, dit is seker om 'n spangees te bou en om ons doelwitte vir die seisoen te bepaal?"

Afrigter:

"Julle is 100% reg; ons moet besluit wat gaan ons doen met hierdie seisoen, watse span gaan ons wees en hoe ons dinge gaan doen. Ons moet begin by die kamp: Waarom dink julle is julle in kamers geplaas nie noodwendig saam met jou beste pel nie?"

Spelers:

"Seker sodat ons mekaar kan leer ken, Coach?"

Afrigter:

"Ja, julle is reg. So, dink julle dit gaan werk as julle kamers ruil en soek na die gemak van jou ou pelle, of dink julle ons moet soek na ongemak en dit bemeester?"

Spelers:

"Ons moet die ongemak soek, Coach, want dis al manier wat ons mekaar gaan leer ken."

Afrigter:

"Wonderlik! So, kan ons ooreenkom dat julle elke ding wat ek hierdie naweek met julle gaan doen, wat dalk ongemaklik kan wees, sal ondersteun en 100% gaan saamwerk? Koos . . . Piet . . . Jan . . . Frans . . . Lenn . . . Paul . . . Andries . . . Anton . . . (Noem elke speler op sy naam en kyk hom in die oog wanneer jy dit vra.)

Nou kom ons by die karakter van ons span. *Wat voel julle moet die karakter wees?*

- *Moet ons mekaar uitvang, mekaar se name sleg maak, mekaar verkleineer en vir mekaar lag? Of dink julle dit gaan beter wees as ons 'n span is waar ons kan kanse waag, kan foute maak en weet ons maat gaan ons beskerm?*

- Sal dit beter wees as ons 'n span is waar ons ons beste gaan gee en niemand gaan dink jy is voor op die wa of windmakerig nie? Hoe sal dit wees as ons 'n span is waar ons gaan kanse waag en wanneer 'n ding nie afkom nie, weet ons ons lag nie vir mekaar nie, maar ondersteun mekaar in alles?

- Dink julle dit sal werk as sommige van julle by die reëls bly en ander geniet dit om die reëls te breek? Of dink julle as 'n reël gemaak word, moet die hele span daarby staan? Wat sê julle?

Spelers:

"Coach, die karakter van ons span moet wees waar ons 'veilig' is tussen mekaar, waar ons mekaar beskerm en mekaar nooit verkleineer of 'uithaal' nie. Ons moet kan kanse vat en as dit nie afkom nie, dan weet ons ons maats sal ons beskerm. As daar 'n reël is, dan geld die reël vir almal – nie net vir party nie."

Afrigter:

"Wonderlik. Kom ons skryf hierdie dinge neer sodat ons dit kan onthou. Nou kom ons by dissipline. (Afrigter trek 'n witbord nader en skryf die hoofpunte neer.)

» Wat dink julle? Moet ons 'n 'los' span wees waar ons dinge gemiddeld doen, of dink julle dit gaan lekker wees as ons 'n gedissiplineerde en trotse span is wat dinge stiptelik en netjies – beter as ander – doen?

» Dink julle ons kan laat kom by 'n oefening, of maak ons seker dat ons almal tien minute voor 'n oefenses-sie reeds daar is?

» Hoe wil julle hê moet ons oefen? In netjiese spandrag, of sommer los en deurmekaar?

» Hoe wil julle mekaar groet? Maak dit nie saak nie, of dink julle dit sal wonderlik wees as ons mekaar elke keer as ons mekaar vir die eerste keer op 'n dag sien mekaar met die hand groet en in die oog kyk?

» Hoe dink julle moet jul kamers lyk op hierdie kamp? Maak dit nie saak nie, of dink julle dit is waar die karakter van ons span begin?

» Wat wil julle voor 'n oefensessie doen? Dink julle dit sal werk as ons voor elke oefensessie besluit wat en hoe ons gaan oefen en na die tyd kan evalueer of ons dit reggekry het, of wil julle liewers net rondspeel en grappies maak?

» Hoe sal julle wil hê moet ons oefen? Moet ons grappe maak, mekaar uitlag, net 'n lekker tyd hê en kla oor harde oefeninge, of sal julle elke oefensessie soos 'n masjien wil oefen: Gefokus, intens en nooit ooit enige klagte uit enige een se mond nie?

» Hoe los ons 'n plek wanneer ons klaar geëet het of wanneer ons klaar geoefen het? Los ons dit vir die reserwes, of vat elke ou persoonlike verantwoorde-likeheid vir sy plek?

» Hoe wil julle antwoord as ek met julle praat? Moet die kaptein antwoord, of gaan elkeen van julle persoonlik verantwoordelikheid vat?

» Sal julle graag onder mekaar en by jul ouers wil gaan glo wanneer jy voel ek het jou onregverdig behandel, of gaan julle genoeg waagmoed hê om oop kaarte met my te speel en met my persoonlik te praat as iets jou pla?

» Die vinnigste manier hoe ons vertroue en respek vir mekaar sal verloor is wanneer ons agter mekaar se rug begin praat . . . Sal julle dit as deel van ons span se karakter wil sien, of gaan ons dit uitroei met wortel en tak? (Hier sit jy enige moontlike probleem of uitdaging in sodat dit uitgeklaar kan word voor die seisoen begin.)

Goed manne – nou sal ons hierdie dinge op papier gaan neerskryf en dit behou en aan die einde van hierdie kamp gaan elkeen wat hulself hiertoe verbind die ooreenkoms teken."

Spelers:
"Reg, Coach."

Afrigter:
"Môreoggend gaan ons begin met 'n lekker oefensessie. Hoe laat stel julle voor begin ons?"

Spelers:
"Halfses of sesuur, Coach."

Afrigter:
"Goed so, dis nou etenstyd. Ons begin NOU met ons ooreenkoms. Ek herinner julle: Sê dankie vir die mense wat ons bedien. Maak skoon as julle klaar is en dan kry ons mekaar half agt in die saal waar ons vanaand 'n lekker fliek gaan kyk. Môreoggend gaan ons oor die film gesels. Ek wil graag weet of julle meer kan sien as net die blote oog . . . ons sal môreoggend daaroor gesels. Kom ons gaan eet lekker en daarna kyk ons lekker fliek en daarna is dit slaaptyd. Is dit reg so met julle? Frans, Gert, Koos, Albert, Moses, Petrus . . . (Weereens, vra **elke speler** persoonlik op sy naam en hy moet bevestig dat dit reg is met hom.)

Saterdag

1. Kry mekaar op die oefenveld om 05:25. Elkeen kry 'n piesang of 'n vrug om iets in die maag te hê.

2. Sit in 'n kring en vra vir elkeen waarvoor hulle vanoggend dankbaar is. Gaan in die rondte en laat elkeen sy dankbaarheid uitspreek. Daarna is dit jou beurt as afrigter of onderwyser.

3. Belangrik: **Jy praat net as 'n speler jou vra.** As 'n speler jou nie vra nie, dan vra jy 'n speler om jou te vra. Jy praat nie omdat jy in beheer is nie. As niemand jou vra nie, **leer jy jou spelers om jou te vra**. Die doel hiervan is om jou spelers te leer dat hulle ook 'n verantwoordelikheid het om hierdie gesprek aan die gang te hou. Ons voer dikwels ons kinders. Dit beteken dat ons alles doen en beheer vat en nooit van hulle verwag om verantwoordelikheid te dra nie. Hulle gaan dit gelate aanvaar. Die meerderheid mens doen nie méér as wat jy van hom verwag nie. As jy niks verwag nie, doen hulle ook niks. Jou antwoord kan dan iets wees soos: *"Ek is vanoggend dankbaar vir die voorreg wat ek het om met julle te werk, om 'n droom saam te bou, om in eenheid met julle te staan, om te weet dat ons lewe en ons spel gaan om God daardeur groot te maak. Ek is dankbaar dat ons in eenheid staan en dat ons 'n span gaan wees wat bymekaarstaan."*

Wat jy nou doen is om te spreek dit **wat jy hoop gebeur** (almal werk saam as 'n span, respek tussen mekaar, broederskap, integriteit, ensovoorts). Jy is besig om die saad te plant vir die oes wat jy vir jou toekoms beplan.

4. Vra nou wie sal die oggend begin met gebed. As niemand hul hand opsteek nie, vra 'n individue op sy naam. Onthou, die vakuum-sindroom veroorsaak dikwels dat individue nie hulle hande sal opsteek nie omrede hul bang is dat hul maats sal dink hul is windmakerig of voor op die wa. Stelselmatig moet jy hierdie vakuum vernietig, want dit kan geen deel vorm van die karakter van 'n wenspan nie.

5. Na die gebed moet jy die doel van die oggend se oefening verduidelik. Gaan deur die oefenprogram en vra: **"Hoe sal julle hierdie oefening wil doen? Halfhartig of voluit?"** Almal gaan "Voluit!" antwoord. Jy stap dan na elke speler en sê sy naam, byvoorbeeld: *"Jaco, voluit of halfpad? Christo, voluit of halfpad? Andries, voluit of halfpad?"* ensovoorts.

Met hierdie optrede vernietig jy die vakuum en ontwikkel jy persoonlike verantwoordelikheid. Maak dit deel van jou metode van afrigting, nie net een maal nie, maar elke dag! Om 'n nuwe kultuur te kweek gaan herhaaldelike en konstante optrede van jou vereis!

6. Dan volg 'n lekker, hoë kwaliteit oefensessie, maar nie te lank nie. Onthou, hulle het nog nie kos in die maag nie, so hou dit in gedagte met die lengte van die oefening . . .

7. Na die oefensessie kan almal in die swembad of dam spring en pret hê.

8. 08:00 is ontbyt. Voor ontbyt, wanneer almal reeds aanwesig is, vra wie wil graag die seën vra. Indien daar 'n oomblik se huiwering is, vra dadelik iemand op sy naam (iemand wat nie maklik sal aanbied nie). Verhoed dit dat dieselfde persoon altyd die verantwoordelikheid neem. Sê vir die span dat almal deel moet vorm van die verantwoordelikheid, anders raak hul gemaklik en kruip hul weer weg agter die span.

9. 09:00 – *Mental*-sessie.

10. Begin elke sessie met 'n vraag. Vra byvoorbeeld: *"Wat het julle vanoggend ervaar?"* Luister na elkeen se ervaring. Vra dan 'n speler om jou dieselfde vraag te vra: *"Coach, wat het Coach ervaar?"* Die spelers moet leer dat jy van hulle verantwoordelikheid verwag om leiding te neem. Jy kan nie altyd verantwoordelik wees daarvoor nie.

Wanneer 'n speler jou vra, antwoord jy: *"Dankie vir jou vraag, Fanie."* Nou stimuleer jy die gedagte dat jy wil hê dat spelers persoonlike verantwoordelikheid moet neem vir klein dingetjies soos hierdie EN jy bou respek deur die feit dat jy dankie sê. Jy moet ALTYD hierdie optrede verwag en nie net begin praat voor 'n speler jou gevra het nie. So word wedersydse verantwoordelikheid uiteindelik 'n tradisie en kultuur. Jy moet hierdie verwag, doen (forseer) en herhaal.

Jy kan dan antwoord: *"Wat ek vanoggend ervaar het, was 'n wonderlike gees van samewerking, van opwinding en van eenheid tussen julle. Ek het geniet hoe julle gisteraand gehou het by julle woord. Dankie vir die netjiese plek. Ek weet dat ek ook by julle kamers kan inloop en dit netjies sal kry – dankie daarvoor. Ek sien dat julle elke keer vroeg is (betyds) – dankie daarvoor. Ek sien dat julle mekaar beskerm en positiewe grappe maak, nie mekaar verneder voor die ander en lekkerkry as iemand 'n fout maak nie. Ek sien julle energie in vanoggend se oefening. Ek sien dat julle 'n besluit gemaak het en dat julle dit gaan doen. Ek kan nie wag vir alles wat nog kom nie. DANKIE manne.*

(Die woorde wat in vetdruk is, is die gedagtes wat jy plant in die koppe van jou spelers. Jy vra hulle nie om dit te doen nie. Jy sê vir hulle dankie dat hulle dit reeds doen. So skep jy 'n gedrag en 'n manier van dink sonder om te vra daarvoor.)

11. *Nou kom ons by gisteraand se fliek. Ek wil by elkeen hoor wat jy gesien het in die fliek en wat vir jou uitgestaan het."*

12. Nadat elkeen sy opsomming gegee het, vra jy weer (tensy 'n speler jou uit sy eie vra) 'n speler *om jou te vra wat JY gesien het.* Jy deel dan die belangrikste punte van die fliek in jou opinie. Lig aspekte uit oor spanwerk waarvan jy die spelers wil bewus maak.

13. Sodra jy klaar is met die opsomming, neem 'n koeldrangbreek. Voor julle breek, sê: *"Manne, wanneer ons terugkom gaan ons mekaar regtig leer ken."*

14. 11:30 – Verduidelik hoe belangrik dit is om mekaar persoonlik te ken: *"Manne, ek is al X jare getroud en wat my verbaas is hoe sleg ons mekaar ken. Ek het provinsiaal rugby gespeel vir X jare. Ons was great pelle, maar ons het nooit werklik mekaar se harte geken nie. Ons het grappe gemaak, saam dronk geword, bloed gesweet, maar ons het nooit mekaar se harte geken nie . . . Wanneer jy iemand se hart ken, weet jy ook wat jy met hom kan doen en wat nie. Sommige van ons kan maklik grappe maak en ons vat dit nie*

persoonlik nie. Ander vat dinge weer baie meer persoonlik. As
ons mekaar nie ken nie, het ons nie werklik respek vir mekaar
nie. Baie spanne het interne konflik omdat spanlede mekaar
nie ken en respekteer nie. Ek sal graag hierdie jaar 'n unieke
jaar wil maak in elkeen van ons se lewens. Die eerste stap is
dat ons mekaar se harte leer ken. Ek ken meeste van julle net
op julle name en wat ek sien op die veld, maar ek ken nog nie
julle harte nie. Ek wil graag – as julle oukei" is daarmee.

Hierdie is reeds jou eerste stap om jou hart met die span te
begin deel.

Om ons harte te deel is nie iets waarmee ons grootword nie.
My eie lewe was 'n groot gemors en ek het baie droog gemaak.
Gelukkig was ek gered toe ek op 'n baie slegte plek in my lewe was.
Ek gaan julle twee vrae vra: Die eerste vraag is – wat is jou droom?
Die tweede vraag is – wat is een van die moeilikste dinge wat jy
nog in jou lewe moes hanteer of bemeester? Ek gaan sommer self
begin met my antwoord as dit reg is met julle? Francois, sal jy my
vra sodat ek julle kan antwoord?"

Francois:
"Coach, wat is Coach se droom?"

Afrigter:
"Dankie Francois. My droom as jong seun was om 'n
Springbok rugbyspeler te word. My oom was een en
ek wou so graag bekend en beroemd wees soos hy. Ek
het daarvan gedroom. Ek het dit geleef elke dag. Ek het
baie harder geoefen as ander en die deure het vir my
begin oopgaan. Daar kom soms draaipunte in elkeen se
lewe. Daar het ook in my lewe 'n draaipunt gekom. My
droom van rugbyroem het gegroei. Ek droom daarvan
om 'n amazing afrigter te word. Ek droom daarvan
om spelers te help om hulle drome te bewaarheid.
As ek goed genoeg word, word ek dalk eendag die
Springbokafrigter, wie weet!"

Francois:

> "Wow, dankie Coach. Tweede vraag: Wat is een van die moeilikste dinge wat Coach in Coach se lewe moes oorbrug of bemeester?"

> Vir die doeleindes van hierdie boek deel ek my eie hart. Hierdie gesprek moet eg (*real*) wees. As jy nie eg kan wees nie sal jy nooit die harte van jou kinders kry nie.

Baie belangrik: Jy moet jou oorwinning oor die uitdagings of swaar tyd in jou lewe ook deel. Jou kinders mag jou nooit sien as 'n slagoffer nie! Hulle moet weet jy leef in oorwinning oor die uitdaging. As jy jammer is vir iemand het daardie persoon nooit werklik 'n verantwoordelikheid om suksesvol te wees nie, want jou jammer-wees gee vir hom 'n agterdeur uit.

Afrigter:

> "Dankie Francois. As jong seun was ek baie gelowig. Ons het kerk toe gegaan elke Sondag. Ek het respek gehad vir my ouers. Ons was 'n goeie familie. Toe ek in graad sewe kom, het my ma my nader geroep en gesê dat sy en my pa gaan skei. Ek kon dit nie glo nie. Dit kon nie wees nie! My pa het ons gelos vir 'n ander liefde in sy lewe! My ma se hart was gebreek. Sy het opgegee en haarself oorgegee aan drank. Ek was verslae en verlore. Ek het nie geweet wat om te doen nie.

> Ek was kwaad vir God. Ek was kwaad vir my pa. Ek was kwaad vir my ma. Ek het gesmag na aanvaarding by my maats. Ek het toe agtergekom as ek hard oefen en hard tackle dan bewonder hulle my. Ek het 'n voorgee-lewe begin leef.

> Ons eerste rugbyspan het op 'n stadium 'n spanpraatjie gehou. Ek was jonk en onskuldig. Een van die ou manne het 'n pornografiese film uitgehaal. Ons het daarna

gekyk en ek wou, want ek was nuuskierig. Dit was die begin (die saad) van die kanker van pornografie in my lewe. Ek het uiteindelik verslaaf geraak daaraan.

Ek het getrou op ouderdom 28, maar my huwelik was 'n nagmerrie, want ek was 'n nagmerrie. Ek het my vrou verneuk om elke hoek en draai. Ons was arm. Ek het myself jammer gekry. Ek kan onthou hoe ek eendag met 'n rewolwer in my mond gedruk het met die gedagte om my eie lewe te neem. Ek was 'n slagoffer van die lewe in my eie gedagtes. Ek was sonder hoop – hopeloos.

Vriende het my en my vrou (wat op pad was om van my te skei) genooi om na 'n motiveringspreker te gaan luister. Ek wou nie gaan nie, maar hulle het ons kom oplaai en vir ons kaartjies betaal. Daardie naweek was die begin van my nuwe lewe. Ek het op dertigjarige ouderdom my hart vir die Here gegee. Ek het begin met 'n nuwe avontuur – die avontuur waarmee ek vandag nog besig is.

Francois:
"*Dankie, Coach.*"

Afrigter:
"*Goed manne, nou is dit julle beurt. Carel, kom staan hier langs my. Kan ek jou 'n vraag vra?*"

Carel:
"*Dis reg, Coach. Coach kan my vra.*"

Afrigter:
Carel, wat is jou droom?"

So gaan jy nou met die ry af. **Vra elke speler toestemming of jy hom 'n vraag kan vra** en dan vra jy hom die twee vrae. Elke speler kan kies wat hy wil antwoord. Elke speler kies hoe persoonlik hy bereid is om sy hart te deel. As hierdie sessie in eerlikheid en opregtheid (van jou kant af) hanteer word, is dit 'n lewens-veranderende ervaring vir die meeste spelers. Elke mens smag daarna om geken te word. Die wêreld laat dit nie toe nie – die wêreld leer ons almal om met maskers te leef. Daarom is daar soveel selfmoorde, soveel depressie en soveel geestelike siektes. Hierdie oefening is baie meer as om net vertroue in mekaar te bou; dit is 'n genesingsproses vir baie mense. Dit kan egter net werk as jy as bereid is om persoonlik te wees, jouself oop te maak en **jou hart te deel** sonder om 'n grap van die situasie of van jouself te maak. Wat en hoe jy dit doen bepaal die sukses van hierdie sessie.

Hierdie sessie is intens en ook baie emosioneel. Dit is uiters belangrik dat jy elke speler emosioneel moet beskerm wanneer hulle hulle harte deel. Wanneer 'n speler klaar gedeel het, is dit goed om hom 'n applous te gee.

Sodra elkeen sy kans gehad het om te praat, staan julle op, vat mekaar om die skouers en sê jy dankie dat hulle bereid was om hulle harte met jou en met mekaar te deel. Sê ook dat hierdie sessie vir jou persoonlik baie beteken het en dat jy van elkeen verwag om wat hier gedeel is vertroulik te ag. Eindig die sessie dus op 'n manier wat min of meer so sal klink:

"Manne, kom ons vat mekaar. Dankie vir hierdie sessie. Dankie vir elkeen wat bereid was om te deel. Ek ag dit hoog en ek sal dit waardeer as ons dit wat hier tussen ons gedeel is vertroulik hanteer. Is dit reg met julle manne? Is dit reg met jou, Fanie? Reg met jou, Koos? Reg met jou, Ferdie? Reg met jou, Andries? Reg met jou, Conrad? (Ensovoorts) *Wie is reg om te bid vir ons middagete?"*

15. Ongeveer 13:00 – Middagete: Net voor middagete sê jy dat die middag oop is vir die manne om te doen wat hulle wil – swem, *touch* rugby, wildrit, tafeltennis, ensovoorts. Dan kondig jy aan dat julle die middag 17:00 'n tydtoets gaan doen op 'n afstand van twee en 'n half kilometer of vyf kilometer. Elkeen kan kies watter afstand hy kans sien om te doen.

16. Kry mekaar 17:00 met hardloopskoene. Verduidelik die roete. Die vyf kilometer (die roete twee maal), of 'n twee en

'n half kilometer roete – elkeen persoonlik teen homself. (Natuurlik gaan daar 'n interne kompetisie wees om te sien wie die vinnigste tyd kan hardloop.) Wanneer die spelers klaarmaak by die einde, lees die tye van elke speler hardop soos hulle deurkom. Teken elke speler se tyd aan. Maak elke speler se poging belangrik, selfs die een wat die stadigste tyd gehardloop het. Beskerm daardie speler en verhoed dit ten alle koste dat hy soos 'n verloorder voel. Versterk *(boost)* hom deur te sê dat jy dink sy is wonderlik. Almal kan hierna weer gaan swem.

17. 18:00 – Steek die braaivleisvure aan. Dit is ideaal vir die aand as daar saam gesing kan word (as iemand dalk kitaar kan speel), of as daar dalk 'n fasiliteit is waarmee karaoke gehou kan word. Die doel van die aand is dat almal moet deelneem en pret moet hê met mekaar. As daar nie so 'n fasiliteit is nie, is dit goed om 'n groepsaktiwiteit te hou waar die groep in twee spanne gedeel word wat teen mekaar meeding. Almal wat onewe nommers het in die span is saam, en al die ewe nommers is saam. Hou dalk 'n spele-aand soos *Pictionary*, maar waar jy sekere woorde of begrippe moet verduidelik. Julle kan ook *Pictionary* speel waar jy woorde of begrippe moet demonstreer (dis is dalk meer pret). 'n Ander lekker speletjie is *30-Seconds*. Bou gesonde kompetisie en respek tussen mekaar. Jy moet deurentyd waaksaam wees teen verkleinering en dit onmiddellik stop sou dit wil gebeur. Kweek 'n gees van opbouendheid in die vorm van humor tussen die spanlede. Doen moeite en maak dit 'n kultuur in jou span.

18. Wanneer die speletjie klaar is, maak 'n kring en vra elkeen wat sy ervaring van die dag was. Sit twee-twee by mekaar met die opdrag: *"Vra jou maat of jy hom 'n vraag kan vra (die doel hiervan is om respek as fondasie te begin inbou). Sodra hy jou toestemming gee, vra hom: 'Waarvoor kan ek vir jou bid?' Bid dan vir mekaar. As julle klaar is, kan julle gaan slaap of julle kan nog om die vuur sit en grappe vertel."*

19. 22:00 – Kuier sommer net lekker gesellig om die vuur. Spreek af om mekaar Sondagoggend seweuur te kry.

Sondag

1. 06:55 – Kom in 'n groep bymekaar en stap die veld in. By 'n toepaslike plek gaan sit sodat almal kan gesels. Lei die gesprek soos volg: *"Manne, is dit nie amazing om te kan deel wees van 'n groep en 'n span waar ons die beste uit mekaar na vore bring nie? Dankie vir julle wonderlike gesindheid. Dankie vir julle deelname, en belangrikste van alles: Dankie dat julle by julle ooreenkoms hou. Ek sien hoe netjies julle die plekke los. Ek sien hoe julle met die mense wat ons bedien werk. Ek sien hoe julle mekaar hanteer. Ek sien dat julle elke keer betyds is. Ek sien dat elkeen van julle persoonlik verantwoordelikheid vat om te reageer wanneer ek 'n vraag vra. Dit kan dalk nog 'n bietjie beter, of wat sê julle? Frans? Jaco?* (Ensovoorts)

Hierdie gaan 'n heerlike seisoen wees. Julle moet verstaan – ons gaan elke game speel om te wen. Eerste dinge kom eerste: Ons speel heel eerste om God te verteenwoordig en om Sy naam uit te dra. Ons gaan uitstekend doen. As ons goed genoeg is, dan sal ons ook die games wen. Ek sien uit om terug te kyk na hierdie seisoen met trots omdat ons dit great gaan doen. Sou julle geestelik ook wil groei soos wat ons in ons fiksheid en in ons krag groei, of dink julle ons moet dit as 'n persoonlike saak laat vir elkeen op sy eie? Koos, wat sou jy wou sien? Gert, wat sou jy wou sien? Andre, wat sou jy wou sien? Andries, wat sou jy wou sien?" (Vra spelers persoonlik.)

Spelers:
   "Ons wil geestelik ook groei, Coach."

Afrigter:
   "Vir seker. Hoe dink julle gaan ons dit doen?"

Spelers:
"*Ons sal moet tyd maak daarvoor, Coach. En ons sal dit moet doen.*"

Afrigter:
"*Wanneer dink julle? Moet ons sommer vandag begin?*"

Spelers:
"*Wat van nou, Coach?*"

Afrigter:
"*Joggie, lees vir ons daar uit jou Bybel. Lees vir ons Spreuke 10:24 as jy nie omgee nie.*"

Joggie lees die stuk. Wanneer hy klaar is deel jy die spelers in groepies van drie met die volgende opdrag: "*Vra mekaar wat julle gehoor het in die stuk, Hoe gaan ons dit van toepassing maak in ons rugby hierdie jaar? Hoe gaan elkeen van ons dit van toepassing maak in ons persoonlike lewens? Wanneer julle klaar is – bid vir mekaar. Wanneer julle klaar is kry ek julle by die kamp vir ontbyt.*"

2. 08:00 – Ontbyt

3. 09:00 – *Mental*-sessie. Begin met lofprysing (CD met musiek) indien moontlik. Andersins begin met die volgende vraag: "*Wat dink julle is die belangrikste kenmerke van 'n wenspan?*" Hou 'n bespreking hieroor. Skryf van die antwoorde neer. Wanneer die bespreking min of meer op 'n einde is, vat hulle saam en sê: "*Ek gaan alles wat ons die naweek besluit het, neerskryf. Elkeen moet besluit of jy jouself hiertoe verbind. Ons het by die einde van 'n wonderlike naweek gekom. Wat vat julle saam met julle huis toe? Ek wil by elkeen hoor wat die span van jou kan verwag hierdie seisoen. Wie wil begin?*"

Gee elke speler kans om te antwoord. Sodra 'n speler jou gevra het, gee jy jou antwoord: "*Manne, ek voel ryk na hierdie naweek. Ek is opgewonde soos ek hier staan. Ek kan nie wag om te begin* nie. Wat ek na hierdie naweek saam met my vat is: Elkeen van julle is verskillend en elkeen is uniek. Ek geniet elkeen van julle. In elkeen van julle is daar 'n rykdom. Ek vat saam met my die vreugde en vriendskap van hierdie span. Elke oomblik was vir my 'n fees. Ek sien uit na 'n ongelooflike seisoen.

Ek verbind my daartoe om oop en eerlik met julle te wees. Ek commit om betyds te wees. Ek is toegewy om verantwoordelikheid te vat vir die keuses wat ek maak. Ek verbind myself ook daartoe om positief te wees en om keuses te maak wat beste is vir die span. Julle gaan soms teleurgesteld en hartseer wees, want 'n span moet ek kies. Soms gaan jy nie die span maak nie. Jy gaan dalk voel ek is onregverdig. Dit is menslik, want elkeen van julle wil speel. Ek belowe om die beste keuses te maak wat ek kan maak. Ek commit om my beste vir julle te gee.

Kom ons vat mekaar en sluit die kamp af . . ."

Maak 'n sirkel en vra 'n spesifieke individu om af te sluit. Groet daarna elke speler met die hand. Kyk elke speler in die oë wanneer jy hom groet. Sou dit vir jou gemaklik wees, gee elke speler 'n skouerdruk.

Dit is sinneloos om iemand te groet, maar nie die nodige aandag (kyk in sy oë) vir hom te gee nie. Dit is meer van 'n vernedering en 'n klap in die gesig wanneer jy iemand groet en nie die tyd of respek het om hom in die oë te kyk nie. Baie mense het die gewoonte ontwikkel om sommer vinnig iemand met die hand te groet, maar daar was geen persoonlike oog-kontak nie. Vermy dit ten alle koste. In so oomblik verloor jy die hart van 'n kind! Dit mag dalk 'n klein dingetjie wees, maar dit tref 'n hart. Groet is die eerste vorm van respek wat ons aan iemand kan wys. Maak moeite daarmee!

> Dit neem tyd en geduld om vertroue te bou
> Jy kan dit in 'n oogwink-oomblik verloor . . .

Wanneer jy iemand persoonlik groet, maak tyd (ander kan maar wag) en praat opreg. Jy bou meer lojaliteit as wat jy ooit kan dink.

Bogenoemde program is 'n voorbeeld van 'n spankamp vir kinders van graad sewe en op.

Om 'n span en spangees te bou met jonger kinders is so kamp nog nie vanpas nie. Met jonger kinders begin jy 'n proses en 'n kamp is 'n gevorderde stap in hierdie proses. Jonger kinders is nie almal altyd gereed vir persoonlike emosies nie.

'n Spanboukamp
('n tipiese voorbeeld vir jonger kinders):

Die hoofrede waarom laerskoolkinders aan sport deelneem is die feit dat hulle kan maats maak en kan behoort aan 'n groep. Dit is noodsaaklik dat jy 'n kultuur en ooreenkoms sal vestig aan die begin van die seisoen waaraan jy hulle die regdeur die seisoen gaan herinner. Met jonger kinders hou jy 'n Saterdagoggend-sessie. Die doel van so 'n oggend is om 'n ooreenkoms te maak en 'n kultuur te vestig. Kinders moet veilig wees binne die omgewing waar julle begin – die belangrikste is die teenwoordigheid van die ouers.

Die Program

1. 08:00 – Verwelkom die ouers en kinders en verduidelik die doel van die oggend: *"Goeiemore almal.*

Dankie dat julle so vroeg opgestaan het en betyds is. Die doel van vanoggend is om te besluit watse span ons hierdie seisoen wil wees en hoe ons gaan saamwerk. Ek wil graag hê dat die ouers moet insit by die gesprek, maar julle gaan daar agter sit terwyl ek en die span hier voor gaan gesels. Die ouers skuif na agter met hul stoele en die span kom sit in 'n kring voor jou. (Sit op 'n stoel voor die kinders. Hierdie is 'n persoonlike gesprek, nie 'n afrigtingsessie nie. Daarom sit jy op 'n stoel en staan jy nie regop nie.)

Ek wil by elkeen van julle vanoggend hoor: 'Hoekom wil jy graag rugby speel?'"

Kinders:

"Om te wen, Coach," of "Om as 'n span saam te werk, Coach," of "Omdat ons lief vir rugby is, Coach," of watter rede ook al.

Afrigter:

"Julle is almal reg. Sal een van julle my vra waarom ek julle gaan afrig hierdie seisoen?"

Een van die kinders vra dan: *"Coach, waarom gaan Coach ons afrig hierdie jaar?"*

Afrigter:

"Dankie dat jy my vra, James. Die rede waarom ek gaan rugby afrig is sodat elkeen van julle regtig kan lief word vir rugby. Ek wil vir elkeen van julle leer hoe om te tackle, hoe om te kan pass, hoe om 'n bal uit die lug te kan vang, hoe om 'n bal te skop, hoe om te hardloop, en hoe om as 'n span saam te speel. Party van julle gaan dit só geniet dat julle drome gaan groot word. Party van julle gaan daarvan droom om eendag vir die Springbokke te speel. As jy eendag so goed wil word, is dit belangrik dat jy die regte dinge moet leer wanneer jy nog jonk is. Niemand word op hul eie 'n kampioen nie; ons het almal ander mense nodig om beter te kan word. As jy in hierdie span speel, moet jy weet dat ons mekaar gaan help. Ons gaan mekaar bou. Ons gaan mekaar ondersteun en ons gaan mekaar beskerm. Ek gaan elkeen van julle dieselfde kans gee. Ek gaan kyk

wat maak elkeen van julle met die kanse wat ek julle gee. Is julle lus daarvoor?"

Kinders:

"Ja, Coach."

Afrigter:

"Wonderlik! Dan moet ons oor 'n paar dinge be-sluit vanoggend:

1. *Wat gaan julle doen as Coach praat? Gaan net 'n paar luister en die ander rondspeel, of gaan ons almal onmiddellik stilbly en luister?*

2. *Hoe gaan ons maak as Coach 'n oefening gee? Gaan ons kla en ongelukkig wees, of gaan almal saamstem en die oefening voluit doen?*

3. *Hoe gaan ons wees met mekaar? Gaan ons met mekaar baklei, of gaan ons beste maats word en mekaar ondersteun?*

4. *Hoe gaan ons maak as iemand 'n fout maak? Gaan ons lag vir mekaar en oor mekaar skinder, of gaan ons mekaar dadelik help en mekaar motiveer?*

5. *Hoe gaan ons maak as ons 'n wedstryd speel? Gaan ons bang wees en gespanne wees, of gaan ons opgewonde wees en ons beste gee?*

6. *Hoe gaan ons maak wanneer die teenstander 'n drie druk? Gaan ons kwaad wees vir mekaar en mekaar beskuldig, of gaan ons ons koppe optel en mekaar motiveer?*

7. *Hoe gaan ons maak wanneer ons wen? Gaan ons wintie wees en die ander ouens se name sleg maak, of gaan ons dankbaar en opgewonde wees en dankie sê vir die teenstanders?*

8. *Hoe gaan ons oefen? Wil ons met mekaar baklei in oefeninge? Moet Coach julle die hele tyd vra om stil te bly, of gaan ons pret hê en en stilbly wanneer ons moet?"*

Jy sien die kinders raak voor jou. Jy voel aan wie staan waar met betrekking tot elke vraag. Wanneer jy 'n punt genoem het – vra spesifieke spelers om te antwoord daarop. Vra dan vir die res of hulle saamstem met die opsie wat gekies is. Ontwikkel persoonlike verantwoordelikheid by jou spelers deurdat hulle verantwoordelikheid moet vat om as individu te antwoord.

Wanneer jy klaar is met hierdie ooreenkoms vra elke speler om op te staan en langs jou te kom staan. Jy sit jou hand op sy skouer en praat met die res van die span. Vra hulle: *"Is julle bereid om vir Jaco te ondersteun en hom te beskerm sodat hy altyd sy beste sal gee?"* Almal gaan dan antwoord: *"Ja, Coach".*

Vra dan vir Jaco: *"Jaco, is jy bereid om te luister as Coach praat, om jou maats te beskerm en om 'n belangrike skakel in hierdie span te wees?"* Jaco gaan dan antwoord: *"Ja, Coach".* Sê dan: *"Dankie Jaco, ek sien uit om met jou te werk".* Hierdie doen jy met elke speler. Die doel is om persoonlike verantwoordelikheid te kweek en om 'n persoonlike verbintenis van elkeen van die spelers te kry.

Maak dan 'n kring en vra die ouers om elkeen agter hulle kinders te kom staan en hulle hande op hulle te sit. Doen 'n gebed en bid God se seën oor die span, die ouers, die kinders en hulle gesondheid. Dank die Here vir die eienskappe van 'n wenspan wat jy hoop om in die kinders te sien. Hulle ore hoor daardie woorde en daar gebeur iets binne-in hulle.

Nou kan die kinders buite gaan speel. Jou volgende gesprek is met die ouers. Laat hulle in 'n kring voor jou sit op hulle stoele.

Jou gesprek:
> *"Dankie vir julle ondersteuning en vir julle hierwees van-oggend. My werk is om 'n liefde vir die sport by jou kind te kweek. Die hoofdoel van hierdie seisoen is nie om*

te kan sê ons het elke wedstryd gewen nie . . . Dit sal natuurlik heerlik wees, maar dit is nie my hoofdoel nie.

My hoofdoel is om by elkeen van julle se kinders 'n liefde te kweek, om hulle vaardighede te ontwikkel en om vriendskappe en 'n spangees te bou. Wanneer ons hierdie dinge regkry sal die span uit die aard van die saak ook wen as ons dit goed genoeg doen. Natuurlik wil ek wen maar nooit ten koste van 'n kind se hart nie.

Ek vra julle dus om my te ondersteun. Hierdie is 'n proses van groei in elkeen van julle se kinders. Ek gaan erkenning gee vir elke kind wat goeie gedrag openbaar, vir goeie sportmangees, vir dissipline, vir gehoorsaamheid, vir harde werk, vir die bemeestering van vaardighede en vir spangees.

Ek versoek julle om nie langs die veld te sit met oefeninge nie. Al wat dit veroorsaak is dat jou kind jou die hele tyd sal probeer beïndruk. Hy sal bang wees om foute te maak en dit sal my beroof van enige gesag. Jy is en bly die belangrikste mens in jou kind se lewe – daarom kan ek net afrig as ek jou toestemming, goedkeuring en vertroue het.

Ek weet dit is onmoontlik om almal tevrede stel – en ek gaan nie probeer nie. Ek sal 'n span moet kies. Soms sal jou kind nie in die span wees nie – dit is deel sy proses van groei. Ek gaan my spankeuses meeste van die tyd doen op 'n rotasiebasis. Elke kind moet en gaan 'n kans kry. Natuurlik gaan daar spelers wees wat heelwat meer gaan speel as ander. Elke speler het 'n funksie en 'n rol in die span. Sommige spelers vervul net 'n ander rol as ander.

Ek vra dat julle my oordeel sal ondersteun, selfs al voel jy teleurgesteld. Dit wat ons nou bespreek moet julle ook met julle kinders bespreek en bevestig. As jou kind by die huis kom met 'n klagte (wat vir seker gaan gebeur), vra ek julle om daardie klagte (tensy jy 'n ander afrigter wil gaan soek) in die kiem te smoor.

Ek wil ook hê dat julle as ouers mekaar beter sal leer ken, want julle gaan almal saam 'n pad stap. Kan ek vra dat elkeen van julle na vore kom en jouself bekend stel. Jou naam en wie jou kind is. Waar jy vandaan kom en watter beroep jy beoefen. Kan ons sommer hier op die punt begin:

Gee elke ouer kans om hom- of haarself bekend te stel. Wanneer iemand klaar is, sê: *Baie dankie X, ek sien uit om met julle kind te werk".* Wanneer almal weer sit stap jy tot by elke ouer en vra: "*Fanie en Magdaleen, het ek julle ondersteuning in die manier waarop ek met hierdie spannetjie gaan werk hierdie seisoen?*"

Wanneer julle klaar is, skud hand met elkeen en gaan geniet die worsbroodjies wat julle saam braai en kuier lekker saam.

12

Hoe lyk 'n spanpraatjie voor 'n wedstryd?

Hierdie is sekerlik een van die grootste strikke waarin baie afrigters trap. Die tradisionele spanpraatjie voor 'n kompetisie beteken basies dat jy jou kind, atleet of span moet motiveer. Wat beteken die woord "motiveer"? Hoe doen 'n mens dit? Soos ek reeds vroeër in die boek genoem het, is die term "motivering" sekerlik een van die die mees gebruikte terme in ons taal, maar die aspek waarvan ons die minste weet.

Kom ek maak dit 'n bietjie duideliker. In plaas daarvan om te praat van "motiveer", wat daarvan as ons begin praat van: "Korrel jou atleet" of "Korrel jou span"? Dit is immers wat ons met ons kinders of atlete moet doen. Die werk van 'n afrigter voor 'n wedstryd is om kinders, atlete of die span in die regte rigting te stuur. Korrel word geassosieer met mik – 'n aksie waar 'n mens energie in 'n spesifieke rigting kanaliseer en uit-eindelik afstuur.

Gestel jy het 'n geweer in die hand. Wanneer jy op 'n teiken mik en jy trek die sneller, is die kans dat jy die teiken gaan raakskiet redelik groot – mits jou korrel op die middel van die teiken was, mits jy die afstand reg skat, mits jy die wind in berekening bring en mits jy die basiese dinge van die sneller druk en nie trek nie, reg doen. Let wel: Die middel van die teiken is nie noodwendig altyd jou korrel nie. As die wind waai is dit dwaas om vir die middel van die teiken te korrel. Dan moet jy 'n aanpassing maak vir die effek van die wind. Om hierdie aanpassing akkuraat en effektief te maak vereis ervaring. Ja, 'n mens kan gelukkig wees, maar die ervare persoon sal uit die aard van die saak meer suksesvol wees as 'n persoon wat een of twee keer gelukkig is. Is hierdie aanpassing 'n sekerheid? Onmoontlik. Dit bly 'n skatting. Die akkuraatheid van hierdie skatting word hoofsaaklik bepaal deur jou vorige ervaringe. Hoe meer vorige ervaringe jy het, hoe meer akkuraat sal jou skatting wees. Natuurlik kan 'n onervare persoon gelukkig wees en die teiken in die middel raakskiet, maar dit was 'n gelukskoot. Dit gebeur dikwels. Daardie geluk maak egter nie van daardie persoon 'n kampioen nie. Om 'n kampioen te word, is 'n proses van ervaring bou, oefen en nog oefen – totdat jy baie meer gelukkig is as enige iemand anders.

> The more I practice, the luckier I get.
> *Gary Player*

Is jy 100% seker van 'n kolskoot? Geensins nie; elke faktor wat ek hierbo genoem het veroorsaak variasie in elke aksie. In alles wat ons doen is daar meer as net een faktor wat jou sukses be-paal. Dit is juis hierdie klomp veranderlikes (onsekerhede) wat aan sport en kompetisie sy aanloklikheid gee. Dit is uiteindelik die sleutel waaroor sport en kompetisie gaan. Jou vermoë om elke moontlike faktor wat 'n invloed het op jou prestasie te bemeester om uiteindelik 'n amper perfekte prestasie te kan lewer. Almal droom van daardie perfekte oomblikke in die lewe en hulle gebeur.

Wanneer jy 'n atleet korrel, beteken dit jy rig sy energie in die regte rigting. Jy neem alle moontlike faktore in ag. Dinge soos die wind, die afstand, die grootte van die teiken, ensovoorts. Elke wedstryd of kompetisie het verskillende omstandighede en jy moet bewus wees van elkeen wat op daardie oomblik 'n invloed kan hê. Jou werk as afrigter is om jou kind of atleet voor te berei om al hierdie faktore te kan bemeester sou enige een van hulle gebeur. Op die dag van kompetisie is jou werk om jou atleet te korrel in die rigting waarin hy sy energie moet stuur.

Die verskillende tipes wedstryde:

Met "tipe wedstryd" bedoel ek dat almal probeer om 'n vooruitskatting te maak rakende die uitslag van 'n wedstryd of kompetisie. 'n Groot gedeelte van kompetisie gaan juis oor hierdie aspek: Ons vooruitskatting van ons kans om suksesvol te wees.

Die 90/10-wedstryd:

Jou kans op sukses in hierdie tipe wedstryd is 90%. Dit is die sogenaamde "maklike" wedstryde en jy is die absolute gunsteling. Maar, soos die geskiedenis al meer as een keer bewys het, het hierdie "maklike" wedstryde al van die grootste en beste atlete laat val. Die rede? Hulle korrel was nie reg nie. Die waarheid is dat hulle nie eens die moeite gedoen het om te korrel nie. Hulle het opgedaag en 'n blinde skoot afgetrek, want hulle het gedink die teiken is te groot en onmoontlik om te mis. Toe mis hulle die teiken!

In so 'n wedstryd is jou kind of atleet dikwels oorgerus. Energievlakke is laag en buiten die feit dat jou hy dalk baie selfvertroue mag hê (wat altyd 'n positief is), verskuif sy selfvertroue na 'n arrogansie of 'n oorgerustheid. So 'n kind of atleet word wakker geskud wanneer die teenstander 'n verrassende en onverwagte aanval loots. Soms gebeur dit vroeg in 'n wedstryd en kan die hy nog herstel van die wakker skud en steeds

die wedstryd wen. Soms gebeur dit te laat en neerlaag en ver-
nedering is aan die orde van die dag.

- Wees bewus van jou atleet se vooruitskatting van sy kanse op sukses.

- Wees sensitief vir 'n oorgerustheid en arrogansie.

- Korrel jou atleet se energie na die bemeestering van baie spesifieke vaardighede. Maak die teiken klein – stel dus moeilike uitdagings en fokus sy aandag daarop.

- Wen is nie die doelwit nie, maar wel die bemeestering of die uitvoering van baie spesifieke vaardighede of strategieë.

- In sulke gevalle kan jy ook 'n uitdaging stel met betrekking tot hoe vinnig en hoeveel punte jou atleet of span moet aanteken. Dit is dus baie meer as net om te wen – jou korrel gaan nou na 'n groot telling en nie net 'n oorwinning nie. Hier volg 'n voorbeeld van so 'n gesprek in tennis:

Afrigter:
"Victor, vandag is 'n lekker wedstryd. Ons weet jy is die gunsteling en het hierdie teenstander reeds talle kere gewen. Ek wil dus hê jy moet vandag daardie spesifieke tegnieke probeer waaraan ons in ons laaste oefensessies gewerk het:

» *Van jou afslaan moet ingaan net toe en druk opsit. Dis baie belangrik om jou eerste volley te maak.*

» *Wanneer jy kan, hardloop om jou rughand en slaan daardie inside-out-voorhand soveel jy kan.*

» *Jou cross-court-houe moet jy rip. Elkeen van hulle.*

» *Jou plan is om druk op te sit en dit te hou, al maak jy foute. Hou aan sodat jy leer hoe om daar te bly. Jy sal uiteindelik die houe ook inkry en regkry. Vandag is 'n wonderlike dag om daardie dinge te doen!"*

'n Voorbeeld van so 'n gesprek in rugby:

Afrigter:

"Manne, vandag kan ons elke ding inoefen en doen waaroor ons die laaste ruk praat. Jaco (voorry), vandag wil ek sien hoe jy van die skrum af werk. Ek wil sien hoe jy regtig kan clean by die ruck. Ek soek twee groot tackles van jou in die eerste helfte, is dit reg met jou?

Fanus (haker), vandag weet ek jou ingooie gaan op 'n tiekie wees. Ek wil sien hoe jou jumpers se oë glimlag wanneer jy ingooi. My volgende doel vir jou is turn-overs. Ek soek ten minste twee van jou – jy is mos 'n stoeier so jy weet hoe. Is dit reg met jou?

Charles (slot), vandag wil ek sien hoe jy lynstane kan beheer. Elke lynstaan van hulle moet jy onder groot druk sit. Jaco (voorry), jy is sy lifter en julle is soos gom bymekaar. Charles, ek soek ook vandag 'n groot run van jou. Jy het spoed, krag en great hande. Dis tyd dat jy 'n drie gaan druk . . ."

Stel vir elke speler 'n baie duidelike doelwit.

Die 10/90 – wedstryd:

Hierdie span of atleet se kans op sukses is skraal (ongeveer 10%) en hulle is die buiteperde. Die teenstanders is sterk en ervare. Dikwels gee kinders of atlete heeltemal moed op voor so 'n wedstryd. Hulle kan ongemotiveerd en traak-my-nie-agtig voorkom. Dit gebeur baie dat 'n atleet in so 'n situasie begin grappe maak oor homself en homself verkleineer sodat daar geen verwagtinge by ander bestaan nie. Dit is maar net 'n siel-kundige metode om jouself te beskerm teen die verleentheid wat jy verwag.

Hierdie tipe wedstryd is ongelukkig ook 'n groot rede waarom jong kinders stop met deelname aan sport. Geen mens wil misluk nie, veral nie op skool waar neerlaag dikwels gepaard gaan met verkleinering en spottery nie. 'n Wedstryd waar die teenstander ver beter is as jy beteken uit die aard van die saak 'n groot vernedering, behalwe as die afrigter met wysheid kan werk.

Die wyse afrigter:

Sê vir jou kinders of atlete dat jy weet dat die teenstander goed is en baie ervaring het. Sê ook dat jy weet dat julle kanse om vandag te wen op die telbord redelik laag is. 'n Fout wat baie afrigters dikwels in so 'n situasie maak is om die verwagting te skep dat hy glo dat sy kinders of atlete moet glo dat hulle kan wen. Die kinders glo (weet) vir seker nie dat hulle kan wen nie! Geloof om te kan wen kom met ervaring en ook na gereelde ervaringe van sukses. Om 'n onrealistiese verwagting op sukses te veronderstel, is om daardie kind onder geweldige druk te plaas en skuldgevoelens op te wek. Vermy dit!

Wanneer kinders of atlete meer volwasse en ervare is, speel die gedagte dat hulle die buiteperd is nie so 'n groot rol nie. Dan is daar altyd 'n kans. Wanneer kinders egter jonk is, speel ervaring nie so 'n groot rol nie en gaan dit dan grootliks net oor talent. Om 'n jong kind te laat glo dat hy meer talentvol as ander is, is nie altyd goeie taktiek nie. Dit is dwaas, want dit is 'n blinde sambok wat daardie kind later in sy lewe seer slaan.

As kinders of atlete voel dat jy onrealistiese verwagtinge van hulle koester, begin hulle twyfel in jou oordeelsvermoë. Natuurlik is daar die 40/60-wedstryde waar jou kans op sukses heelwat groter is. In daardie tipe wedstryd is daar vir seker 'n kans op moontlike oorwinning (as jy gelukkig is). In die 10/90-wedstryd is dit egter nie die geval nie.

- Stel jou kind of atleet gerus dat jy bewus is van die talente van die teenstander.

- Vertel hom of haar dat wanneer 'n mens jonk is, dit wel talent is wat jou laat wen. Wanneer 'n mens egter ouer word, is dit nie meer talent nie, maar karakter en *mental toughness* wat jou sukses bepaal. Vandag is al die fokus op die bou van karakter en die kind se *mental toughness*. Dit gaan oor planne maak, kanse vat en dit moeilik maak vir die teenstander. Die doel is baie eenvoudig: Kyk of jy 'n enkele punt kan wen. Nie die wen van die wedstryd nie. Wanneer jy 'n enkele punt kon wen word jou doelwit die volgende enkele punt.

- Korrel jou kind of atleet se energie in die bemeestering van eenvoudige en haalbare doelwitte. Alles gaan oor 'n vaardigheid, nie 'n uitslag nie. Dit kan iets wees soos om ten minste 70% van jou eerste afslane in te dien. Dit kan wees om een uitstekende *tackle* in te sit in 'n rugbywedstryd. Dit kan wees om met die wegspring voluit te hardloop tot in die draai en te kyk of jy 'n sekere hardloopstyl kan behou. Elke sport het spesifieke vaardighede wat as teiken gebruik kan word om jou atleet se energie te korrel.

- Maak seker dat jou kind of atleet weet dat die sukses van vandag nie afhang van wen of verloor nie, maar wel van die bemeestering van 'n spesifieke vaardigheid.

- Wanneer jou kind of atleet wel so 'n vaardigheid in 'n wedstryd regkry, maak 'n groot ophef daarvan. Klap hande en juig hom of haar toe.

- Maak seker dat jou kinders of atlete sal weet die eerste doelwit is karakter. Suiwer karakter beteken jy gee altyd 100%, al is jy ver agter. Niemand mag ooit sê jy het tou opgegooi nie. 'n Voorbeeld van so 'n gesprek in netbal:

Afrigter:

"Julle weet ons speel vandag teen X. Hulle is laasjaar se kampioene en ek weet hulle is 'n goeie span. Ons is besig om te bou en te groei. Ek verwag nie dat ons vandag die wedstryd moet wen nie. Wat ek vandag soek is spangees, pret en saamwerk. Ek wil kyk of julle dwarsdeur die wedstryd positief met mekaar kan bly en julle kan pret hê oor die kleinste dingetjie wat ons regkry. Ek wil vandag glimlagte sien en ons gaan elke klein dingetjie saam vier.

Susan, jy is vinnig en rats. Jy gaan vandag soos 'n Jack Russel-hondjie nooit ophou om hulle te pla nie. Jy moet hulle irriteer. As jy in hulle koppe kan inklim gaan hulle wilde gooie begin maak en dan gaan ons 'n hele paar balle van hulle onderskep. Dink net aan die verrassing in hulle oë wanneer hulle bal in julle hande beland!

Alta, jy moet vandag soos 'n magneet sit aan jou teen-stander. Jy hoef oor niks anders te dink nie; jy moet net by haar bly soos gom. Jou lekker lang arms en jou koue kyk in jou oë maak die teenstanders maklik gefrustreerd en onseker.

Julle moet almal vandag dink julle is soos vlindertjies wat rondfladder en elke bal wat hulle wil speel, steel. Wanneer julle die bal het – gooi vry en maklik – maak nie saak wat gebeur nie. Julle is 'n swerm vlindertjies en julle is wonderlike maats. Ek soek 'n vonkel in elkeen van julle se oog wanneer ek vir jou kyk. Is dit reg met julle?

Maria, jy is ons doel en vandag, wanneer jy die bal kry, wil ek hê jy moet baie tyd vat en so rustig wees wanneer jy gooi. Jy hoef nooit haastig te wees nie. Vat jou tyd, want dit maak enige teenstander gefrustreerd. Kry een doel op 'n slag. Die teenstanders gaan probeer om jou te pla, ek ken hulle. Ignoreer hulle en wees daardie koelkop-meisie wat baie tyd het. Ek gee nie om of jou gooie in is of soms net mis is nie, ek wil hê jy moet kalm en koel wees! Ons gaan nog BAIE oefen en hoe meer ons oefen, hoe makliker gaan die doele val. Is dit reg met jou?"

Die 50/50-wedstryd:

Hierdie is daardie naelbyt-wedstryde wanneer aartsvyande teen mekaar te staan kom of die finaal van 'n kompetisie. In hierdie wedstryd staan elkeen 'n gelyke kans om te wen en is die emosionele energie van jou kind of atleet baie hoog. Hierdie energie kan oorslaan in angstigheid of oorgemotiveerdheid en as afrigter moet jy 'n fyn bewustheid ontwikkel om te weet waar jou atleet of span is. Baie van hierdie wedstryde word juis verloor as gevolg van die feit dat kinders of atlete se aktiveringsvlak (motivering) te hoog was. Die volgende gebeur dan met die kind of atleet:

- Hy dink te veel. Hy soek en sien elke fout en verloor self-vertroue.

- Hy is bang om foute te maak en speel verdedigend.

- Hy raak bewus van faktore buite sy beheer soos weer-somstandighede, skeidsregter, skare, ensovoorts, en die kleinste dingetjie word 'n groot probleem.

- Hy reageer negatief op 'n klein foutjie, veral vroeg in die wedstryd, en word emosioneel en krities en buiten-sporig gefrustreerd.

Wat is jou werk as afrigter, onderwyser of ouer?

- Maak seker dat jy bewus is van jou kind of atleet se emosionele vlak.

- As jy sien dat angstigheid of kommer inkruip, herinner jou kind of atleet aan vorige suksesse. Praat oor 'n vorige suksesvolle ervaring wat soortgelyk is aan hierdie situasie en herinner hom aan wat hy gedoen het.

- As jou kinders of atlete nog nie werklik voorheen in so 'n situasie was nie, vertel 'n verhaal van 'n atleet of span wat dit wel reggekry het. Vertel hulle hoe daardie kinders of atlete moes dink en voel. Praat oor waarop hulle gefokus het (hulle was doelgerig en was nie bang om foute te maak nie).

- Korrel jou kind of atleet se energie en gedagtes op sy sterkpunte. Beplan 'n strategie rondom daardie aspekte – dinge waar hy selfvertroue het.

- Maak seker dat jou kind of atleet 'n plan B het. Wanneer hy voel plan A werk nie, moet hy dadelik kan gaan na plan B. Wanneer dit nie so lekker werk nie, moet daar ook 'n plan C in die sakkie wees.

- Indien julle bekend is met die teenstander (deesdae maak afrigters 'n studie van die teenstanders) sal jou kinders of atlete ook weet wat die teenstander se sterkpunte en swakpunte is. Ontwikkel saam 'n strategie om hulle sterkpunte te neutraliseer en swakpunte uit te buit. 'n Goeie manier is om te kyk waar iemand anders hierdie betrokke span of teenstander wel geklop het. 'n Voorbeeld van so 'n gesprek in atletiek:

"Janco, hierdie is die wedloop waarna ons so uitgesien het die hele jaar. Dit is waarvoor jy elke dag so hard geoefen het. Jou voorbereiding was puik en ek kon nie vir beter vra nie. Wat jy vandag in jou het, is genoeg, en as dit goed genoeg is, sal jy ook wen . . .

Dink aan die byeenkoms toe jy gekwalifiseer het. Kan jy onthou hoe jy gehardloop het? Wat het jy daar gedoen wat gewerk het? (Luister na sy antwoord.)

Jy's reg, dit was die gemak waarmee jy weggespring het en toe jou kragtige vaartversnelling oor die laaste tweehonderd meter. Jou stamina is beter as die meeste atlete wat ek ken. As hulle vinnig wegspring, is dit vir jou geen probleem nie. Laat hulle jou trek, en dan, wanneer jy voel dis tyd, dan kick jy. Ek sien al hoe hulle met groot oë jou hakke sien en benoud raak . . . Jy is reg vir hierdie wedloop. Gaan hardloop dit soos jy is en geniet dit. Jou beste is goed genoeg."

Nog 'n voorbeeld van 'n gesprek, hierdie keer met 'n hokkiespan:

Afrigter:

"Meisies, ons is in die finaal! Ons leef ons droom. Geluk, ons is almal so trots op julle. Wat dink julle het julle so 'n goeie span gemaak? (Luister na hulle antwoorde.)

Julle is 100% reg en dit is wat ons vandag weer gaan doen. Ons gaan doen wat ons die hele seisoen gedoen het.

Wat dink julle is die sterkpunte van ons teenstanders? (Luister na hulle antwoorde.) Julle is reg. So, wat maak ons wanneer hulle na daardie speler speel? Liezel, jy en Martie is op haar case vandag. Hulle span draai om haar en as ons haar neutraliseer, staan Anke en Sanet reg om met julle perfekte aanval deur die teenstanders te breek vir 'n doel. Is julle reg daarvoor?

Ons is hier, kom ons gaan en speel soos ons kan. Kom ons geniet mekaar en geniet die oomblik! Ek wil 'n vonkel sien in elkeen van julle se oë. As iemand 'n fout maak is dit geen probleem nie; ons maak dit reg en ons gee ons beste. Onthou: Ons is hier omdat ons dit wat ons doen goed genoeg kon doen. Ons gaan dit weer doen vandag. Daar is soveel ander spanne wat wens hulle kon hier staan vandag, maar dit is ons wat hier staan.

Julle hoef niks anders te doen as wat ons heeltyd gedoen het nie. Julle hoef nie anders te dink nie. Julle moet die oomblik laat gebeur en ons moet ons geluk vind. Ek is trots op elkeen van julle."

Die 30/70-wedstryd:

Hierdie is 'n wedstryd waar jy te staan kom teen 'n teenstander wat jou voorheen net-net geklop het. Jy is die buiteperd en die emosionele momentum is aan die teenstander se kant. **Die lekkerste van so wedstryd is die feit dat jy net kan wen.** Jou benadering en jou korrel in so 'n wedstryd is uiters belangrik.

Julle kanse op oorwinning is 'n vraagteken, maar daar is 'n goeie kans . . . mits daar spesifieke dinge in hierdie wedstryd gebeur.

Eerstens moet jou kinders of atlete weet dat **veilig speel nie 'n opsie is in so 'n wedstryd nie.** So wedstryd word bepaal deur oomblikke waarin jou kind of atleet 'n kans vat en dit werk. Wanneer dit werk, draai die momentum. As dit nie werk nie beteken dit nog steeds dat jy die teenstander laat twyfel omrede jy vreesloos kanse vat. Dit is baie moeilik om teen iemand te kompeteer wat geen vrees het nie!

Jou kind of atleet moet hierdie kompetisie ingaan met 'n lus om kanse te vat en om geleenthede te gryp. **As jy so 'n wedstryd met 'n versigtige gesindheid benader, is jou kans op**

sukses baie min. Jy moet kanse vat! As jy nie kanse waag nie, stap jy gewoonlik uit met teleurstelling en spyt omdat jy nie meer gedoen en meer probeer het nie.

Hierdie is sekerlik van die lekkerste wedstryde om te speel en ook van die lekkerste wedstryde om te wen. Dit is 'n wedstryd waar jy enige iets kan probeer, want jy het niks om te verloor nie. Die slegste is wanneer jy so 'n geleentheid mis omdat jy te konserwatief en bang was om foute te maak.

Dit beteken beslis nie dat jy halsoorkop dwase besluite moet neem nie. Dit beteken wel dat jy soek na enige geleentheid om iets te probeer wat mense nie normaalweg gaan doen nie. Jy gaan vir 'n onderskep, jy sit 'n kort-skoppie deur die gaping, jy speel 'n valhou, of jy storm vreesloos na die net om 'n *volley* te speel. (Rodger Federer doen dit nogal dikwels op sy tweede dien wanneer hy 'n breekpunt teen hom het.) Jy dink aan dinge wat jou opgewonde maak (amper jou asem wegvat) en jou laat uitsien na die kans dat dit dalk kan werk. Hierdie is wedstryde waarin jy die adrenalien van kompetisie en waagmoed op sy heel beste kan beleef.

Jou werk:

- Maak seker dat jou kinders of atlete weet dat jy nie van hul verwag om versigtig te speel en min foute te maak nie. **Jy wil hê hulle moet kanse vat.** Foute maak nie vandag saak nie! Jy moet die geleenthede gryp sonder vrees.

- Laat jou kinders of atlete uitsien na hierdie wedstryd omdat hulle na geleenthede soek om **vreemde dinge te doen**, onverwagse aanvalle te loots en die teenstander onkant te betrap. Droom so 'n paar drome van sukses saam met jou kind of atleet. Begin met iets soos: "*Sê nou net jy probeer dit en dit werk . . .*"

- Maak seker dat hierdie benadering jou strategie bly, selfs al gebeur dit dat jy voorloop. As jy voorloop in so 'n wedstryd en dan ophou kanse vat om veilig te speel, verloor jy alles! Dit is fataal. Jy kan nooit die momentum behou as jy veilig speel nie. Jy het juis die momentum gekry deur kanse te vat. Hou aan daarmee. Bly in die avontuur van die oomblik. Hou die hele tyd daardie vonkel in die oog.

- Speel vry, vertrou jou instink en gaan vir die groot punte. Dit is waaroor die lewe gaan. Soms mis 'n mens hulle, maar wanneer jy hom maak is dit 'n onvergeetlike ervaring.

Hier volg 'n voorbeeld van so 'n gesprek in tennis:

Afrigter:

"Victor, hier is 'n wonderlike geleentheid vandag. Jy kan net wen. Jy sal jou geluk moet gaan soek. Ek weet X het jou laas geklop, maar jy het intussen baie geleer en hard geoefen. Jy moet hom vandag verras.

Jy kan hom verras as jy gereed is om vreemde dinge doen en kanse te vat. As die oomblik hom voordoen, moet jy hom gryp. As jy vandag foute maak omdat jy iets probeer, maak dit glad nie saak nie. Ek wil hê jy moet dit doen. As jy vir X kan ontsenu en laat twyfel draai die momentum in jou guns en wie weet wat kan gebeur?

Die belangrikste – jy moet vandag van die baan kom en goed voel oor jou probeerslae – jou waagmoed! Jy kan vry slaan en werklik alles gee. Die bestes in die wêreld is hulle wat bereid is om foute te maak. Hulle vat soveel kanse dat hulle later so goed word dat hulle foute minder word as hulle suksesse. Gemiddelde mense gaan nooit daar gaan nie; gemiddelde mense wil net nie foute maak nie.

Wat sal jy graag vandag wil probeer, Victor? (Luister wat hy sê en moedig hom dan aan om presies te doen wat hy voorstel).

Ja, man, ek weet jy kan dit regkry. Gaan gee jouself elke kans en geniet dit wanneer dit werk."

Die belangrike punt om te onthou, is dat uitslag nooit iets is waaroor 'n mens beheer het nie. Uitslag is die onsekerheid wat aan sport en kompetisie sy aantrekkingskrag en ook sy opwinding gee. Om uitslag as doelwit te hê, is soos om te probeer voorspel of dit môre gaan reën of nie. Selfs al sê die weervoorspellers so, is hulle nie altyd reg nie. Daar is talle faktore wat 'n rol speel in die kans dat dit môre gaan reën. Dit bly 'n raaisel. Soms is die kans groot, ander tye is die kans klein – dit bly egter 'n raaisel. So is die lewe; ons moet dit net geniet.

13

Wat doen jy na afloop van 'n wedstryd?

Wat jy sê en doen na afloop van 'n wedstryd het 'n dramatiese effek op die selfvertroue, die toekomsverwagting en die persoonlike groei wat 'n kind of atleet ervaar . . .

Dit neem tyd om vertroue en respek te bou.
Jy kan dit in 'n oogwink verloor.

Suksesvolle afrigting het meer te doen met suksesvolle verhoudings as enige iets anders. Wanneer 'n kind of atleet jou vertrou, het jy mag en beheer oor sy emosies, geloof en verwagtinge. Jy moet die geleentheid sien vir wat dit is: 'n verantwoordelikheid en geleentheid om iemand se lewe en drome te vorm.

Voor en na kompetisie is die emosionele intensiteit, die waagmoed wat nodig is om in die arena te klim, die onsekerheid van die uitslag, die konfrontasie wat plaasvind tussen teenstanders, die teenwoordigheid van toeskouers, die verwagtinge van belangrike mense, ensovoorts, alles dinge wat geweldige hoë emosionele druk op enige kind of atleet plaas. Hierdie druk is nie net op die atleet nie, maar ook op die afrigter, onderwyser en die ouer, want ons maak almal deel uit van 'n span.

Wat jy na afloop van 'n kompetisie sê kan 'n kind se lewe maak of breek.

Elke kind of atleet het 'n intense begeerte om hul afrigter tevrede te probeer stel. Om iemand tevrede te probeer stel moet ons uitvind wat vir daardie persoon belangrik is. Ons vind dit uit deur te kyk waarna daardie persoon kyk.

Die eerste vraag wat jy na afloop van 'n kompetisie vra, bepaal ook wat vir jou belangrik is, en jou kind of atleet weet dit. As jou eerste vraag is: "*Het jy gewen?*" beteken dit uit die aard van die saak dat die uitslag vir jou die belangrikste was. Ons het so min beheer oor die uitslag, tog is dit die grootste bron van waardebepaling vir ons kinders. Dit is jammer, want daar is net een persoon in 'n wedloop wat uiteindelik kan wen. Die res glo hulle verloor omdat hulle nie gewen het nie. As jy glo jy is 'n verloorder beïnvloed dit jou selfbeeld, selfvertroue, verwagtinge van die toekoms en uiteindelik die rigting van jou lewe.

Fokus jou eerste vraag ná 'n wedstryd op die kind of atleet se ervaring (lekker of teleurgesteld) en nie die uitslag nie. Wanneer jou kind by die huis instap en jy nie die wedstryd of kompetisie kon sien nie, moet jou vraag wees: "So, *wat het vandag gebeur?*" Jou kind kan dan self besluit waaroor hy wil praat. Wanneer jou kind jou die uitslag gee (wen of verloor), moet jy (veral met jong kinders) nie baie energie daaraan gee nie. Jy kan 'n opmerking maak soos: "*Oukei, maar vertel my wat het jy gedoen en geleer in die wedstryd?*" Ons moet ons kinders kondisioneer om wen en verloor as korttermynervaringe te sien. Om 'n droom te leef word nie bepaal deur 'n korttermynuitslag nie; ware sukses is 'n manier van lewe elke dag. Hier is 'n voorbeeld van so 'n gesprek (hierdie gesprekke is basies dieselfde met 'n individu as met 'n span):

Na 'n neerlaag:

Jou kind of atleet is uit die aard van die saak hartseer en teleurgesteld. Gee erkenning daarvoor en spreek jou begrip uit dat hulle so voel. As jy hierdie gevoelens misken kan jy maklik jou kind se vertroue verloor. Voel saam met jou atleet, maar jy mag nie jammer voel vir hom nie.

Sê iets soos: *"Ek verstaan jy is teleurgesteld, want ek weet hoe graag jy wou goed doen. Ek is ook teleurgesteld saam met jou en ek is bly dat jy teleurgesteld is. Dis lekker om te sien dat dit vir jou belangrik is om goed te doen. Ek weet dinge wil soms net nie werk nie – dit het al baie met my in my eie lewe gebeur. Ek is steeds trots op jou poging."*

Natuurlik kan jy nie dit sê as jou kind of atleet tou opgegooi het in die wedstryd nie. Wanneer dit wel gebeur het dat 'n kind tou opgegooi het (veral met jong kinders), is jou reaksie net so belangrik. Dan sê jy iets soos:

"Ek verstaan jy is teleurgesteld en ek is saam met jou teleurgesteld. Ek dink jou grootste teleurstelling is dat jy opgegee het en nie regtig jou beste gegee het nie. Ek verstaan hoe jy voel. Soms gee 'n mens jouself nie 'n kans nie. Ek dink dit was vandag so met jou – jy het jouself geen kans gegee nie. Ek is glad nie kwaad nie. Ek wil hoor wat jy voel en dink? As jy jouself nie 'n kans gaan gee nie, maak dit nie sin dat ons so hard werk nie. Dalk moet ons dan liewers 'n ander doolwit kry? Wat is jou gevoel, my kind?"

Sou 'n kind wat opgegee het besluit om homself weer te verbind, gaan jy voort met die gesprek. Vir die ander kind wat werklik hard probeer het en nog steeds misluk het gaan die gesprek eenvoudig voort soos volg:

"Jy moet verstaan ons is in 'n proses. Die belangrikste is dat ons uit elke wedstryd sal leer. Voor ons praat oor dit wat verkeerd gegaan het vandag wil ek graag hê jy moet my vertel wat wel gewerk het."

Die rede waarom hierdie gedeelte van die gesprek **eerste moet plaasvind,** is om die kind of atleet se kop na 'n positiewe omgewing te vat waar leer en groei kan plaasvind. Wanneer jy negatief en terneergedruk voel is dit nie 'n goeie idee om te probeer groei nie. Geleenthede kan nie gesien word as daar 'n waas van teleurstelling oor jou gedagtes hang nie. Daar moet eers 'n vonkel in die oog kom. Sukses is en bly die grootste bron van motivering. As jou doelwitte voor die wedstryd duidelik en haalbaar was, moes jy iewers sukses ervaar het, al was dit in 'n baie klein dingetjie. Dit is waaroor eerste gepraat moet word.

"Watter van ons doelwitte wat ons voor die wedstryd gestel het kon jy regkry? Ek het gesien dat jy 'n paar goeie eerste afslane ingekry het. Ek het ook gesien dat jy meer aggressief was wanneer jy net toe gekom het. Die geheim is om dit meer en meer te doen totdat jy jou tydsberekening perfek kry. Jy het 'n paar pragtige punte by die net gevat," ensovoorts.

Noudat daar 'n mate van opwinding of sukses beleef word, kan jy beweeg na die groei-oomblik. Jou tweede vraag is: *"As jy vandag kon oorkry, wat sou jy anders wou doen?"* Dit is belangrik om jou kind of atleet aan die praat te kry. Wanneer jy vir jou kind vertel wat hy of sy verkeerd gedoen het, is dit soos 'n oordeel wat jy vel. Vermy dit ten alle koste! Almal het 'n terugvoersisteem in ons brein en onmiddellik nadat jy 'n aksie uitgevoer het, vind terugvoer en ontleding plaas. Soms moet 'n mens net iemand kans gee om self uit te pluis wat aangaan. Jy doen dit deur eers stil te bly. Dit is baie beter dat 'n kind of atleet sy eie foute identifiseer as wat jy dit doen. Dit ontwikkel verantwoordelikheid vir dit wat gebeur.

'n Dwase afrigter, onderwyser of ouer vertel dadelik vir sy kind watter foute hy gemaak het. 'n Wyse afrigter, onderwyser of ouer vra sy kind wat hy voel hy volgende keer anders sal wil doen. Die fokus is nie die probleem nie; jy moet die fokus plaas op die oplossing vir die probleem!

Behou die dissipline om nie vir jou kind of atleet te vertel wat jy dink hy verkeerd gedoen het nie. Hou jou mond. Enige kind sal (wanneer jy dit nie uit jou eie doen nie) jou vra: *"Coach, wat het Coach gesien wat ek fout gedoen het?"*

Sodra 'n kind daardie vraag vra, maak die deur na sy brein oop. Wanneer iemand vir jou 'n deur oopmaak, stap jy nie met moddervoete in sy huis in nie! Loop op jou tone en hou die huis skoon. In plaas daarvan om die foute uit te lig, maak eerder voorstelle vir oplossings in die toekoms. Enige iemand kan 'n fout sien, want daar is altyd foute. Die ware sleutel tot afrigting of ouerskap is om met oplossings en planne vir die toekoms vorendag te kan kom. Wanneer jy op jou tone in die huis instap, beskerm jy jou kind. Die modder wat jy wel kon intrap (jou kind toegooi met die foute wat hy gemaak het) bring jy nie in nie. Jy red jou kind se hart; jy gooi nie sy hart met modder toe nie.

Jou antwoord hierop is iets soos: *"As ek jy is sal ek volgende keer probeer om meer . . . Ek verstaan dat jy daar probeer gaan het, maar ek dink jy moet hierdie probeer . . . Hoe klink dit vir jou?"*

Wanneer jou kind inkoop in die oplossing is julle reg om vorentoe te beweeg. Te veel kinders se harte word verloor omdat hulle toegegooi word met modder na 'n neerlaag.

> Sukses en mislukking word in ys geskryf
> en more sal die son weer skyn.

Na 'n oorwinning:

Sukses (veral by jong kinders) is die grootste rede waarom meeste mense misluk. Sukses wat veroorsaak dat jy arrogant, oorgerus en voor op die wa word, is baie mense se ondergang. Talle atlete en spanne (op topvlak) se grootste vyand is hulle sukses (oorwinnings).

Sukses moet met groot versigtigheid hanteer word. Geniet die oomblik, haal diep asem en gee jouself 'n klop op die skouer. Dit is hoe vinnig sukses vergeet moet word (so ook mislukking). Die lewe gaan nie oor die uitslag van die oomblik nie. Die lewe gaan oor die mens wat jy word om uiteindelik 'n uitslag te kan behaal.

Die werklike mooi van 'n tuin lê nie in die eindproduk daarvan of uiteindelike prag wat deur ander bewonder word nie. Die werklike mooi lê in die ure se voorbereiding van die grond, die plant van die sade, die geduldige versorging en natgooi; die proses van groei en volwasse word. Die wete dat die saadjies sal ontkiem en groei en uiteindelik bokant die grond sal verskyn op die regte tyd. Die spreekwoordelike "kersie op die koek" is die volwasse blom! As dit vir jou sin maak, sal jy verstaan dat sukses in sport of die lewe nie nie bepaal word deur 'n uitslag nie, maar dat dit 'n nimmereindigende proses van groei en bemeestering is.

Na 'n oorwinning kan jong kinders so verblind word deur die uitslag dat hulle nie die waarheid van die hele situasie raaksien nie. Hulle sien nie dat:

- die teenstander nie baie goed gespeel het nie;
- hy werklik baie gelukkig was om te wen nie;
- hy nie werklik hulle doelwitte wat voor die wedstryd gestel was bereik het nie (veral in die 90/10-wedstryd); en
- sukses net so vinnig vergeet moet word as mislukking nie.

Dit is belangrik om die oorwinning te geniet en te vier met dankbaarheid en die gepaste sportmanskap. Maak seker dat jy 'n deurtrapte gesprek het met jou kind of atleet sodat hy of sy sal verstaan dat sy eie oorwinning nooit die waardigheid van 'n teenstander mag wegneem nie. Doen aan ander soos wat jy aan jouself gedoen wil hê, selfs al was die teenstander gemeen en skelm. Die soetste oorwinnings is waar 'n teenstander deel kan vorm van die waardigheid van die kompetisie. Waar beide van julle weet dat julle die beste uit mekaar gebring het.

Na 'n oorwinning moet jy jou kind se vlak van opwinding beheer. Om 'n buitensporige ophef te maak van 'n oorwinning op skoolvlak is om 'n illusie te skep dat alles oor die uitslag gaan. Dit is juis wat jy nie wil doen nie. Jy wil jou kind laat verstaan dat sukses 'n proses en 'n manier van lewe is – nie 'n uitslag op 'n telbord nie. Dankbaarheid en 'n suiwer gees van sportmanskap is die eienskappe wat jy wil groei. 'n Ware kampioen is opreg dankbaar vir 'n oorwinning, maar hanteer dit met die nodige respek, want hy verstaan dat more 'n nuwe dag is.

Jou optrede na 'n oorwinning:

Gee erkenning en beloon jou kind verbaal, maar binne perke. Gun hom die oomblik van genot en blydskap. Jou optrede en jou energie stel die standaard van waar hy sal gaan. Jou kinders hou jou dop, veral as hulle respek het vir jou. Sodra die oomblik geleef is, vat jou kind of atleet na 'n stil plek en reflekteer op die gebeurtenis. Vra die volgende vrae:

1. *"Waarom dink jy het jy vandag die oorwinning behaal?"*
   Die doel van die vraag is om jou kind se gedagtes te neem na die basiese dinge wat reg gedoen was. Sodra hy begin praat oor wat gewerk het, dien dit as 'n versterking vir sy ingesteldheid. Jou kind praat oor wat hy wel regge-kry het, so hy glo hy kan dit doen!

2. *"Wat dink jy het vandag met die teenstander gebeur toc hy teen jou gespeel het?"*
   Die doel van die vraag is om 'n geestelike bankbalans te begin bou. Jou kind begin praat oor die vrese en onseker-hede wat ander ervaar terwyl hulle teen hom kompeteer. Sodra hy hierdie prentjie begin skets, begin die impak van emosionele momentum tydens kompetisie vir hom meer sin maak. Dit is ook belangrik dat jou kind bewus word van hierdie skynbaar onsigbare kragte.

3. *"Wat glo jy was 'n draaipunt of kritiese oomblik in die wed-stryd wat dit vandag in jou guns gedraai het?"*

   Die doel van die vraag is om jou kind meer bewus te maak van spesifieke oomblikke wat krities is in 'n wed-stryd. Baie kinders of atlete is nie bewus van sulke kritiese draaipunte in 'n wedstryd of kompetisie nie, maar dit is 'n realiteit. Op topvlak gaan dit nie oor talent of krag of spoed nie. Hier gaan dit oor die persoon wat die kritiese oomblik benut en bemeester. Daarna draai alle momentum in die wedstryd. Daar is nie 'n verkeerde antwoord op hierdie vraag nie. Enige antwoord is reg. Dit gaan daaroor dat jou kind of atleet bewus moet word van die emosionele krag van 'n oomblik!

4. *"Indien jy vandag iets kon oordoen, wat sou jy anders doen as jy weer die kans kry?"*

   Die doel van die vraag is om jou kind se gedagtes die hele tyd uit te daag. Sodra 'n mens gemaklik word met jou prestasie, word jy ook voorspelbaar. Wanneer jy voor-spelbaar is, word dit makliker om teen jou te kompeteer. Die doelwit is om deurentyd te kan aanpas, verskillende besluite te neem en altyd onvoorspelbaar te bly. Weereens is daar nie 'n verkeerde antwoord op hierdie vraag nie. Jy wil deurentyd die gedagtes van jou kind strek en beproef.

5. *"Wat is jou volgende doelwit? Wanneer wil jy begin beplan en werk daaraan en hoe lank gaan ons nou vashou aan vandag se oorwinning?"*

   Die doel van die vraag is om jou kind terug te bring aarde toe. Die sukses was heerlik, maar die pad vorentoe hou aan. Oorwinning is slegs deel van die reis, dit is nie die einde van die reis nie.

Elke kind of atleet is verskillend. Sommige kinders verstaan dat sukses (en mislukking) bloot 'n oomblik in tyd is. Ander kinders word weer vasgevang in die oomblik en jy moet hulle losmaak daarvan. Oorwinning moet met groot versigtigheid hanteer word. Oorwinning is 'n gebeurtenis. Sukses is 'n reis.

Jy het die voorreg om 'n pad met 'n kind of atleet te stap. Maak seker dat die reis 'n avontuur vol lag en pret is, nie net oorwinnings op 'n telbord nie. Soveel lewens word vernietig omrede afrigters net fokus op die uitslag. Hulle behaal dikwels, veral met talentvolle jong kinders, die resultate, maar uiteindelik is die reistog 'n nagmerrie.

14

Dissipline: Hoe belangrik is dit en hoe word dit toegepas?

Wanneer ons van dissipline praat, gaan ons onderskeid tref tussen volwasse, professionele atlete en skoolkinders.

Skoolkinders:

Een van die grootste voordele van deelname aan sport is die feit dat kinders dissipline leer. Dissipline is 'n essensiële deel van 'n werklik suksesvolle lewe, al probeer die wêreld ons anders wysmaak. Alles hang af van wat jy beskou as ware sukses. Vir 'n betekenisvolle bestaan waar 'n mens 'n positiewe verskil maak in ander se lewens en waar jou lewe groter waarde het as om net vir jouself te sorg, is dissipline en daarmee saam selfdissipline, 'n ononderhandelbare karaktereienskap.

'n Eenvoudige definisie van dissipline is: Gehoorsaamheid aan gesag en ordelike gedrag.

Opinies rondom dissipline sal altyd verskil. Sommige mense koppel traumaties herinneringe aan dissipline wat op hulle toegepas was as kind (hulle was half stukkend geslaan). Ander koppel dissipline aan respek en liefde. Dissipline is dus nie 'n eksakte nie, maar 'n interpretasie van gehoorsaamheid en ordelike gedrag.

Sommige mense sien dissipline as 'n aksie wat 'n kind ontneem van sy kreatiwiteit en spontaniteit. In hulle opinie is dissipline 'n negatiewe aksie. Talle mense het die opinie dat dissipline beteken jy moet kwaai wees. Dalk het hierdie opinie (waarheid) ontstaan omdat dissipline negatief toegepas was op hulle as kinders. Alle opinies het 'n oorsprong en wanneer dit met liefde gepaardgaan, word die skoonheid en karakter van die lewe anders beleef as wanneer die oorsprong negatief en afbrekend was.

Sommige sien dissipline as 'n noodsaaklike karaktereienskap om binne God se wil en plan vir ons lewe te leef. My persoonlike siening van dissipline is iemand se vermoë om sy vleeslike hunkering na gemak te kruisig en dit te oorwin met gedissiplineerde gedrag (selfdissipline) om te kan dien en te kan ontwikkel (verbeter), hetsy deur fisiese kondisionering of deur die ontwikkeling van idees en kreatiwiteit.

Dissipline is 'n element van die mens se karakter wat dwarsdeur die Bybel aan ons gewys en geïllustreer word. Gehoorsaamheid aan God (respek vir God) is 'n voorvereiste vir 'n verhouding met Hom. Dit is onteenseglik een van die belangrikste karaktereienskappe wat God van ons verwag – gehoorsaamheid aan gesag en ordelike gedrag.

Gehoorsaamheid aan gesag is die fondasie van jou eie toekomstige outoriteit. Jy kan net gesag hê as jy verstaan wat dit is. Jy kan net outoriteit verstaan as jyself onder outoriteit kan staan. Wanneer jy as kind nie verstaan waarom jou ouers 'n reël maak nie, maar jy onderwerp jouself wel aan die reël (sonder dat jy werklik verstaan waarom), dan is jy gehoorsaam. Gehoorsaamheid (in jou onkunde) is die eer wat jy het vir jou pa en ma. Die belofte wat saamgaan met eer vir jou ouers – is 'n ryk en lang lewe (Eksodus 20:12).

Is dissipline dus belangrik? Dit is 'n lewensbelangrike element van 'n goddelike karakter. Sonder dissipline word jou lewe gekenmerk deur rebellie, valse bravade en onsekerheid.

Die uiteinde daarvan is 'n geestelike dood. Dit is 'n realiteit wat ons daagliks in die oë staar. In koerante, nuusberigte en op die voorblaaie van tydskrifte lees ons die treurverhale van mense wat geestelik dood is. Mense (sterre) wat volgens wêreldse standaarde alles gehad het, maar uiteindelik hulle siele verloor het.

Sportdeelname is 'n teelaarde van dissipline mits dit reg toegepas word. Wanneer dissipline verkeerd toepas word kan dit ongelukkig die broeiplek word van rebellie (weerstand teen gesag). Vir alles in die lewe het ons wysheid nodig. Wysheid beteken om te kan onderskei hoe jy met verskillende mense moet werk.

Die fondasie van 'n gedissiplineerde lewe is respek en agting. Wanneer jy respek en agting het vir die lewe, vir mense en vir God, is selfdissipline amper vanselfsprekend. Dan is dit nie iets wat jy geleer moet word nie, maar iets wat jy uit jou eie doen. Sonder respek en agting vir die lewe, vir mense en vir God, is 'n lewe van selfdissipline baie onwaarskynlik. Dan is arrogansie, self-verheffing, bravade, familiariteit en disrespek die kenmerke van so 'n persoon.

Die doel van reëls om dissipline en ordelike gedrag te handhaaf is om 'n kultuur van effektiewe leer en opvoeding daar te stel waar elkeen 'n gelyke kans het om sy of haar potensiaal optimaal te ontwikkel. Wanneer iemand ongedissiplineerd optree is die kans groot dat hy ander sal beroof van 'n gelyke kans om hulle potensiaal te ontgin en te ontwikkel. Die doel van dissipline deur die toepassing van reëls is dus in 'n groot mate om te voorkom dat 'n leerder ander leerders se geleentheid tot optimale ontwikkeling steel en dus beroof van hul menswaardigheid. In my opinie word reëls gemaak sodat dwase in toom gehou kan word. 'n Wyse mens het nie reëls nodig om suksesvol te wees nie – integriteit en waarde is inherent deel van sy karakter.

Dissipline word tradisioneel op twee uiteenlopende wyses gehandhaaf:

a)   negatiewe kondisionering (straf); en

b)   positiewe kondisionering (beloning).

Die ware resep vir dissipline is egter nie een van die boge-
noemde nie. Die ware resep vir dissipline is selfdissipline.
Selfdissipline is nie 'n uitvloeisel van ons onderrigsisteem nie,
maar 'n karaktereienskap wat jy in jou ouerhuis as gevolg van
die voorbeeld van jou ouers, of van ander gesagsfigure, soos
familielede, in jou lewe leer.

Wanneer ouers nie verantwoordelik kan wees vir hulle eie
kinders se selfdissipline nie word dit die onaangename taak van
'n skoolsisteem of 'n afrigter om dissipline toe te pas. Hierdie
toepassing is net moontlik deur negatiewe kondisionering (straf).
Positiewe kondisionering (die gee van 'n beloning) is uit die
aard van die saak nie 'n opsie vir 'n onderwyser of 'n afrigter
nie. Dit sal net uitgebuit en misbruik word deur enige kind wat
nie selfdissipline het nie. Dit is nie moontlik om motivering
te behou deur die gee van belonings nie. Uiteindelik sal geen
beloning groot genoeg wees om dissipline te ontlok nie en die
grense sal voortdurend skuif. Kinders besef vinnig hulle het die
mag van manipulasie. Manipulasie en rebellie is die realiteit van
duisende hedendaagse huishoudings.

Dissipline gaan gepaard met 'n sin vir verantwoordelikheid
wat essensieel is vir sukses in die lewe en in kompetisie. Vir
enige afrigter of onderwyser om suksesvol te wees, is dit nood-
saaklik dat dissipline deel is van die karakter van jou metodiek
van afrigting en onderrig. Vir die kind wat nie selfdissipline het
nie, is daar 'n reël om dissipline te forseer. So is ons deurentyd
besig met 'n proses van kondisionering waar ons hoop dat elke
kind uiteindelik die keuse sal maak om selfdissipline toe te pas.
Dan ontgin jy 'n ware kampioen!

Dissipline is een van die grootste uitdagings van afrigting
en opleiding, veral op skoolvlak. Die morele grense van die
samelewing skuif daagliks. Manipulasie en rebellie is meer as
ooit aan die orde van die dag. Jou grootste uitdaging is wanneer

'n kind se ouers nie met jou metodes of besluite saamstem nie en dit is dikwels die doodsteek in baie afrigters se loopbaan. Talle afrigters en onderwysers probeer veilig speel en is wisselvallig en inkonsekwent met hulle dissipline. Dissipline word maklik na die agtergrond geskuif om konflik met sekere ouers te vermy en dit is die vinnigste manier om die harte van jou kinders te verloor.

Hoe pas jy dissipline toe met skoolkinders?

Die tradisionele metode is straf, dreigemente, aggressie en woede. Maar werk dit? Dit moet, want ons doen dit al jare. Maar is dit effektief? Nuwe wetgewing het hierdie metode van dissipline totaal en al ontneem van enige krag. Die enigste krag agter straf, dreigemente of woede is die respek wat kinders vir 'n afrigter of onderwyser mag hê. Die realiteit is dat kinders vir jou lag wanneer jy van straf of dreigemente wil gebruik maak om dissipline te vestig.

Straf of dreigemente is die slegste deel van afrigting. As 'n afrigter of onderwyser eers moet kwaad word voor kinders of atlete gedissiplineerd en toegewyd oefen, dan is daar reeds fout. Dit veroorsaak dat baie afrigters meer negatief afrig as om in werklikheid 'n span te bou en iemand te laat groei. Die klem van afrigting val op die foute wat kinders maak. Dit is soms die enigste manier waarop sommige afrigters 'n mate van beheer het.

Is daar 'n beter manier?

Ja, daar is beslis 'n wen-wen-metode om met kinders se harte te kan werk. Jy moet die hart van jou kind wen, want in iemand se hart is die sleutel tot selfdissipline. Waar daar selfdissipline bestaan, is die verantwoordelikheid vir gedissiplineerde gedrag nie meer die afrigter s'n nie en is dit vasgevang in die ooreenkoms wat die afrigter met sy kinders of atlete maak. Dissipline word dan 'n persoonlike keuse en dit word gerugsteun deur 'n duidelike ooreenkoms.

Dit is baie eenvoudig: Wat hoop jy om te ervaar van jou kinders of atlete tydens oefensessies?

Kolom A	Kolom B
✓ 'n Lus om hard te werk en te oefen? ✓ Dat kinders gemotiveerd en betyds opdaag by oefeninge?	✓ Dat hulle altyd sal kla wanneer julle hard werk? ✓ Dat kinders laat is en dat jy hulle die hele tyd moet oortuig en motiveer?

Die antwoord is baie duidelik kolom A. Dit maak tog sin – jy wil tog hê dat jou atlete lus en lief moet wees vir fisieke oefening, want oefening is immers die fondasie van fisieke kondisionering wat weer op sy beurt essensieel is vir topprestasie.

Vraag: Hoe kan jy verwag dat atlete lief moet wees vir fisieke oefening as dit gebruik word as metode van straf? Dit maak tog nie sin nie. As fisieke oefening gebruik word om atlete te straf wanneer hulle ongehoorsaam is of wanneer hulle nie hulle beste gee nie, ontwikkel jy mos 'n weerstand teen daarteen! Die mens het twee basiese bronne van motivering:

a) vermyding van pyn; en

b) soeke na plesier.

Navorsing wys dat jy altyd meer sal doen om pyn te vermy as wat jy sal doen om plesier te soek. Wanneer iemand pyn (straf) assosieer met fisieke oefening sal hy altyd meer doen om dit te vermy as wat hy sal doen om dit te soek. Hoe kry jy dit dan reg dat iemand fisieke oefening **wil** doen? Wanneer jy gesondheid, pret, vaardigheid, selfvertroue, drome, vryheid, erkenning, bemeestering, ensovoorts assosieer met fisieke oefening, dan **wil** jy oefen!

Dink aan jouself. Dink aan meeste kinders en atlete. Watter gedagtes koppel die meeste mense aan fisieke oefening? Is dit dalk omdat:

- oefening moeilik en seer is;

- dit 'n manier is waarop jou afrigter jou straf as jy ongehoorsaam is of slap lê;

- jy altyd probeer kul (minder doen as wat die afrigter sê), want dan is jy "slim";

- jy hoop julle kry vinnig klaar omdat jy dit haat; en

- jy benoud voel en wonder of jy dit gaan maak?

Is dit die realiteit van meeste mense? Hoe verander ons dit? Hoe wen jy 'n kind se hart?

Ons moet die assosiasie wat ons kinders met fisieke oefening het verander van pyn na plesier. Jy kan nooit oefening gebruik as 'n metode van straf as jy hoop dat 'n kind moet lief raak daarvoor nie. Hoeveel van ons het so groot geword?

Kinders en atlete se motivering lê in hulle drome (hulle harte). Jou aanvanklike ooreenkoms met iemand (voor jy bereid is om af te rig) is om hulle te help met die verwesenliking van hulle droom. Daardie droom moet 'n kind aan jou verkoop en jou oortuig dat dit werklik is wat hy wil doen. Dit is nie jóú droom vir hulle nie. Dit is hulle droom vir hulleself. Jy gaan hulle ondersteun en leer hoe om daardie droom te leef.

Julle begin 'n verhouding en julle word 'n span. 'n Span werk saam met mekaar, nie teen mekaar nie. Wanneer kinders of atlete die ooreenkoms verbreek deur swak dissipline en traag- heid om te oefen, word jy nie kwaad nie. Jy staan eenvoudig terug en ontneem hulle van die geleentheid om te kan oefen. As hulle nie kan oefen nie, kan hulle nie hulle drome uitleef nie. Om in die wêreld van sport jou drome te kan uitleef moet jy in topkondisie wees – fisiek, verstandelik en geestelik. Jy moet geoefen wees en jy moet ingeoefen wees. Sonder oefening en sonder inoefening is dit onmoontlik om te verbeter. Wanneer jy oefening en inoefening wegvat ervaar hulle dus 'n verlies. Hulle drome word van hul weggevat en hul verloor die geleentheid van die oomblik.

Die tradisionele gedagte van straf deur ekstra oefeninge word dus herprogrammeer. Oefening is 'n voorreg en net beskikbaar vir dié wat ernstig is oor hul drome. Elkeen wat selfdissipline kan toepas kry die voorreg om deel te wees van die oefensessie. Enige probleme en jy is nie welkom om verder deel te neem aan die oefening nie.

Jy moet duidelik weet wat jou kind se drome is, want dit is die bron van sy motivering. Straf is nooit 'n goeie bron van motivering vir iemand wat selfdissipline het nie, maar eerder vir iemand daarsonder. Dissipline tydens oefening is 'n persoonlike verantwoordelikheid en nie iets wat op die atleet forseer moet word nie. Wees 'n koelkop-afrigter. Ontneem bloot die voorreg om te kan oefen van enige iemand wat ander wil beroof daarvan. Afrigting is 'n spanpoging en 'n plek van sinergie, nie 'n posisie van mag nie!

Die eenvoudige manier waarop jy dissipline toepas op kinders wat nog selfdissipline moet leer, is om hulle te weerhou van fisieke aktiwiteit. Hulle mag nie oefen nie! Afsondering is 'n intens-negatiewe ervaring vir meeste kinders, veral dié wat aandag soek.

Oefening en fisieke aktiwiteit is 'n beloning en 'n voorreg vir kinders met selfdissipline. Die motivering daaragter is hulle drome. Wanneer jy werk met kinders wat selfdissipline het, hoef jy nooit kwaad te word nie. Herinner hulle net aan hulle keuse om uitstekend te wees in alles wat hulle doen. So werk jy saam met jou atlete en nie teen hulle nie. So word afrigting 'n vreugde en nie 'n magstryd of 'n magsvertoon nie.

Volwasse atlete

Wanneer jy volwasse atlete afrig, is dissipline nie meer 'n kwessie van mag en dreigemente nie. Net 'n dwaas dink dat hy volwassenes deurentyd met dreigemente kan motiveer.

Dissipline met volwasse atlete of spelers is eenvoudig: Jy verwag **selfdissipline**. Selfdissipline is die uitvloeisel van die ooreenkoms tussen julle. Die tradisie van straf met oefening moet ten alle koste gebreek word. Die samelewing is gekondisioneer om oefening te sien as iets wat jy móét doen, nie iets wat jy wil doen nie. Sou daar dus 'n geleentheid opkom waar jy kan kul, dan gryp jy dit. As jy minder kan doen as die ander, dan doen jy dit. As jy kan koek sny om te probeer eerste kom, dan doen jy dit. Wat 'n grap. Hoe sal jy dit ooit kan maak tot bo met so 'n gesindheid? Dit is nie deel van die karakter van 'n kampioen of van 'n kampioenspan nie . . .

Hierdie benadering of ingesteldheid vereis nuwe kondisionering (herhaling). Doen dit dus voor elke oefensessie! Vra jou atlete of hul vandag uitstekend wil oefen of eerder wil rondspeel en grappies maak. Let wel, die vraag word dalk aan 'n groep gevra, maar jy vereis 'n individuele antwoord van elke speler.

As hulle kies om hard te werk, is jou rol eenvoudig: Herinner hulle aan hulle keuse in oomblikke waar jy 'n gebrek aan motivering soos negatiwiteit en moegheid, opmerk. Jy straf nie volwasse atlete wat selfdissipline het nie.

As die ooreenkoms verbreek word doen jy dieselfde as wat jy met skoolkinders doen, maar met een verskil: Jy bevestig julle ooreenkoms. Jy bevestig dat die atleet julle ooreenkoms verbreek. Vra hom wat hy sou voorstel jy nou moet doen? As hy verskoning vra en homself daartoe verbind om beter te oefen, gaan dadelik aan. Sou hy egter 'n negatiewe gesindheid hê, soos byvoorbeeld 'n woedebui, maak jy kalm en rustig klaar en sê jy sien hom môre. Pak jou goed en loop.

Jy kan nie vir 'n volwassene sê hy mag nie meer deelneem of oefen nie, behalwe natuurlik as dit in spanverband is. Jy kan jouself wel onttrek. Jy laat hom baie duidelik verstaan dat sy optrede waar hy gebrek aan motivering toon of 'n negatiewe houding het, jou geensins beïnvloed nie. Jy word nie kwaad of ontsteld nie, maar weerhou bloot jou kundigheid en energie van hom terwyl jy wel met die ander atlete voortgaan.

So 'n persoon se interne motivering of droom sal bepaal of dit weer sal gebeur of nie. As hy ernstig is oor sy droom, is die kans dat dit weer sal gebeur baie skraal. As dit wel weer gebeur moet jy dit met grasie hanteer en ook nie kwaad word nie. Dit is beter om 'n negatiewe persoon met 'n toksiese energie te verloor uit 'n groep as wat jy voortgaan met hom of haar.

Hierdie manier van dissipline is baie opwindend. Dit bring werklik die beste uit mense na vore, nie die slegste nie. Probeer dit gerus. Dit is 'n kopskuif weg van die tradisionele manier van straf deur middel van geforseerde oefening. Geforseerde en strafoefeninge vernietig harte terwyl selfdissipline en span-werk harte wen. Wanneer jy die resultate van hierdie manier sien en beleef sal jy verstaan hoe kragtig dit is! Hier volg 'n voorbeeld van so 'n gesprek met 'n atleet:

Afrigter:
"Victor, wat is jou droom?"

Atleet:
"Coach, my droom is . . . "

Afrigter:
"Wat dink jy sal ons moet doen om by daardie droom uit te kom?"

Atleet:
"Coach, ons sal moet hard werk, hard oefen, vasbyt, moeilike dinge bemeester, ensovoorts."

Afrigter:

"Ek stem saam, Victor. Kan ons ooreenkom dat ek nooit met jou hoef te raas oor hoe hard jy oefen nie? As jy die dag nie lus is vir oefen nie, sê my dan laat staan ons dit. Dit gaan wel beteken dat dit jou langer sal neem om by jou droom uit te kom, maar dit bly jou keuse. As jy wil hê ek moet jou soms druk, vra my nou. Ek weet 'n mens is nie altyd lus vir hard oefen nie. As jy ernstig is oor jou droom sal ek jou nooit hoef te oortuig om te oefen nie, maar ek sal jou motiveer as jy dit van my vra."

Atleet:

"Dis reg so, Coach. As ek 'n slegte dag het, sal Coach my asseblief motiveer?"

Nou is daar 'n ooreenkoms. Jou werk is om jou atleet aan sy droom, en julle ooreenkoms, te herinner.

15

Hoe leer jy iemand
om *mentally tough* te wees?

Talent laat jou wen . . . op laerskool. Sodra jy egter daardie kinderjare deurleef het en jy hoërskool toe gaan, is jou talent nie meer genoeg om jou te laat wen nie. Almal het talent – sommige bietjie meer of bietjie minder, maar dit is nie wat jou vat tot heel bo nie. Jou karakter en *mental toughness* is dit wat jou uiteindelik na die top sal vat. In die hitte van die oomblik gaan jou talent jou nie laat wen nie – dan is dit jou karakter en jou *mental toughness* wat jou laat wen.

Daar is derduisende mense met besondere talente, maar meeste van hulle maak dit nooit tot op topvlak nie. Die rede? Hulle karakter en en hulle *mental toughness* is nooit ontwikkel nie. Dit is juis in situasies van intense druk en kompetisie waar ware kampioene van blote talent onderskei word.

Hoe leer jy iemand om *mentally tough* te wees? Ons word nie gebore met hierdie karaktereienskap nie. Om taai te wees, is 'n manier van dink. Ons leer van kleins af om elkeen op ons unieke manier te dink. Jy kan dus leer om *mentally tough* te dink.

Dwarsdeur hierdie boek staan een tema uit soos 'n paal bo water: **Die verhouding tussen afrigter en kind of atleet word gebou op 'n ooreenkoms.** Wanneer jy in 'n ooreenkoms staan met iemand is daar sekere verantwoordelikhede. In God se

Woord staan daar: *"Wanneer twee ooreenkom oor 'n saak dan sal dit so wees"* (Matteus 18:19).

As totale afrigter moet jy meer as net 'n tegniese kundige of 'n goeie strateeg wees. Jou grootste rol is waarskynlik om sielkundig effektief met jou kinders of atlete te kan werk. Hoeveel keer in die geskiedenis het ons al hierdie woorde gehoor: *"Dis alles in die kop".* Die aanhaling spreek op sigself: As jy 'n suksesvolle totale afrigter wil wees, moet jy weet hoe om met die psige van jou atlete te kan werk.

Geestelike taaiheid, of in Engels, *mental toughness*, is 'n uitstaande kenmerk van die bestes in die wêreld. Dis die mense en atlete wat in die hitte van die oomblik kan koelkop bly, hulle ritme kan behou, in beheer kan bly van hulle emosies en die omstandighede van die kompetisie suksesvol kan bemeester. Dit is ook hulle wat uiteindelik as oorwinnaars uit die stryd tree. Maar, hoe leer jy hierdie karaktereienskap vir iemand aan?

Die aanleer van enige vaardigheid het in sy wese te doen met 'n beginsel wat ons noem kondisionering (herhaling). Jy kondisioneer jou liggaam (spiere of denke) deur iets herhaaldelik te doen totdat jy dit uiteindelik outomaties kan uitvoer sonder om bewustelik daaraan te dink. Dan word jy beskou as 'n meester.

Om jou denke te kondisioneer om onder situasies van druk steeds kalm te bly en wyse besluite te neem moet jy dus druksituasies en moeilike omstandighede skep en leer om kalm te bly daarbinne. Jy simuleer dus alle moontlike omstandighede sodat jou atlete kan leer om kalm en rustig te bly wanneer dit plaasvind. Dit is 'n proses van kondisionering en gebeur in stappe:

1. Vra jou kinders of atlete of hulle *mentally tough* wil word. (Hulle antwoord is natuurlik positief.)

2. Sê vir hulle dat jy hulle onder druk gaan sit en hulle gaan toets.

3. Sit hulle onder druk met 'n glimlag en skynbaar baie ernstig.

4. Hulle leer om te lag in die hitte van die oomblik, want hulle weet dat hulle nie alles ernstig moet vat nie. Sukses kan nie beheer word nie – sukses gebeur. Jy sal meer sukses beleef as jy kalm en rustig is as wanneer jy gespanne en ontsenu is.

5. Besluit saam wat die beste manier van optrede in spesifieke situasies sal wees.

6. Simuleer omstandighede van druk, spanning en kompetisie. Doen dit oor en oor, want hoe meer julle dit doen, hoe minder bedreigend sal ongunstige omstandighede word, en hoe makliker sal jou atlete dit kan hanteer.

Die belangrikste is weereens die ooreenkoms. Jou kinders of atlete moet jou letterlik vra om hulle te onderwerp aan die moeilikste omstandighede. Tensy hulle jou vra om dit vir hulle moeilik te maak, is die kans altyd daar dat hulle ontsteld kan raak en dinge persoonlik opneem. Moeilike omstandighede moet 'n versoek en 'n wilsbesluit van hulle kant af wees. Hulle moet vra: *"Coach, sal Coach my aanvat en alles gee om my af te sit asseblief? Ek wil leer om dit te bemeester."*

Dan doen jy dit; jy onderwerp hulle aan die negatiefste en strafste omstandighede. Sou hulle nie weet wat om te doen nie, moet hulle vra: *"Coach, wat is die beste ding om te doen onder hierdie omstandighede?"* Besluit saam wat die beste optrede in daardie omstandighede sal wees en oefen dit in. Beloon jou atleet verbaal wanneer hy 'n negatiewe situasie meesterlik hanteer.

Wanneer jy moeilike omstandighede veroorsaak, maar jou kind of atleet het jou nie daarvoor gevra nie, is die normale en outomatiese reaksie gewoonlik die veg-of-vlug-reaksie. Dit is dierlike instink en nie intelligente outoritêre besluitneming nie. Jy wil juis hierdie natuurlike neiging bemeester deur intelligente en doelgerigte besluitneming. Die basis van *mental toughness* is wysheid en kalmte. Instink is dikwels gebou op vrees en impulsiwiteit (dwaasheid).

Die doel van die oefening is om die reaksie van vrees waarmee die meeste kinders groot gemaak word omdat ouers bang is vir foute, te oorbrug met bewustelike slim en kalm besluitneming. Wanneer jy dit regkry om met wysheid op te tree en kalm te bly, moet jy dit oor en oor inoefen totdat dit uiteindelik 'n gewoonte van optrede word (jou nuwe instink word).

Een suksesvolle hantering van 'n uitdagende of onaangename situasie is nie 'n waarborg dat dit 'n gedragsgewoonte is nie. Wanneer jy dit oor en oor oefen sal jy uiteindelik met 'n glimlag op jou gesig en 'n vonkel in jou oog in onaangename situasies van intense druk, slegte weersomstandighede, negatiewe toeskouers, ondeerlike teenstanders, situasies van intimidasie, ensovoorts kan instap en dit met wysheid hanteer. Almal sal dan sê: *"Wow, hy is mentally tough"*. Om te kompeteer teen iemand wat *mentally tough* is, is die grootste uitdaging in kompetisie en uiteindelik ook die lekkerste ervaring. Die proses het verskillende fases:

Fase 1:

Vra jou atlete om situasies van die verlede waar hulle voel hulle het kop verloor, te beskryf. Praat oor die emosies wat hulle ervaar het en bespreek die gedagte van druk. Gesels oor die effek daarvan en hoe dit besluitneming affekteer. Maak saam 'n lysie van druksituasies wat al gebeur het en wat julle dink nog kan gebeur in die toekoms (wat jy al by ander gesien het). Gesels selfs oor dinge wat moontlik kan gebeur al het jy dit nog nooit beleef nie. Hoe meer en hoe moeiliker, hoe beter vir die gesprek.

Wanneer julle hierdie lys van taai situasies gemaak het, gesels oor die oplossing vir elkeen van hulle. As julle nie 'n oplossing vir 'n situasie vind nie, vra iemand anders se raad. Daar is altyd 'n oplossing vir elke uitdaging.

> Jy maak nie 'n wyse besluit in die hitte van die oomblik nie.
>
> Jy maak 'n wyse besluit VOOR die hitte van die oomblik. In die hitte van die oomblik ken jy reeds die oplossing ...

Die volgende stap is om dit in te oefen en dit doen jy deur situasies na te boots in 'n oefening. Voor die oefening afskop moet jy die atlete daaraan herinner dat daar vandag 'n *mental challenge* in die oefening ingebou is.

Jou gesprek voor die oefening:
"As julle wil hê ek moet julle help om mentally tough te word, moet julle my vra om dit tough te maak. As julle my nie vra nie bly ons vashaak by die vreesinstink en ons wil vrees verander in aanval. Ons moet leer om slim te dink en nie dinge persoonlik te vat nie. As julle my vra om dit vir julle moeilik te maak vandag sal ek dit doen."

Kind/atleet:
"Coach, sal Coach dit asseblief vir my moeilik maak vanmiddag? Toets my en probeer in my kop inklim. Ek sal Coach wys hoe ek elke situasie slim hanteer." Sodra 'n kind of atleet hierdie vraag vra is die deur na sy tough mind oopgesluit. Nou kan julle dit begin oefen.

Gedurende die oefensessie het jy die reg om dinge te doen wat geskryf is op daardie lysie van druksituasies.

» *Tart die atleet uit soos wat sommige teenstanders dit sal doen.*

» *Maak opmerkings om hom te probeer ontstel soos wat dit in kompetisie kan gebeur.*

» *Maak swak beslissings en gaan voort met die spel soos wat dit in wedstryde sal gebeur.*

> » *Probeer bewustelik om in sy kop te kom en hom te laat twyfel soos wat 'n teenstander dit sal doen.*

Beloon hom verbaal as hy hierdie situasies met kalmte en wysheid hanteer. Verduidelik die effek op jou (die teenstander) wanneer hy koelkop-gedrag openbaar in uitdagende situasies. Verduidelik die intimiderende effek wat dit op 'n teenstander sal hê. Die atleet ervaar onmiddellike sukses, nie noodwendig in uitslag nie, maar wel in sy emosionele beheer van 'n situasie wat voorheen negatiewe emosies ontlok het (dikwels verander die uitslag ook hiermee saam). Voorbeeld van so 'n gesprek:

Afrigter:
"Franco, kom ons speel 'n wedstryd. Ek gaan probeer om in jou kop te kom en jou te ontstel. Wys my wat jy gaan doen . . ."

Die proses beteken dus:

a) 'n bewustelike besluit om *mentally tough* te word (die atleet vra die afrigter om te help);

b) deeglike beplanning en besluitneming rakende die beste gedrag in so 'n situasie;

c) 'n herinnering dat die atleet nou (in die volgende sessie) getoets gaan word;

d) die toets; en

e) verbale beloning wanneer die toets suksesvol bemeester of hanteer word.

Fase 2:

- -

- Vra die kind of atleet hoe hy fase 1 ervaar het (positief of negatief)?

- Vra hom wat gebeur het toe hy wyse besluite geneem het en koelkop gebly het in plaas daarvan om emosioneel ontsteld te raak en dinge persoonlik te vat in die hitte van 'n oomblik.

- Vra hom wat die implikasies gaan wees as hy te alle tye so kan optree.

Die doel van die vrae is dat **jou kinders of atlete moet begin praat** (verbaliseer) wat gebeur.

Wanneer jy praat en jouself hoor praat oor die oplossing van iets, is dit 'n baie sterker bron van motivering as wanneer iemand anders vir jou 'n oplossing gee. **Wanneer jy self praat** word jou woorde soos 'n profesie oor jou toekoms (*self-fulfilling prophesy*). Ek verwys hier na Spreuke 18:21 waar Salomo skryf: *"In die mag van die tong is lewe en dood – en elkeen wat dit gebruik (elkeen wat praat) sal die vrug daarvan eet."*

Wanneer jy dit regkry dat jou kind of atleet **praat** oor die positiewe gevolge van wyse optrede is jy besig om die senubaan van *toughness* te oefen. Hierdie uitdagende en in beheer manier van lewe is 'n avontuur wat net lekkerder word. Die belangrikste is om die deur altyd oop te hou en nie toe te maak met vrees en realiteit nie. Jy moet voortdurend praat oor die krag van koelkop-optrede, want hoe meer jy daaroor praat, hoe meer dink jy juis daaraan en hoe minder kan 'n mens dink aan vrees. Praat (self) is die sterkste manier om jou brein te kondisioneer. 'n Voorbeeld van so 'n gesprek:

Afrigter:

"*Janco, vertel my wat in jou gebeur het toe jy die situasie op 'n koelkop manier hanteer het.*" *Hy vertel nou hoe positief hy gevoel het en hoe hy die emosionele momentum kon behou.*

"Vertel my wat jy dink gebeur het in jou teenstander se kop?" Janco verkoop homself nou op die negatiewe emosies wat deur die teenstander se gedagtes gegaan het.

"Hoe sal jy so 'n situasie in die toekoms wil hanteer?" Janco verduidelik wat hy in die toekoms gaan doen. Dit word sy trots om dan (in die hitte van die oomblik) koelkop te kan bly. So bou en groei jy mental toughness.

Fase 3:

Sê vir jou kind of atleet dat jy hom van nou af onbewustelik aan druksituasies of negatiewe situasies gaan blootstel tydens oefensessies. Jy gaan hom nie meer waarsku nie – dit gaan nou deel word van elke oefensessie. Waarsku hom dat jy hom nie meer gaan waarsku nie.

Noem ook dat jy selfs gebruik gaan maak van buitefaktore (ander mense) om druksituasies of onaangename situasies te simuleer. Die uiteindelike doel is om wyse optrede (*mental toughness*) 'n gewoonte te laat word en nie 'n beplande en unieke gebeurtenis nie.

Veronderstel jy rig 'n rugbyspan af. Nader een van die spelers en sê vir hom om vandag opsetlik foute te maak gedurende die oefening. Hy moet van tyd tot tyd 'n swak aangee gee. Hy moet die span in die steek laat en negatief optree. Hy moet probeer om die vloei van die oefening te ontwrig. Net hierdie speler moet weet wat jy besig is om te doen.

Voor elke oefensessie moet jy vra: *"Hoe wil julle vandag oefen? 'n Kwaliteit oefening of swak en lustelose oefening?"* Elke speler verbind homself daartoe om sy beste te gee. Hierdie ooreenkoms voor elke oefening moet 'n gewoonte wees in jou afrigting.

Jy en hierdie speler (jou geestelike uitdager/*mental-challenger*) is nou op julle missie om die span te probeer ontstel. Kyk na die reaksies van die span wanneer hierdie speler onnosele foute maak. Gebruik jou eie logiese denke en lees die situasie:

- As jy sien die situasie raak intens negatief (spelers is geïrriteerd en verbaal negatief), stop die oefening. Vertel die span wat jy besig is om te doen. Gaan dus amper terug na fase 2 waar jy hulle bewustelik waarsku oor wat besig is om te gebeur. Sê vir hulle wat jy sien gebeur. Maak hulle bewus van hulle instink-emosies (hulle het geïrriteerd geraak) en vra of dit die beste is vir die span. As hulle redeneer dat dit nie die beste is vir die span nie, vra hulle wat hulle dink hulle in die toekoms moet doen? Belangrik: Die spelers moet met die oplossing vorendag kom. Stop die oefening **middel van die oomblik** waar daar negatiewe-instink-optrede geopenbaar word. Hulle moet op daardie oomblik bewus gemaak word van wat gebeur. Wys hulle dat hulle dadelik beheer kan neem van hulle emosies en beter keuses kan maak. Almal gaan glimlag.

- Veronderstel jy sien dat hulle die situasie goed hanteer; hulle bly positief, moedig hierdie spanmaat wat foute maak aan, en hulle hanteer die situasie met wysheid. Stop uiteindelik ook die oefening terwyl alles nog positief is, en beloon hulle verbaal. Vertel hulle wat jy gedoen het en sê vir hulle dat hulle optrede perfek was: "*Dit was mentally tough en dit is deel van 'n wenspan.*" Nou begin jou kinders of atlete glo hulle is *mentally tough*. Geloof in iets is uiters belangrik, want dit wat jy glo sal jy uiteindelik as waar bewys.

> Wat jy ook al glo sal jy as waar bewys . . .

Emosionele beheer (*mental toughness*) word nou 'n karaktereienskap van jou kind of span en elke speler is persoonlik verantwoordelik vir homself. Jou kind of atlete begryp dat hulle moet dink voor hulle reageer in die oomblik. Hulle gaan situasies makliker raaksien vir wat dit werklik is en nie noodwendig emosioneel reageer op wat hulle voel in die oomblik nie.

Fase 4:

Herinner jou kind of atleet aan sy sukses. Fokus sy aandag op hoe goed hy homself hanteer in situasies van emosionele druk. Praat daaroor wanneer die geleentheid hom voordoen. Die doel is om wyse optrede (koelkopdenke) 'n gewoonte en 'n manier van doen (kultuur) te maak. Wanneer iemand 'n wyse besluit neem, wys dit uit sodat almal dit kan sien. Jou kind of atleet moet glo hy is geestelik taai.

Mental toughness is iets wat jy altyd bly oefen. Dit is 'n proses wat nooit stop nie. Die bestes in die wêreld word daagliks uitgedaag om wyse besluite te neem. Daar sal altyd nuwe uitdagings wees. Wanneer *mental toughness* 'n karaktereienskap van jou kind word, is hy op die pad om 'n meester (ware kampioen) te word. Solank iemand nog op instink (negatiewe emosies) reageer, moet jy weet – dit is daardie klein jakkalsies wat die vrugteboord verniel . . . Jou werk is om jou kind of atleet te pantser teen die klein jakkalsies.

Onder omstandighede van emosionele druk en fisieke uitputting tree frustrasie en woede soveel makliker in. Om dit te oefen moet jy daardie situasies skep. Wanneer jou kind hard geoefen het en daar fisieke moegheid is, dan is dit 'n goeie tyd om hom te toets met emosionele uitdagings. Probeer dit sover moontlik 'n positiewe proses te hou waar hy sukses moet ervaar. *Mental toughness* begin met 'n bewustelike keuse. Hoe meer jy dit oefen en deel maak van jou gewoontes, hoe meer sal dit deel word van jou karakter en wie jy is – in die hitte van die oomblik. Hier volg 'n voorbeeld van so 'n gesprek:

Ek geniet dit om my eie kinders te toets en bewus te maak van hulle keuses. Wanneer ek dit byvoorbeeld met my seun doen, sal ek hom vra: *"Victor, klim Pappa nou in jou kop?"*

Sy antwoord (dit word nou 'n gewoonte): *"Geensins Pappa. Pa sien, Pa dink aan my, so ek is eintlik in Pappa se kop. Ek is 100% fine. Dis lekker en ek geniet elke oomblik. Ek weet ek is tough. Wat Pa doen pla nie. Pappa kan maar aanhou."*

Wanneer ons in 'n situasie kom waar fisieke uitputting 'n rol begin speel en ek sien hy is meer intens as gewoonlik, sal ek 'n vraag vra soos: *"Hoe dink jy op hierdie oomblik, Victor?"*

Sy keuse van antwoord is dan uiters belangrik – en hy weet dit ook. In plaas daarvan om geïrriteerd te wees sal hy iets antwoord soos: *"Alles is perfek vir my, Pa. Ek like dit, want ek weet ek kan langer aanhou as enige iemand anders,"* of, *"Hoe langer ek oefen, hoe beter word ek. Ek is die een met* 'n *lang asem, Pa . . ."* Hoe meer jy dit doen – hoe meer sal dit 'n gewoonte word.

Fase 5:

- -

Maak koelkopdenke 'n gewoonte tydens kompetisies. Die tradisionele ervaring of siening van kompetisie is spanning en onsekerheid. Dit veroorsaak negatiewe emosionele druk wat weer op sy beurt dikwels emosionele uitbarstings en negatiewe, dwase reaksies veroorsaak.

Die doel is om kompetisie te benader met 'n gevoel van positiewe emosionele opwinding, nie spanning en onsekerheid nie. Opwinding beteken jy het 'n lus in jou en dat jy met af-wagting uitsien na geleenthede waar jy gaan kanse vat en risiko's neem.

Koelkopdenke word bevorder deur fisiese aksies wat ooreen-stem met opwinding en nie met spanning nie. Leer jou kinders of atlete om bewustelik aksies uit te voer wat ooreenstem met koelkopdenke.

Hier is so 'n paar voorbeelde van fisieke aksies wat sinoniem is met emosionele beheer:

- kalmte;

- rustigheid;

- stadig stap;

- 'n glimlag in die oë;

- vrede;

- gefokus, maar nie intens nie – vrede!

- 'n skalkse glimlag in die hitte van die oomblik;

- om tydens 'n rusperiode of onderbreking in spel op te kyk na die hemel en saggies dankie te sê: "Dankie Here, ek geniet dit so baie";

- om 'n versteekte *thumbs up* vir jou afrigter of ouers te wys;

- om opgewonde te hop en spring tydens 'n onderbreking in spel of tydens 'n rusperiode;

- positiewe en bewustelike "self-praat" tydens 'n onder-breking in spel of in 'n rusperiode; en

- om deurentyd 'n vonkel in die oog te hê. Om energie uit te straal en spanmaats te bemoedig en kalm te hou.

Om gefokus te wees tydens kompetisie beteken nie dat 'n mens 'n doodse uitdrukking op jou gesig hoef te dra nie. Selfs al is jy intens gefokus in die oomblik, is jou vermoë om 'n vonkel in die oog te hê 'n uitstaande kenmerk van *mental toughness*. Dink gerus aan kampioene soos Richie McCaw, Rodger Federer, Usain Bolt en Michael Johnson. Daardie vonkel in die oog, selfs in die hitte van die oomblik en onder die grootste druk, is 'n karaktereienskap wat die bestes in die wêreld laat uitstaan.

Fase 6:

- -

Kinders en atlete vat persoonlike verantwoordelikheid om *mentally tough* te wees. Voor 'n oefensessie, vra 'n kind of atleet jou uit sy eie: *"Coach, sal Coach dit vandag vir my so moeilik as moontlik maak?"* Hierdie vraag is nie iets wat bespreek is nie – dit kom spontaan uit jou kind uit.

Wanneer iemand 'n spanmaat, reserwe of hulpafrigters spontaan vra om dit vir hulle so moeilik as moontlik te maak, kan jy weet dat hierdie kind op 'n pragtige plek is.

Sodra jy iemand pertinent vra om dinge vir jou moeilik te maak, verander instinktiewe gedrag na bewustelike keuse. Dit is daardie bewustelike keuses in situasies van druk wat jy uiteindelik omskakel in gewoontes. Die oomblik wat dit deel word van jou karakter, is jy 'n meester.

Wanneer jy iemand vra (jy gee daardie persoon toestemming) om dit vir jou moeilik te maak, is dit totaal anders as wanneer iemand dit doen sonder jou toestemming. Sonder jou toestemming is optrede dikwels instinktief en emosioneel negatief. Dit is juis hierdie emosionele beheer wat jy wil inoefen en verbeter. 'n Voorbeeld van so 'n gesprek:

Ek werk met 'n rugbyspan en hou hulle oefensessie dop. Soos gewoonlik simuleer die reserwes die teenstanders. Hulle werk is om die spelers onder druk sit soos wat dit in 'n wedstryd sal gebeur. Hulle moet poog om dinge soos lynstaanballe te steel of om bewegings te fnuik.

Terwyl ek hulle so van 'n afstand dophou, tel ek 'n negatiewe atmosfeer op tussen sommige van die spelers en die reserwes. Ek sien 'n irritasie, veral wanneer 'n reserwe dit 'n bietjie moeilik maak vir 'n springer in die lynstaan. Op een stadium maak 'n speler 'n snedige aanmerking teenoor 'n reserwe en ek sien hoe die reserwe dit persoonlik opneem. Daar is 'n negatiewe atmosfeer en almal voel dit.

Ons *mental coaching*-sessie was daardie dag geskeduleer vir ná oefening. Ek vra die span: *"Sal julle die perfekte omstandighede wil hê waar al julle bewegings perfek uitwerk, of sou julle verkies om onder die moeilike omstandighede te oefen soos wat dit sal wees wanneer julle speel?"* Na aanleiding van die manier waarop ek hierdie vraag gestel het, was hulle antwoord baie duidelik: *"Ons sal verkies om die moeilikste omstandighede te bemeester in ons oefeninge oom Jannie."*

Ek sê toe: *"Waarom sien ek dat julle geïrriteerd raak met die reserwes wanneer hulle suksesvol is om julle balle swak te maak? Waarom sien ek dat julle dit duidelik maak aan die reserwes dat hulle nie julle balle moet swak maak nie? Waarom voel ek 'n negatiewe gees tydens oefening teenoor iemand wat jou onder druk sit? Wat dink julle gaan die teenstanders van Saterdag doen? Gaan hulle dit vir julle maklik of moeilik probeer maak? Gaan 'n teenstander verskoning vra as hy op jou voet trap of as hy onkant is?*

Dis dinge wat gaan gebeur in wedstryde. Dit is dan wanneer die kampioene van die tweede bestes onderskei word.

Die vraag wat enige afrigter vir sy spelers moet vra is: 'Wat gaan dit vat voor ek in jou kop kan klim?' Voor jou antwoord nie is: 'Coach, nooit nie,' is julle nog nie reg nie. As ek jou nog kan ontstel deur enige iets wat ek doen, is jy nog nie mentally tough nie. Een van die belangrikste elemente van kompetisie is jou vermoë om in jou teenstander se kop te kan klim en om te kan koelkop bly wanneer hy jou onkant probeer vang. Wanneer jy koelkop bly raak hy geïrriteerd. Wanneer dit gebeur is jy in sy kop. Dit is wanneer hy sy ritme verloor en hy haastig raak om jou te probeer wen. As jy dit kan doen met iemand anders moet jy onthou dit is wat jou teenstander met jou gaan probeer.

Hoe dink julle gaan julle dit bemeester? Dink julle julle kan wag vir die wedstryd om te sien wat gaan gebeur, of is julle reeds gereed en geoefen vir daardie omstandighede?

Veronderstel jy vra die reserwe om alles in sy vermoë te doen om druk op jou te sit, om dit vir jou moeilik te maak en om te kyk of hy jou balbesit kan swak maak. Veronderstel jy vra dit. Hoe gaan jy dit dan hanteer? Gaan jy geïrriteerd raak en jou humeur verloor, of gaan jy die uitdaging geniet en dit bemeester met 'n vonkel in die oog? Veronderstel ons begin vra vir moeilike dinge – dinge wat die meeste mense laat struikel. Wat dink julle sal gebeur?"

Die span het my met verbasing aangekyk. Nog nooit het hulle daaraan gedink om soveel verantwoordelikheid te vat dat hulle iemand sal vra om die moeilikste omstandighede te simuleer sodat hulle kan leer om dit te hanteer nie. Veronderstel jou gesindheid verander. In plaas daarvan om te soek na die perfekte weer, die perfekte houe, die perfekte dag en die perfekte situasie begin jy soek na die geleentheid om die moeilikste teenstanders, die slegste omstandighede, die vreemdste houe, die uitdagendste weer en die ongunstigste omstandighede baas te raak.

Veronderstel jy besluit dat jy regtig die moeilikste wil bemeester. Soos jy nou hier sit en lees kan jy voel hoe die adrenalien in jou binneste begin pomp. Jy is besig om reg te kom om in die arena in te gaan. Kompetisie is nie 'n vergelyking van talent nie. Ware kompetisie is respek vir 'n ander se talent, en dan 'n bewustelike poging om daardie talent te oorwin deur alle omstandighede wat die situasie omring, beter te hanteer en te bemeester as jou teenstander.

Die adrenalien van kompetisie is opgesluit in die onsekerheid van wie in staat gaan wees om elke situasie op daardie dag of in daardie oomblik die beste en met die meeste wysheid te hanteer. Dit is waarom die wêreld nooit kan ophou kyk nie. Dit is wanneer jy die sap van die lewe proe. Dít is kompetisie op sy beste.

16

Hoe leer jy iemand om te wen?

Dit klink amper belaglik! Hoekom moet jy iemand leer om te wen?

Om te wen is nie so maklik as wat 'n mens mag dink nie. Om te wen is werklik 'n kuns. Daar is baie kinders en atlete wat nie weet hoe om te wen nie. In die hitte van die oomblik sien jy hoe alles smelt en die talentvolste kinders en topatlete lyk skielik soos beginners. Om koelkop te bly in die hitte van die oomblik, om ontspanne en geduldig te bly, is nie iets wat almal maklik regkry nie. Wen is vir baie kinders 'n groter bron van stres en onsekerheid as wat die ervaring van verloor is. Verloor is maklik, want jy is deel van die massa. Wanneer jy wen staan jy uit. Meer kinders is gewoond aan verloor as wat daar kinders en atlete is wat weet hoe om te wen. Om te wen is 'n kuns.

> Winning is a habit, but so is losing.
> *Vince Lombardi*

Talle afrigters kan getuig van atlete of spanne wat in oefeninge fantasties presteer, uitstekend beweeg, uitstekende houe kan slaan en perfek voorbereid is vir 'n kompetisie, maar op die dag wat die kompetisie aanbreek is dit asof hulle van gedaante verander. Dit lyk asof daar 'n onsigbare kleed oor hulle gegooi word. Hulle lyk lam en lomp asof hulle nog nooit geoefen het nie en dis asof hulle vries en stokstyf is wanneer hulle probeer beweeg. Alles is geforseerd, rukkerig en sonder ritme. Dit is 'n reuse bron van frustrasie, teleurstelling en baie trane. Die Engelse term hiervoor is "*choking*".

Baie kinders is bang om suksesvol te wees omrede die kinders wat op skool suksesvol is gewoonlik die teiken van die massa word. Daardie inherente goeie kinders is bang om deur die ander kinders as arrogant (windmakerig) gesien te word. Arrogante kinders (wat dikwels talentvol is) is dikwels verwaand, windmakerig en voor op die wa. Hulle hanteer ander kinders met minagting en hulle hou daarvan om ander te verkleineer. Die inherente goeie kinders is intens bewus van arrogansie en wil dit ten alle koste vermy om deur ander kinders as arrogant gesien te word. Die veiligste plek is dan om eerder te verloor.

Deesdae is die kind wat op laerskool uitstaan dikwels die kind met die rykste ouers, die kind wat vroeg ontwikkel (vroeg in 'n jaar gebore is) en die kind wat meer geleenthede kry. In meeste gevalle is hierdie jong sterre nie emosioneel ryp om sukses op 'n waardige manier te hanteer nie. Voortdurende sukses, vanaf graad een tot graad sewe en daarna, gaan dikwels gepaard met arrogansie en 'n grootkop-houding. Ander kinders en ouers kyk na kampioene met oë wat groen is van jaloesie. Daar het emosionele venyn (wreedheid) in die wêreld van kompetisie ingesluip.

Min dinge is so lekker en mooi as om 'n jong talentvolle kind te sien wat sukses op 'n kinderlike en waardige manier hanteer. So 'n kind is dankbaar vir sy talente, vir sy ouers (hanteer hulle met respek), vir geleenthede en vir teenstanders. Die respek wat jy kry vir talent, goeie sportmanskap en besondere maniere laat jou voel om so 'n kind te ondersteun, selfs al ding hy mee teen jou eie kind! Ons wens alle kinders kan so wees.

Die uitdaging is (nie net vir kinders nie) dat sukses nie na jou kop sal gaan nie. Wanneer sukses oor jou gaan, begin jou moeilikheid. Niemand maak dit ooit alleen tot bo nie. Almal het ander nodig. Ons het ouers wat ons opvoed. Alle ouers maak soms foute. Ouers gee ons geleenthede. Hulle ry ure agter jou aan en betaal vir afrigting. Dan is daar die onderwysers en afrigters wat 'n reuse invloed het op die besluite wat 'n atleet neem. Jou karakter en persoonlikheid word gevorm en beïnvloed deur hulle. Jou karakter word ook beïnvloed deur jou maats. Niemand kan alleen suksesvol wees nie.

Die tragiese realiteit is dat geskiedenis wys hoe helde val omdat hulle groter geword het as hulle sukses en die mense wat hulle daar gekry het. Sukses wat nie met dankbaarheid en waardigheid hanteer word nie, lei uiteindelik tot jou val. Sukses is die droom van baie, maar nie baie kan dit hanteer nie. Sukses is ook 'n groter bedreiging vir baie omdat hulle nie weet wat hulle met sukses moet maak nie. 'n Belangrike vraag is: Wat gaan sukses van jou maak?

Jy het sekerlik al die uitdrukking gehoor: "*Die hoë bome vang die meeste wind*"? Wanneer jy suksesvol is, staan jy uit tussen ander en word jy die spreekwoordelike "hoë boom". Wanneer die wind waai (die uitdagings van die lewe) absorbeer die hoë bome (die suksesvolle mense) die grootste gedeelte van daardie wind. Die res van die wêreld (die struike en die klein boompies) wil graag sien of 'n hoë boom sterk genoeg is om die storms van die lewe te weerstaan. Juis daarom is die meedoënlose emosionele aanslag op jong kinders wat presteer so hoog. Dit is deel van die druk waarvan die wêreld praat.

Hoe moet emosionele druk hanteer word?

Dit is belangrik om vroeg te begin werk met kinders wat talent toon en sukses behaal. Hulle moet leer om sukses in perspektief te sien (ouderdom en talent) en moet voorberei word om uit te staan tussen die massa. Jong kinders wat vroeg presteer is soos 'n jong boompie wat vinnig groei – soms groei hy só vinnig dat die eerste wind wat waai hom breek. Solank die wind nie waai nie kan enige boom vinnig groei en hoog staan, maar wanneer die winde van die lewe waai is wanneer karakter (die krag van die boom se stam) getoets word.

Jong kinders wat presteer word die teiken van ander kinders en ook daardie kinders se ouers. Ander kinders laat dikwels die wat suksesvol is skuldig voel oor hulle sukses. Die maklikste manier om iemand anders bang te maak vir sukses is om te sê: *"Moet nou net nie windmakerig word nie."*

Ek werk daagliks met kinders wat besondere talente het, maar hulle vrees om suksesvol te wees en om as arrogant en windmakerig gesien te word maak dat hulle in vrees leef. Hulle doen hulleself in en ontwikkel dikwels 'n slagoffer-mentaliteit teenoor die lewe.

Om suksesvol te wees, is 'n kuns. Die belangrikste is om te verstaan dat sukses nooit werklik net gaan oor jou nie. Almal gaan jou laat glo dat dit oor jou gaan. Die wêreld soek na helde, maar om 'n held te word beteken ook jy word 'n teiken. As jy verstaan dat jy altyd deel is van 'n span ('n groep mense wat saam met jou werk om te kan presteer) kan jou interpretasie van emosionele druk heelwat verander.

Sukses is nie vir sissies nie; jy moet leer om dinge op 'n volwasse wyse te hanteer en ook te interpreteer, veral op laerskoolvlak. Jy kan nie sukses persoonlik vat nie, maar net so moet jy ook leer om nie mislukking persoonlik te vat nie! Jy moet leer om dinge op 'n waardige manier te hanteer al is jy maar nog net 'n kind. Jy moet vrede hê en weet dat jy 'n rol vervul, nie net vir jou nie, maar vir jou ouers, jou afrigter, jou maats en vir God, want sukses gaan ook oor hulle omdat jy altyd deel is van 'n span. Sukses is nie die resultaat wat jy behaal nie, maar jou manier van lewe. Maar hoe word iemand geleer hoe om te wen?

Dit gaan nie oor jou alleen nie – jy is altyd deel van 'n span.

Jy moet 'n gesprek met jou kind of atleet hê waar sy skeppingsdoel, of rede waarom hy op die aarde is, bespreek word. Wat jy het, het jy gekry – jy het dit nie self gemaak nie. As jy dink dat sukses oor jou gaan en dat jy wonderlik is wanneer jy wedstryde of kompetisies wen, sal jou loopbaan en roem net tydelik wees. Dit is 'n leë lewe wanneer alles net oor jou gaan, want sonder ander is jy in werklikheid niks. Niemand maak dit ooit alleen tot bo nie . . . Ons het almal mense nodig.

Wanneer jy weet dat dit wat jy doen en wie jy is oor meer gaan as net oor jou, begin jy verantwoordelikheid verstaan. Saam met hierdie verantwoordelikheid kom daar ook 'n vryheid, want jy is nooit alleen nie en deel van 'n span. Jy sal dit verstaan die oomblik wanneer jy inbeweeg in hierdie manier van dink. Sukses is werklik 'n ingesteldheid en nie 'n uitslag nie.

Wanneer jy weet dat die doel van jou lewe is om God te verheerlik, begin jou lewe sin maak. Wanneer jy verstaan jou sukses is net moontlik as gevolg van die hulp en ondersteuning van ander, sal jy respek ontwikkel vir ander. Wanneer jy verstaan jy is 'n belangrike skakel in hierdie span (jy is die een in die arena), groei jou verantwoordelikheid. Omdat jy deel is van 'n span, verminder die druk op jou en is die gedagte van wen nie meer so gevaarlik nie. Jy hoef nie alleen met die sukses om te gaan nie, want jy kan dit met ander deel! Dít is die ware rykdom en betekenis in die lewe!

As jy nie in God glo nie bly dieselfde beginsel steeds 'n realiteit. Sukses gaan nooit oor jou alleen nie. Sukses gaan oor elkeen wat jou as die atleet gekry het op die plek waar die wêreld jou kan sien en jou herken en erken. Dit is nou jou verantwoordelikheid om daardie erkenning te deel met jou span. Jy is nie die sukses nie – die span is die sukses! Sukses wat persoonlik gevat word blaas jou op. Sukses wat aan ander erkenning gee maak jou vry. Sukses wat aan ander gegee word maak jou betekenisvol in hierdie lewe. Wanneer jy op die podium staan en die erkenning aan ander gee: Jou afrigter (wat jou vorm, leer, ondersteun en stuur), jou ouers (wat jou opgevoed het, wat jou geleenthede gegee het en wie jou altyd ondersteun), jou teenstanders (wat noodsaaklik is om die beste uit jou te bring), ondersteuners (wat jou vol energie pomp en hoë verwagtinge van jou het), borge (wat jou gee wat jy nooit self sou kon koop nie) en soveel meer, DAN is jy 'n betekenisvolle mens. Dan is jy 'n ware kampioen!

Baie kampioene se verhale begin by haglike omstandighede. Dalk is dit ook jou eie storie? Dalk was dit juis as gevolg van teleurstellings of terugslae vroeg in jou lewe dat jy opgestaan het en 'n sukses van jou lewe gemaak het? Daardie terugslae of teleurstellings was dan die sleutel tot jou sukses. In plaas daarvan om dit te sien as verskonings om te misluk, word dit eerder gesien as jou rede vir sukses! Erken dit en gee erkenning daaraan, want dit gee ander hoop. Dit kan ander mense wat in slegte situasies sit laat hoop en glo dat hulle situasies dalk die rede kan wees wat die deur na sukses vir hulle kan oopsluit.

Jou getuienis is jou invloed en die verskil wat jy maak hier op aarde. Die lewe gaan nie oor jou nie en kry betekenis wanneer jy ander kan lewe (hoop) gee.

STAP 2:

Berei jouself voor om sukses met waardigheid te hanteer:

Almal droom van roem, maar roem het 'n prys. Die wêreld wil deel van jou sukses en roem wees en voel belangrik net omdat hulle jou ken. Jy en jou talente word publieke eiendom en jou lewe gaan nie net meer oor jou nie, want jy verteenwoordig die drome en begeertes van elkeen wat jou ken, al sien hulle jou dalk net op televisie. Wat jy doen beïnvloed wat ander doen . . . Wat jy doen word deur ander dopgehou. Mense gaan praat oor wie jy is, wat jy doen, wat jy kies, wat jy sê, wat jy glo, ensovoorts. Die luuksheid van onverantwoordelikheid verdwyn en jou lewe het skielik 'n baie groter effek en invloed as iemand wat nie presteer nie. Jy staan skielik nie meer in die koelte nie – jy is nou onder 'n vergrootglas.

Is jy gereed hiervoor? Kinders en atlete moet verstaan daar is 'n heerlike, tog groot verantwoordelikheid wat saam met sukses kom. Om sukses met waardigheid te kan hanteer is 'n kuns. Hier is 'n paar elemente wat deurentyd bewustelik beoefen en geoefen moet word:

- Jou respek teenoor gesag, byvoorbeeld die hantering van skeidsregters, afrigters, ouers, ensovoorts.

- Jou optrede in negatiewe omstandighede (woedebuie is onaanvaarbaar).

- Jou openbare optrede soos die groet van vreemdelinge, openbare etiket, jou optrede voor gehore, radio-onderhoude, televisie-onderhoude, jou telefoonetiket, sosiale media, jou hantering van kritiek, ensovoorts.

- Jou toegewydheid tydens oefensessies.

- Die sosiale beeld en die voorbeeld wat jy uitstraal soos netheid in die openbaar, kleredrag, jou beeld wat jy uitdra.

- Jou sportmanskap, met ander woorde jou optrede teenoor teenstanders waar dinge soos respek, wysheid in die hantering van geskille, ensovoorts belangrik is.

- Jou persoonlike higiëne soos jou kamer, netheid, stiptelikheid, ensovoorts.

Daar is 'n basiese reël wat ekself volg en wat ek verwag van elkeen met wie ek werk: **Tree altyd op asof daar 'n jong kind** is wat jou dophou. Selfs al dink jy jy is alleen, hou hy jou dop. Wie sal hy word as hy doen wat jy doen?

Elke afrigter moet 'n kultuur bou rondom 'n atleet. Die kultuur wat jy bou sal reflekteer in die mense met wie jy werk. Jy kan nooit van iemand verwag om te doen wat jy nie self bereid is om te doen nie! Om 'n afrigter, onderwyser of 'n ouer te wees beteken jou kind gaan doen wat jy doen. Is jy gereed om jouself te vorm en toe te rus in die volgende aspekte?

- **Openbare optrede**: Weet jy regtig hoe om effektief met ouers en ander mense te kommunikeer? Het jy enige basiese vaardighede in openbare optrede bemeester, of is jy maar net soos wat jy grootgeword het? Baie afrigters se openbare optrede is skokkend: Hulle is onseker, weet nie hoe om met ouers te kommunikeer nie, tree bot op om hulleself te beskerm en vermy kommunikasie, want hulle voel onbevoeg en minderwaardig.

- **Respek teenoor gesag**: Jou gesag in die lewe word bepaal deur jou eie bereidheid om gesag in jou lewe te aanvaar en te eer. As jy jou ouers, afrigter of onderwyser uitvang wanneer hulle 'n fout maak, sal jy nooit werklik self 'n leier kan wees nie. Sou jy egter jou ouers eer ongeag hulle foute, jou afrigters en onderwysers met respek hanteer en hulle nie ontbloot of kritiseer nie, is jou fondasie van leierskap gelê! Talle afrigters kraak ander afrigters af, maak ander sleg en probeer so om mag te bou. Wat 'n teleurstelling en dodelike strik om in te trap!

- **Optrede onder negatiewe omstandighede**: Kan jy koelkop bly of verloor jy dit? Dit wat jy doen is wat jou kinders gaan doen. Talle afrigters verloor dit meer as dikwels langs die veld of wanneer die druk te groot raak. Jy verloor ook so jou kinders se harte.

- **Toegewydheid**: Is jy reg om betyds te wees? Is jy reg om detailbewus te wees? Is jy reg om konsekwent te wees?

Is jy reg om self gedissiplineerd te lewe? Baie afrigters het geen respek vir hierdie klein dingetjies nie, want hulle staan self nie verantwoordelik daarvoor nie. Talle afrigters is die teenoorgestelde beeld van dissipline en toegewydheid. Jou kanse om 'n kind se hart ten volle te wen is skraal. Wat jy doen is wat hulle sal doen.

- **Publieke beeld**: Is jy gereed om 'n beeld van sukses uit te dra? Is jy gereed om altyd in die openbaar netjies te wees? Is jy gereed om fisiek gesond te leef? Talle afrigters is ongelukkig slordig, onnet en gee nie aandag aan hulle fisieke voorkoms nie. Hulle verwag dit van hulle atlete, maar hulle eie voorbeeld laat veel te wense oor.

Hierdie is dinge waaroor niemand regtig wil praat nie en al is dit effens ongemaklik, is dit onvermydelik! Daar moet daadwerklike riglyne vir afrigters en onderwysers gegee word, want baie het nooit geleer wat die beste metodes is nie en aanvaar dit as voor die hand liggend. 'n Voorbeeld van 'n gesprek hieroor:

"Jaco, as dit jou droom is om 'n kampioen te word, is daar sekere dinge wat jy in plek moet kry. Hoe antwoord jy jou telefoon wanneer dit lui?"

Jaco dink nie eens daaraan nie. Hy antwoord sy foon soos wat hy dit nog altyd gedoen het. Die meeste van ons weet nie eens wat die beste manier is om 'n telefoon te beantwoord nie. Baie mense is werklik ongeskik wanneer hulle hulle telefoon antwoord. Die manier waarop jy jou telefoon antwoord het 'n reuse effek op die eerste indrukke wat 'n vreemdeling van jou kry . . .

Wanneer jy so 'n klein dingetjie reg doen, groei daar trots en 'n sukses-bewustheid in jou waarvan ander mense nie bewus is nie. Navorsing toon dat jou eerste woorde wanneer jy jou telefoon antwoord nie werklik gehoor word deur die persoon wat skakel nie. Daar is 'n skrikreaksie die oomblik wanneer jy jou foon optel. Dikwels hoor die persoon wat skakel dus nie jou eerste woorde nie, behalwe as dit bekende woorde is soos "Dagsê" of "Hallo".

Omdat jy dit nou weet sal dit beter wees om nie jou naam eerste te sê wanneer jy die telefoon antwoord nie. Begin jou antwoord met 'n bekende woord soos *"Goeiemore" of "Dagsê"* en sê jou naam daarna. Nou het die persoon wat skakel genoeg geleentheid om te herstel en jou naam te hoor. 'n Goeie manier om jou foon te antwoord is dus: *"Goeiedag, dit is Jannie Putter wat praat".* Die "goeiedag" is 'n bekende woord, so as die laaste gedeelte daarvan gehoor word kan die woord in die persoon wat skakel se kop voltooi word. Wanneer jy egter jou naam eerste sê, sal jy dikwels hoor: *"Ekskuus, wie praat?"* Dit is in werklikheid 'n verleentheid vir 'n persoon om dit te vra en jy wil dit ten alle koste verhoed. Eerste indrukke bly (en ook eerste gevoelens).

Die feit dat jy jou naam sê is 'n teken van respek wat onmiddellik die persoon wat skakel in 'n goeie gesindheid sit. Wanneer jy die telefoon net antwoord met *"Hallo",* is jou antwoord deurtrek met disrespek al bedoel jy dit nie, want die persoon wat jou skakel sal moet vra: *"Ekskuus, met wie praat ek nou?"*

So is daar talle klein dingetjies (etiket) wat jy kan doen sodat jy uiteindelik sal uitstaan tussen ander. Nie omdat jy beter is as ander nie, maar omdat jy klein dingetjies beter doen as ander. Dit alles bou jou prentjie en uiteindelik jou naam. Wanneer jy jou kinders of atlete hierdie klein dingetjies leer en hulle bewus maak daarvan, leer jy hulle hoe om te wen. Om te wen beteken nie noodwendig jy is beter as ander nie . . . Om te wen beteken jy doen dinge beter as wat ander dit sal doen.

STAP 3:

Wanneer jy voor is – bly aanval!

Een van die grootste frustrasies van 'n afrigter is om jou kinders of atlete te sien presteer en voorloop en dan, wanneer hulle die laaste spykers in die kis moet slaan, hou hulle terug. Hulle slaan nie daardie spyker in nie! Dit lyk asof hulle verstar en vergeet om klaar te maak.

Skielik speel hulle versigtig en probeer om nie foute te maak nie. Hulle val nie meer aan nie, maar keer eerder. Die teenstander (wat in die moeilikheid was) is besig om te veg met mening en jy sien letterlik voor jou oë hoe die momentum draai en die vrees en wanhoop oor jou atlete kruip. Minuut na minuut en punt vir punt groei die teenstander se selfvertoue. Jy staan met jou hande in jou hare, want dit wat jou kind of spelers tot nou toe perfek gedoen het, het skielik gestop en omgeswaai in 'n wanhopige en selfbejammerende poging om net 'n enkele punt te probeer kry. Die hele wedstryd draai, die teenstanders kom terug en die uiteindelikde neerlaag is 'n vernedering. Die trane van teleurstelling stroom.

Dit is verby. Die wedstryd is agter die rug. Jy het ge-*choke*! Dit is verskriklik frustrerend en dikwels ook bale vernederend, veral onder kinders. Die waarheid is dat die kind of atleet nie geweet het hoe om voor te loop en die "spyker in die kis te slaan nie".

Dit is 'n manier van dink wanneer jy voorloop – jy moet leer om die doodskoot te skiet! Die oomblik om te kan wen word dikwels ingesluk deur 'n vrees om te verloor. Alles word bepaal deur jou korrel of fokus:

a) jy kan fokus op dit wat jy graag wil doen; of

b) jy kan fokus op dit wat jy nie wil doen nie en wat jy probeer om te vermy.

Die wedstryd begin. Jy val aan en jou aanvalle is suksesvol. Die momentum swaai in jou guns. Die teenstander is op sy agtervoete, raak negatief en begin homself slegsê. Alles is perfek – jy teken punte aan en jy loop voor.

Jy maak 'n klein foutjie. Jy wil nou net nie jou voorsprong opgee nie. Jy speel nie meer vry nie, maar eerder versigtig. Jou ritme is skielik nie meer so gemaklik nie. Dit voel amper asof jy net te vinnig speel. Jy wag nie meer vir die hou om op jou raket te kom nie en jy slaan hom te vroeg. Jou balle begin skielik agter uitvlieg (jy slaan hulle te lank). Jou voete staan stil, want jy maak te vroeg reg vir die bal. Jou balans op jou houe is uit. Jy probeer alles moontlik net om die bal nie uit te slaan nie. Jy begin sny, want as jy voluit slaan is jou bal of in die net of agter uit. Die teenstander speel vry, hy maak sy houe. Jy kan nie verstaan nie. Dit is asof hy nie omgee nie. Hy is gelukkig. Jy twyfel skielik. Moet jy wag of moet jy vroeg speel? Jou grootste vrees word bewaarheid. Jy verloor jou afslaan. Die teenstander is gelukkig en hy groei in selfvertroue.

Hoe stop jy dit?

Die antwoord: Diamantroetines! Raak rustig. Haal diep asem. Stap stadiger. Gebruik jou tyd voor jy begin speel. Stap na jou handdoek en vee jou gesig af. Begin om saggies en verbaal met jouself te praat. Glimlag en sê saggies: *"Here, ek geniet hierdie oomblik. Ek is so dankbaar dat ek kan speel. My voorhand is my lekkerste hou. Dis lekker om te wag en met ritme te slaan. My tydsberekening word elke oomblik beter. Tennis is maklik en lekker. My voete voel lig en ek het tyd. Ek gaan die sneller trek op die regte tyd en as hy tref – dan lê hy."*

Jy verander jou gedagtes met woorde! Jy praat wat jy hoop om te sien. Jy weier om die realiteit (dit wat tans gebeur) te praat. Jy bly koelkop. Jy lag vir jouself, want dit wat jy sê is vir seker nog nie die waarheid nie. Jy besluit om vir 'n groot hou te gaan. Jy wag geduldig en wanneer die geleentheid kom, slaan jy die hou met alles wat jy het. Jy is nie bang om hom uit te slaan nie. As hy uit is, is dit oukei. Jy verwag om hom in te slaan.

Dalk is die hou uit of dalk is hy in die net – die uitslag maak nie nou saak nie. Jou fokus is al waaroor dit gaan. Die fokus is om jou ritme en jou vryheid terug te kry. Die voorwaarde daarvoor is dat jy moet wag voor jy die sneller trek! As die bal uit is, sê jy vir jouself: "*Dit was amper. Hy gaan nou kom*". As die hou in is, sê jy: "*Ja man, jy weet mos jy kan*". Jy probeer nie om die punt te vat nie. Jou doelwit is om die bal in die spreekwoordelike skroewe te slaan. Dit is asof jy met 'n geweer korrel op 'n bok se blad en die visier moet vassuig voor jy die sneller kan trek. Wanneer hy vassuig druk jy die sneller en jy sien hoe die bok kantel.

Die voorwaarde vir die trek van die sneller is dat jy moet wag. As jy die bal vroeg slaan, tel dit nie. Jy moet die bal hard slaan, nie vroeg nie!

Die hoofgedagte is om aan te val met akkuraatheid en kalmte. Trek die sneller (skiet die skoot) al is dit mis. Hoe meer jy die sneller trek, hoe meer gaan jy weet **wanneer** om hom te trek. Jy kan dit net leer as jy skiet en skiet en skiet. Daar is geen manier waarop jy kan leer wat die perfekte oomblik is as jy nooit die sneller trek nie. Jy kan nie altyd wag vir die perfekte oomblik nie, want voor jy jou oë uitvee is die bok weg. Wanneer jy die sneller trek, beteken dit die teenstander moet koes. As die skoot in die net is, maak dit hom nog steeds onrustig, want jy wys iets wat moeilik is om te hanteer; jy wys jy is bereid om kanse te vat. Jy wys jy is vreesloos. Jy wys jy kan wag. Jy wys jy is koelkop en om teen iemand te wen wat koelkop is, is baie moeilik!

Een of ander tyd tref 'n skoot, en al is dit nie altyd 'n dood-skoot nie, word dit lekker om die sneller te trek. Stelselmatig draai jy die gedagte van aanval (wat in die teenstander se kop gekom het toe hy agter was) weer in jou guns. Sodra 'n teenstander begin versigtig speel (koes), het jy meer en meer tyd om die sneller te trek.

Maak vrede daarmee dat elke skoot nie gaan tref nie. Die voorwaarde is om te wag en 'n baie harde hou te slaan, nie 'n vinnige hou nie! Wees rustig . . . wag . . . wag . . . en wanneer die oomblik hom wys, trek die sneller.

Die vinnigste manier waarop jy iemand se fokus verander van aanval na verdedig is wanneer jy gelukkig is. Dit beteken jy gee alles. Jy het waagmoed en durf. Jy wag geduldig en wanneer jy iets doen hou jy niks terug nie. Jy doen dit met oorgawe. Jy soek daardie *lucky break* of gelukskoot wat so dikwels 'n wedstryd kan draai. Wanneer jy gelukkig is – geniet dit. As jou geluk nie in daardie wedstryd kom nie, kan jy ten minste nie sê jy is spyt omdat jy nie probeer het nie, want dan het pret gehad en ervaring opgedoen om beter te weet wanneer om die sneller te trek.

Wanneer jy 'n vrees om foute te maak ervaar, moet jy begin praat. Jou woorde is dan die woorde van 'n aanvaller.

Om te wen is amper soos visvang. 'n Ervare visserman weet hoe styf sy lyn kan span. Jy gooi die aas aan die hoek in die water, die vis vat die aas en hy byt die hoek vas. Nou moet die lyn styf gehou word anders kom die hoek uit die vis se bek. Jy begin die vis inkatrol so vinnig jy kan. Wanneer die vis besef hy is in die moeilikheid, begin hy met mag en mening spartel (dit is wanneer 'n teenstander daardie gelukskote kry).

Die ervare visserman weet hy moet nou bietjie lyn gee en met die vis speel, want dan sien jy hoe die vis sy energie en krag uitveg omdat hy benoud en wanhopig is. Wanneer hy skielik met groot krag en vaart veg en probeer om die lyn te breek, laat jy hom hardloop, maar hou die spanning in die lyn. As jy die spanning in die lyn hou kom die vis baie vinnig op 'n punt waar hy skielik oorgee. Hy besef hy gaan nie die lyn kan breek nie en dit is wanneer sy moed breek. Wanneer jy voel 'n vis se moed is gebreek, is dit maklik om hom in te katrol tot in jou net.

'n Dwase visserman wil die vis so vinnig moontlik in die net kry. Hy katrol met al sy krag en so vinnig hy kan. Hy betrap dalk die vis onkant en hy wen so paar katrolle, maar skielik veg die vis met 'n desperate poging terug. As jy nie die vis toelaat om te hardloop op daardie oomblik nie, gaan die lyn styf span en rek, en as die vis sterk genoeg is, hoor jy 'n klapgeluid. Dan is jou lyn morsaf, die vis is weg en die lyn hang slap. As jou lyn natuurlik sterk genoeg is sodat die vis dit nooit kan breek nie, beteken dit maar net jy is heeltemal te sterk vir die teenstander. Dit is hoe die lewe en kompetisie werk.

Leer jou kinders hierdie storie. Hulle moet verstaan hoe dink 'n visserman en hoe dink die vis. Dink wat gebeur in 'n teenstander se gedagtes wanneer hy agter is. Hy word wanhopig en bang (soos die vis) en hy begin veg vir lewe en dood. Hy gaan kanse vat en sommige van hulle gaan werk. Hy mag dalk 'n punt of twee by jou vat. Dit mag egter nie veroorsaak dat jy jou strategie van aanval verander en begin verdedig nie. Jy kan nie verander in die vis en die teenstander word die visserman nie. Jy bly die visserman wat met die vis speel omdat jy jou lyn ken.

Dit gaan alles oor vertroue; nie vertroue in jou vermoë om te wen nie, maar vertroue in jou vermoë om die vaardighede wat nodig is suksesvol te kan uitvoer. Jy moet (in die vergelyking van die visserman en die vis) dus weet jou lyn is sterk genoeg om die vis te vang. 'n Slim en ervare visserman kan met 'n baie ligte lyn 'n groot vis vang. Dit is die kuns van wen.

Hierdie manier van dink is iets wat jy deurentyd moet oefen. Leer om die vis in te bring met wysheid. Die plan is om met die vis te speel totdat hy moed verloor. As jou lyn sterk genoeg is, moet jy die vis inkatrol sonder seremonie. As dit 'n groot vis is en jy nie seker is of jou lyn sterk genoeg is nie moet jy dit met meer geduld doen . . . stadig, maar seker. Jou fokus bly om die vis te vang. Die grootste oorwinning van 'n visserman is wanneer hy 'n vis se moed kan breek al kon die vis die lyn breek. Die sleutel is dat jy die lyn moet styf hou. Net styf genoeg dat die lyn nie breek nie.

Jy moet aanval – dis hoe jy die lyn styf hou. As jy terughou of bang is beteken dit jy laat jou lyn slap word en is die kans dat die vis die hoek gaan uitspoeg baie groot. Aan die ander kant is dit dan ook heelwat makliker vir die vis om met 'n skielike vaartversnelling die lyn te breek. Hou die lyn styf!

Beloon jou kinders wanneer hulle dinge waag, want jy wil hê hulle moet kanse vat. Die grootste fout wat afrigters maak is om kinders te leer om veilig te speel wanneer hulle voorloop, maar dit sal veroorsaak dat jou lyn slap word en beteken dat jy bang is dat jou lyn gaan breek. Verloor liewers 'n groot vis omdat jou lyn gebreek het, dalk as gevolg van 'n gebrek aan ervaring, eerder as wat jy die groot vis verloor omdat jy bang was die lyn breek en jy hom toegelaat het om die hoek uit te spoeg.

Dit waarop jy fokus is waarheen jou liggaam sal gaan (Spreuke 10:24). In soveel kinders se gedagtes is hulle teiken om nie foute te maak nie en om nie te verloor nie. Dit is nie wys nie, want jou teiken word dan juis **verloor en jy maak foute!** 'n Wyse mens se teiken is om punte aan te teken en om kanse te vat (die doodskoot te gee).

Oefen jou kinders of atlete, soos wat hulle meer en meer volwasse raak, dat hulle bewustelik hulle vrees om te misluk moet vernietig met die woorde van hulle mond. Maak 'n opmerking soos: "*Moet nou net nie 'n fout maak nie . . .*" of "*Kyk hoe vat ek nou hierdie wedstryd by jou*". Die doel van die opmerking is om hulle gedagtes te probeer manipuleer. Hulle moet dan skerp genoeg wees om dit te breek met hulle reaksie hierop. Iets soos: "*Moenie worry nie, Coach – hou my dop . . .*" of "*Kyk hoe skiet ek die doodskoot, Coach*".

STAP 4:

Leer jou kinders of atlete hoe om vas
te byt en te veg as hulle agter is:

Om agter te loop is iets wat baie kinders of atlete vrees, maar om agter te wees, is in werklikheid makliker as om voor te loop. Om voor te loop sit baie meer emosionele druk en spanning op jou en is 'n baie groter uitdaging as om te verloor. Die kind of atleet wat nog nie gebrei is deur ervaring nie, gooi makliker tou op in 'n situasie waar 'n teenstander vroeg voorloop. Die meer ervare kind of atleet weet al dat om vroeg voor te loop geensins die wedstryd bepaal nie. Dit is baie moeilik om teen iemand te speel wat nie bereid is om te gee nie, maar ervaring leer jou dat as jy soms net 'n bietjie langer aanhou, die momentum van die wedstryd kan draai. Hoeveel keer in die geskiedenis het die persoon wat agter geloop het in die begin uiteindelik die wedstryd of kompetisie gewen? 'n Uitstekende voorbeeld hiervan is die oorwinning van die Springbokrugbyspan in die 2019-Wêreldbekertoernooi. In hulle eerste wedstryd kry hulle 'n pakslae teen die hoog aangeskrewe All Blacks. Omdat hulle nie hulle moed verloor het as gevolg van daardie neerlaag nie, het hulle aangegaan en uiteindelik die Wêreldbekertrofee bo-kant hulle koppe gelig. Nog 'n voorbeeld was die Blitsbokke se wedstryd in die finaal van die Los Angeles- sewesrugbytoernooi in 2020. In die finale wedstryd teen Fidji loop die Blitsbokke agter met 'n telling van 19 – 0 en net 'n paar minute se speeltyd oor. Hulle weier om op te gee en uiteindelik lig hulle die trofee bokant hulle koppe as kampioene van die toernooi!

Soms voel jy soos die vis met die hoek in die bek, want jy moet veg vir lewe en dood. Dan veg jy! Breek die lyn of raak ontslae van die hoek. Draai die rolle om! Word jy die visserman. Gooi jy die aas met die hoek. Vang jou vis!

Die hele lewe is so. Daar sal altyd aanloklike aas wees met die doel om ons te vang. Nie net op die sportveld nie, maar ook in ons daaglikse lewe. Ons word dikwels gevang deur die aas van drank, seks, dwelms, rykdom en wellus, veral as ons jong en onervare is. Wanneer jy gevang word, moet jy veg vir lewe en dood, want as jy opgee word jy 'n slagoffer van die lewe. Maar as jy aanhou veg en vasklou, word jy 'n oorwinnaar!

Hoe leer 'n mens veg? Die beste plek om te leer is wanneer jy geen agterdeur het om by uit te glip nie. Dit beteken daar is geen alternatief behalwe om te wen nie! Dit is letterlik lewe of dood. Bitter min van ons sal in so 'n situasie beland waar jy letterlik moet veg om te bly lewe. Vir die mense wat daar was en nog lewe om daaroor te praat, is dit baie duidelik: Jy het **een** kans en jy gee alles wat jy het, want as jy nie nou alles gee nie, is dit ook die einde van jou lewe.

Vir die meeste van ons is die lewe 'n spel – 'n kompetisie waar jy nie jou lewe verloor as jy verloor nie. Jy verloor net 'n wedstryd of aansien of status of geld. Ons lewe in 'n wêreld waar jy tweede kanse kry en as jy so 'n kans kry moet jy veg met behulp van die ervaring wat jy in die eerste neerlaag opgedoen het. As vrees sy voelers in jou insteek, word jy verlam; as veglus egter opvlam, word jy sterk. Veglus is 'n gesindheid wat jy kweek en jy kan net iets kweek deur dit te plant en te voed (te oefen).

Wanneer jy agter is (wanneer iemand anders jou inkatrol met 'n hoek in jou mond) moet jy jou oomblik reg kies – en veg. Jy moet die lyn breek met alles wat jy het en jouself indink dat dit vir lewe en dood is. As die spreekwoordelike agterdeur oop is, is dit maklik om op te gee. Jy moet besluit dat geen visserman (teenstander) se lyn sterk genoeg is om jou in te katrol nie. Hoe ouer, groter en slimmer jy word, hoe beter gaan jy weet wanneer om die lyn uit te spoeg op die regte oomblik of watter oomblik om te kies om die lyn te breek.

Mense soek sekerheid en ons word van kleins af geleer om situasies van onsekerheid te vermy. Kinders is bang om kanse te waag in sulke situasies (kompetisies) en wil nie meer dinge probeer as hul nie seker is hul gaan suksesvol wees nie. Daar is 'n groot agterdeur oop waarby hulle kan uitglip. Ons maak ons kinders versigtiger en versigtiger groot, want ons opsies (agterdeure) word meer en meer.

Kinders word nie bang gebore nie; hul word bang gemaak deur al die "moets" en "moenies" van kleins af. Kinders word bang gemaak deur die realiteit van televisie en internet. Kinders is meer bang vir die emosionele vernedering en verkleinering wat aan die orde van die dag is as wat hulle bang is vir 'n fisiese uitdaging. Baie talentvolle jong kinders is te bang om hulle beste te gee omdat verkleinering en boelie deel geword het van ons skoolsisteem. Die hartseer is dat baie nooit hul talente sal ontdek nie omdat hulle nie wil kanse waag nie.

Die kompetisiefaktor en wenelement, veral op laerskool, het dramaties toegeneem. Die pret het verdwyn en die fokus het geskuif na status en oorwinning ten koste van kinderharte. Die wêreld het een fokus: kitssukses! Die gemak van ons lewens veroorsaak dat ons die proses wat met sukses gepaardgaan probeer systap. Ouers, onderwysers en afrigter wil kinders in kampioene verander voor hul enigsins emosioneel, en ook fisies, daarvoor reg is.

Dis maklik om 'n kampioen te wees, veral op laerskool, want as jy talent het en lekker vroeg in die jaar gebore is, is jou kans soveel beter. Om 'n kampioen te bly, is egter die uitdaging. Almal gaan tegnieke leer en DIE beste toerusting op die mark koop, maar karakter kan jy egter nie koop nie – karakter ontwikkel jy net deur aan te hou veg.

Wanneer 'n kind deur uitdagings gaan, teleurstellings beleef, daar onregverdig teenoor hom opgetree word, hy die hartseer van om sy beste te gee, maar nog steeds nie wen nie, beleef en ervaar, ontwikkel sy karakter! Kinders wat leer om te veg, vas te byt en tot op die einde hul beste te gee ontwikkel baie vinniger met tyd en ervaring karakter as die wat dit nooit leer en toepas nie. Wanneer jy trots is op hoe jy iets gedoen het, meer as wat jy fokus op die uitslag van die kompetisie, begin die lewe ook meer sin maak.

Wanneer jy trots is op wat jy doen en hoe jy dit doen sal jy uit die aard van die saak ook die beste uit jou teenstander na vore bring. Dit is die hart van kompetisie. Dit is altyd moeilik om teen iemand te kompeteer wat nie bereid is om op te gee nie. Die uiteinde van so 'n kompetisie is trots en eer. Jy weet jy was in 'n geveg. Dis in gevegte waar kampioene gebore word, want kampioene word gevorm in die hitte van die oomblik. Jy word nie 'n kampioen op die kantlyn of omdat jy die duurste en mooiste toerusting het nie; jy word 'n kampioen as jy inklim in die arena en wanneer jy leer om te veg teen die beste.

'n Verloorder soek 'n maklike oorwinning of gooi maklik tou op. Dis iemand wat ander ook laat voel soos 'n verloorder, veral wanneer hy wen. 'n Verloorder gee net sy beste wanneer hy voorloop en weet hy gaan wen . . . Wanneer hy agterloop, word hy vinnig negatief, blameer homself en neem verant-woordelikheid vir alle foute. 'n Verloorder gee geen krediet aan 'n teenstander wat hom uitoorlê nie, maar gee liewers op voor iemand hom kan wen. Aan die einde wen hy eintlik teen homself, want vir 'n verloorder is 'n neerlaag 'n baie persoonlike vernedering omdat dit sy waarde as mens bepaal. Hy dink dat as hy nie wen nie, hy waardeloos is omdat alles altyd oor hom gaan. Die atmosfeer van so 'n wedstryd laat uiteindelik 'n suur smaak in jou mond, want daar is geen eer daarin om teen so 'n verloorder te wen nie en dit is amper meer as 'n verleentheid as wat dit 'n geleentheid is.

Iemand wat geleer het om te kan veg wanneer hy agter is, hou **nooit** op nie. Hy hou aan om sy beste te gee tot op die einde en sy veggees gee eer aan die wedstryd en ook eer aan 'n teenstander wat hom kan uitoorlê. Wanneer 'n kampioen nie wen nie, speel hy nog steeds met trots.

Om iemand te leer veg is 'n ingesteldheid. Simuleer situasies waar hy reeds agter is. Sê vir jou kind of atleet: "*Jy is nou vyf – twee agter. Dit is die finale stel. Kom ons kyk wat jy kan doen.*"

'n Groot rede waarom kinders of sportlui dikwels nie hulle agterloop kan omdraai na 'n veg-vir-lewe-en-dood-gesindheid nie, is omdat hulle reeds geestelik die handdoek ingegooi het. Jy moet glo dat jy enige tyd, al lyk dit amper onmoontlik, die kaarte kan omdraai.

Geloof om te glo jy kan, is een van die belangrikste take van 'n afrigter. Ware verhale kweek geloof en getuienis inspireer ander. Gaan op YouTube en laai video's af waar ander suksesvol was omdat hulle geweier het om op te gee. Kyk en lees die verhale van kampioene wat 'n amper onmoontlike agterstand uitgewis het om uiteindelik die oorwinning te behaal. Vertel vir jou kinders van mense wat hierdie veggesindheid openbaar het en waar hulle uiteindelik legendes geword het. Dit sal hulle inspireer om dieselfde te doen. Voor jy die arena betree moet jy weet dat opgee nooit 'n opsie is vir jou nie en dat jy met trots en vol energie sal veg en speel soos 'n ware kampioen.

17

Visualisering:
Jy kan nie daarsonder nie.

Wat is visualisering?

Daar word oor die algemeen in Afrikaans verwys na visualisering as 'n breinoefening wat die bewustelike gebruik van jou verbeelding veronderstel. Dit is 'n doelgerigte en bewustelike aksie waar jy jou verbeelding gebruik om in die afwesigheid van die fisiese situasie, jouself in jou geestesoog (*mentally*) in 'n situasie te plaas deur daaraan te dink.

Alhoewel die meeste mense dink dat visualisering net werk op jou verbeelding (dit wat jy in jou geestesoog kan sien), het navorsing getoon dat jy met inoefening baie meer as net jou gedagtes betrokke kan kry. Die mens se brein is so kragtig dat jy deur middel van gereelde visualisering uiteindelik jou gehoor, smaak, gevoel en selfs reuksintuig kan aktiveer om 'n fisiese situasie te simuleer in die afwesigheid daarvan.

In haar uitstekende boek, *Switch on Your Brain*, verduidelik Dr. Caroline Leaf hoe visualisering nie net veranderinge in jou breinaktiwiteite nie, maar ook in jou fisiese liggaamsaktiwiteite kan veroorsaak. Deur bewustelike keuses uit te oefen tydens visualiseringsoefeninge van dit waaraan jy dink, kan jy die af-skeiding van endorfiene deur die liggaam verander van gif (die resultaat van vrees) na energie en krag (die keuse om sukses en herstel te sien). Die fisiese reaksie van die liggaam kan op grond van dit wat jy bewustelik kies om in jou brein te sien, deur ge-reelde oefening beheer word. Haar sukses in die behandeling van kankerpasiënte, gebaseer op hulle bewustelike keuse van wat hulle visualiseer, is opspraakwekkend.

Verdere navorsing toon dat visualisering die volgende voordele het:

- Dit verbeter jou fisiese prestasies.

- Dit verbeter jou uithouvermoë.

- Dit verbeter jou konsentrasie in die hitte van die oomblik.

- Dit verbeter jou energievlakke.

- Dit het 'n positiewe effek op die vermindering en voor-koming van beserings.

- Dit het 'n positiewe effek op jou inherente positiewe energie.

- Dit het 'n positiewe effek op jou algemene ervaring van vreugde (joy) in sport en kompetisie.

- Dit verlaag angsvlakke in kompetisie.

- Dit verbeter jou herstelvermoë na 'n besering.

- Dit verhoog die herwinning van selfvertroue na 'n ervaring van 'n neerlaag of mislukking.

Elke vorm van kompetisie het meer as net 'n fisiese element om te bemeester. Die verstandelike en geestelike element of ingesteldheid vorm uiteindelik die kern van kompetisie. Prestasies word meer beïnvloed deur iemand se geestesingesteldheid as sy fisiese vermoë. Deur die geskiedenis heen het duisende afrigters en atlete die stelling bevestig: *"80% van sukses tydens kompetisie is die gevolg van jou vermoë om geestelik sterk te wees*

en wyse besluite te neem, terwyl 20% van jou sukses uiteindelik
bepaal word deur jou fisieke vermoë."

Let wel: 20% word bepaal deur jou fisieke vermoë. Sonder talent (fisieke vermoë) is jou kanse skraal om dit te maak tot bo. Almal wat deelneem, het 'n mate van talent. Talent is uiteindelik 'n gelykmaker terwyl karakter en geestelike taaiheid jou sal vat tot bo.

In sportsoorte waar 'n breukdeel van 'n sekonde die verskil tussen 'n oorwinning en 'n neerlaag beteken, is dit daardie ekstra bietjie geloof in die hitte van die oomblik wat uiteindelik daardie klein verskil maak tussen die goue medalje en die silwer medalje. Dit is een asemteug of een tree. Dit is vir die een wat langer sal veg.

Hoe meer tegnologie atlete se fisieke vermoëns op 'n gelyke vlak bring, hoe meer besef afrigters dat die geestelike en verstandelike kant van kompetisie die area is waarin atlete moet groei. Ons verstaan nog net sommige dele daarvan en kan met beperkte ervaring gesels oor die krag van geloof en selfvertroue. Die realiteit is dat ons op 'n ontdekkingsreis is om die krag van ons denke en ons geloof te beleef. Daar bestaan nie grense nie. Die vraag is hoe groot is ons geloof?

Die oogmerke van visualisering:

- visualisering met die oog op die **bemeestering** van spesifieke **vaardighede** en tegnieke;

- visualisering om **selfvertroue** te verbeter;

- visualisering om die **beste besluite** in die hitte van die oomblik te maak;

- visualisering om **angsvlakke te beheer;**

- visualisering om **hoë intensiteit oefensessies** te verseker;

- visualisering om **positiwiteit en geestelike taaiheid** te verbeter tydens die **herstel van beserings**; en

- visualisering om **situasies van druk te hanteer** (groot skares, ensovoorts).

Daar is sekerlik nog vele ander situasies wat deur visualisering oorkom of vergemaklik kan word. Wanneer jy kyk na die lysie hierbo is die vraag: **Hoeveel tyd maak afrigters of onderwyser om hierdie essensiële aspek van voorbereiding in hulle program in te werk?** Word dit nie dalk deur die meeste afrigters vermy omdat hulle nie werklik weet hoe om dit te doen nie?

Dit is baie eenvoudig: Hoe meer jy dit doen (inoefen), hoe beter word jy daarmee. Dit word algemeen aanvaar dat elke kind of atleet maar self verantwoordelikheid moet vat daarvoor, maar juis nie. Jy kan dit nie langer oorlaat in die hande van jou kinders of atlete nie, want hulle weet ook nie hoe nie. Dit is jou taak om hulle hierin te oefen. Dit is daardie sleutel (*edge*) waarna almal soek.

Hoe visualiseer 'n mens?

Daar is nie net een spesifieke manier waarop visualisering gedoen kan word nie. Dit hang af van die situasie, die atleet en die afrigter. Die tydsduur van visualisering is ook nie voorskriftelik nie en kan enige iets van 'n paar sekondes tot 'n paar minute duur. Jy kan dit doen terwyl jy staan, sit of lê. Jy kan dit doen met jou oë oop of toe. Hoe beter jy word met visualisering, hoe makliker kan jy dit toepas, selfs binne 'n wedstryd of kompetisie. Jy kan visualisering beoefen op 'n stil en rustige plek, of jy kan dit doen in die middel van die veld te midde van 'n oorverdowende skare.

Die belangrikste is dat jy jou kinders en atlete moet leer hoe om visualisering te beoefen. Onthou: Hoe meer jy dit doen, hoe makliker word dit. Visualisering gaan oor jou vermoë om prentjies in jou kop te vorm van aksies of situasies voor dit fisies plaasvind. Sommige mense is beter daarmee as ander, maar dit is 'n vaardigheid wat jy kan oefen. Sommige mense kry dit vinnig reg om hulle ander sintuie soos gevoel, gehoor en reuk deel te maak van visualisering, terwyl ander bietjie langer neem om dit reg te kry. Daar is heelwat riglyne om visualisering te verbeter.

Visualisering is een van die belangrikste voorbereidings-tegnieke in enige sport, maar selfs in ons huidige era is dit steeds 'n aspek wat met groot onsekerheid deur afrigters benader word. Baie afrigters sal hulle atlete aanraai om dit te doen, maar dit vorm nooit deel van hulle formele afrigting nie. Dalk dink afrigters dat die kinders of atlete vir hulle sal lag wanneer hulle dit doen? Dalk is hulle bang om te gaan waar alles nie fisies en sigbaar is nie, dus verstandelik en geestelik? Wie weet? Hier volg 'n voorbeeld van visualisering vir 'n rugbyspan voor 'n oefensessie waar die doelwit die voorbereiding vir 'n intense en hoë kwaliteit oefening is:

Afrigter:

"Goed, manne, kom ons kom reg vir vanmiddag se oefening. Almal plat op die rug, hande langs die sye en oë toe. Haal lekker diep asem en ontspan jou liggaam. Voel hoe jou liggaam swaar word en plat op die grond druk. Voel hoe jou enkels, kuite, knieë, bene, sitvlak, heupe en maag ontspan . . . voel hoe jou maag amper deur jou rug sak tot op die grond. Voel hoe jou skouers ontspan . . . jou borskas . . . Wanneer jy stadig en rustig asemhaal, haal met jou maag asem, nie met jou bors nie. Voel hoe jou boarms ontspan, jou voorarms en jou hande. Voel hoe jou nek ontspan, jou gedagtes . . .

Nou wil ek hê jy moet jouself sien in vandag se oefening. Ek wil hê jy moet sien hoe jy dit wat jy vandag gaan doen voluit en akkuraat doen met 'n vonkel in jou oog. Sien hoe jy jou maats motiveer en inspireer. Sien hoe maklik maak jy 'n fout reg – jy glimlag . . . Geen probleem. Sien hoe dinge werk, hoe julle as 'n span saamwerk en die beste uit mekaar bring. Sien 'n high-five nadat julle 'n beweging gedoen het. Sien hoe ander kinders langs die veld met groot oë staan en kyk hoe julle oefen. Ander wens hulle kan deel wees van julle span.

Haal lekker diep asem. Voel die opgewondenheid in jou liggaam en weet wanneer ons klaar is vanmiddag gaan jou liggaam moeg wees, maar jy gaan trots wees. Word lus vir die oefening – vandag meer as gister . . . Haal lekker diep asem. Sê nou vir jouself in jou gedagtes: 'Ek sien uit. Ek gaan dit great doen. Ek is 'n kampioen.' Haal lekker diep asem en maak julle oë nou stadig oop. Oukei, manne, laat ons begin."

Die totale tydsduur van hierdie oefening is ongeveer drie tot vyf minute – drie tot vyf minute wat 'n hele oefensessie se krag en waarde kan verdubbel. Wie weet watter deur hierdie oefening nie dalk vir jou en jou span oopsluit vir die toekoms nie . . .? Gebruik elke dag 'n paar minute van jou oefentyd vir visualisering. Maak dit 'n gewoonte. Natuurlik gaan dit vir sommige kinders snaaks wees aan die begin, want mense is nie bekend hiermee nie. Verduidelik die doel en die effek van visualisering aan jou kinders en atlete en vra hulle of hulle dit wil doen. Sodra elkeen homself persoonlik hiertoe verbind, is die eerste stap gegee. Hierna behoort almal te verstaan wat visualisering beteken. Dit moet deel word van jou kultuur deur dit deel te maak van elke oefensessie. Later kan jy jou kinders of atlete opdrag gee om persoonlik aan spesifieke aspekte te gaan werk by die huis – *mentally*. Dis 'n belangrike stap in die proses om 'n totale afrigter te word!

Talle studies het ons by 'n punt gebring waar daar onteenseglike bewyse is dat visualisering prestasie verbeter. Dit het baie meer voordele as wat ons dink en hoef nie 'n lang oefening te wees nie.

Visualisering speel 'n uiters belangrike rol in die sukses van jou kinders of atlete. Jy kan dit nie meer opsy skuif omdat dit ongemaklik voel, of net ligweg noem en hoop dat jou kinders of atlete dit self sal doen nie. Dit is iets wat elke afrigter moet deel maak van sy afrigting. Dit is 'n deel van die avontuur van die proses om kampioene te ontwikkel. Dis heerlik en dit werk en jy kan nie fout maak om dit te doen nie.

18

Sosiale media: Wees gewaarsku!

Dis 'n dodelike virus, en het gekom om te bly. Die krag daarvan is groter as wat ons ooit kan dink. Multimiljoenêrs word oornag gebore en met die aanloklikheid daarvan is dit amper onweerstaanbaar. Dit is soos 'n magneet wat jou trek . . . nog net één keer meer . . .

Mense pleeg selfmoord en hulle dink hulle verander in helde. Die monster agter sosiale media is besig om homself te ont-bloot. Die wêreld voer hierdie monster elke dag. Hy word groter en groei teen 'n onbeheerbare tempo. Hy verander mense se rasionele denke en bepaal nuwe gewoontes (tendense). Hy be-sluit wat die belangrikste nuus is, vorm opinies en beheer die emosionele welstand van derduisende mense. Sosiale media kan jou maak en dit kan jou breek in een oomblik. Die effek daarvan is ver groter as wat enige een van ons kan dink.

Wat is lekkerder as om te weet jy kan 'n invloed uitoefen op die gedagtes, die waardes en die opinies van ander? Wat 'n magtige gevoel wanneer iemand wat in sy eie lewe niksseggend is met een *tweet* 'n sportheld of 'n invloedryke persoon kan kelder. Almal van ons het 'n begeerte om betekenisvol te voel en dit kan op verskeie maniere verkry word. Dit is fassinerend om te sien wat ander betekenisvol laat voel.

- Sommige vind betekenis wanneer hulle aan 'n groep kan behoort, soos 'n kerk, bende, weerstandsbeweging, organisasie, ensovoorts.

- Sommige vind betekenis in rebellie – om dit wat goed is teen te staan, soos kriminele en opstokers.

- Sommige vind betekenis in hulp aan ander, soos welsynswerkers, reddingswerkers, sendelinge, ensovoorts.

- Sommige vind betekenis om 'n nuwe opinie te vorm, soos politici, ontwerpers, argitekte, ensovoorts.

- Sommige vind betekenis in kompetisie, soos sportmanne en kunstenaars.

- Sommige vind betekenis daarin om ander te laat asem ophou, soos waaghalse, mense wat ekstreme-sport beoefen, ensovoorts.

- Sommige vind betekenis om ander se lewens te beïnvloed, soos onderwysers, predikante en afrigters.

- Sommige vind betekenis in die gee van hulle opinie, soos kommentators en televisie-aanbieders.

- Sommige vind betekenis daarin wanneer hulle ander kan ontbloot as swakkelinge, soos boelies en skindergroepies.

- Sommige vind betekenis in afhanklikheid (verslawing, armoede, siekte, hulpeloosheid, boemelaars).

- Sommige vind betekenis in finansiële rykdom (dwase).

- Sommige vind betekenis in mag (politici, besighede, bestuur).

- Sommige vind betekenis in vermaak, soos akteurs en kunstenaars.

- Sommige vind betekenis in voorsiening, soos boere, ontwerpers, entrepreneurs, ensovoorts.

- Sommige vind betekenis in herstel en bou, soos ontwikkelaars, ambagslui, kunstenaars, ensovoorts.

- Sommige vind betekenis in oorlewing, soos avonturiers, pioniers en reisigers.

- Sommige vind betekenis daarin om ander te beskerm, soos soldate, brandweermanne, navorsers, ensovoorts.

- Sommige vind betekenis daarin om ander te koester en genees, soos dokters, mediese personeel, lewensredders, ensovoorts.

- Sommige vind betekenis in vernietiging, soos oproermakers, bendes en kriminele.

- Sommige vind betekenis in die verkondiging van 'n geloof, soos predikers, gospelsangers, ensovoorts.

- Sommige vind betekenis in uiterlike vertoon (liggaamsbouers, modelle).

- Sommige vind betekenis in hulle verhouding met God.

Daar is talle maniere waarop mense betekenisvol voel en een van die mees populêre maniere deesdae is wanneer iemand hulle *like* of *follow* op 'n sosiale mediaplatform. Mense het 'n intense begeerte om deur ander raakgesien te word.

Die meesterbreine agter sosiale media het indiepte-studies en kennis van menslike gedrag. Die uiteindelike mikpunt van sosiale media is om die mensdom te beheer en mense se keuses te bepaal. In 2019 het statistici beweer dat daar ongeveer elke 40 sekondes iemand selfmoord pleeg. Die toename in selfmoorde is betekenisvol vanaf die ontstaan van sosiale media. Sosiale media voed een van die belangrikste behoeftes van die mens: Om te behoort en om betekenisvol te voel.

Wat het sosiale media dan te doen met afrigting, opvoeding en professionele sport? Sosiale media het groter geword as enige sport, enige oorlog of enige mag op hierdie planeet. Sosiale media het die massa van die wêreld aan die beweeg.

Hierdie boek gaan oor die sielkunde agter afrigting, onderrig en opvoeding. Net 'n dwaas sal die impak van sosiale media op die harte van ons kinders en ons sportsterre ontken of misken. Dit kan jou in 'n oomblik maak of breek en vorm mense se waarheid, persoonlike waarde en opinies, ervarings, emosies, hoop en realiteit.

Sonder dat ons dit sien kom het, het ons 'n monster gekweek wat só groot geword het dat die hele wêreld sy slaaf geword het en hom nou moet voer. Behalwe vir dié wat wys genoeg is om nie sy slaaf te wees nie.

Almal van ons het iets in gemeen: Ons kan kies waarop ons ons energie (emosioneel, fisies, intellektueel en geestelik) spandeer! Die lewe gaan oor energiespandering en die vyand (Satan) se grootste begeerte is om beheer te kan uitoefen oor die energie van elke mens. Vryheid van keuse is aan ons gegee, maar wanneer ons slawe word van die wêreldse sisteem gee ons daardie vryheid weg. Elke verslaafde sal jou dieselfde storie vertel: Hy sal graag wil ophou, maar hy kan nie, want sy wil is gebreek. Dit is waarom hy 'n slaaf (verslaaf) is aan iets waarvan hy vroeër in beheer was.

Wat laat jou betekenisvol voel? Het jy nog vryheid van keuse of is jy dalk 'n slaaf?

As jy vermoed of bekommerd is dat jy dalk 'n slaaf is van hierdie monster (sosiale media) wat jy daagliks voer, is jou kans om kinders en atlete hierteen te waarsku redelik min. Jy kan nooit van iemand iets verwag wat jy nie self bereid is om te doen nie!

Ons tyd word gesteel deur tegnologie. Ons glo ons het meer tyd omdat ons meer kan doen in minder tyd, maar ons is vasgevang in 'n dodelike maalkolk! Hoe meer jy kan doen, hoe meer gaan jy doen en uiteindelik is jy so besig dat jy uitbrand.

As jy nie wysheid toepas in jou gebruik van sosiale media nie, loop jy die risiko om soos duisende ander in 'n maalstroom van opinies, skinderstories, fantasie en ophemeling meegesleur te word na 'n bodemlose put. Ek het 'n filosofie vir my eie lewe ontwikkel: **"It is better for me to remain a mystery to this world than to be known by everyone, including fools. I am safe and sound knowing that I am known by my Creator."**

Salomo sê duidelik in Spreuke dat jy wysheid (om te weet wat om te doen met wie en wanneer) moet soek met alles wat jy het. As jy wysheid vind, vind jy die lewe. Daar is 'n tyd en 'n plek vir elke ding. Daar is besluite wat ons moet neem elke dag.

19

Die dodelike geveg tussen afrigters.

Een van die grootste uitdagings in enige kind of atleet se lewe is om die ego-geveg wat dikwels plaasvind tussen afrigters nie as 'n persoonlike letsel in die lewe saam te dra nie. Ja, jy lees reg: Die ego-geveg tussen afrigters is die oorsaak van talle potensiële kampioene se emosionele vernietiging.

Jy lyk nie goed as alles om jou miserabel en pateties is nie! Jy is werklik goed wanneer jy opgelig word deur ander om jou of wanneer ander (leiers en mense wat respek afdwing) met lof van jou praat. Om suksesvol in die lewe te wees beteken nie dat jy ander rondom jou moet afbreek nie, maar hang eerder af hoeveel ander jy om jou opgebou het. Nie net in afrigting of opleiding nie, maar in enige besigheid word 'n kampioen onmiddellik onderskei van 'n voorgee-mens deur te luister wat hy oor sy opposisie sê. Wanneer jy ander afbreek en hulle foute uitwys sodat jy kan goed lyk, het jy die stryd verloor. Wanneer jy ander kan opbou en beskerm sonder om bekommerd te wees oor jou eie reputasie sal jy altyd as 'n kampioen gereken word.

Ek is by baie sportsoorte en afrigters se hantering van die sielkundige aspekte van hulle afrigting betrokke. Ek herinner myself aan 'n gebeurtenis. In 'n kleinerige area, wat dig bevolk was, was daar verskeie akademies in 'n spesifieke sportsoort en die kompetisie tussen die verskillende akademies was intens.

Op die jaarlikse nasionale kompetisie kon die gevoel van venyn, jaloesie en kompetisie duidelik gesien en aangevoel word, nie net tussen die afrigters nie, maar ook tussen die spelers en die ouers van die spelers! Alles was omvou deur 'n kleed van antagonisme en venyn.

Een van die afrigters het my genader met 'n vraag: *"Jannie, hoe kan my akademie uitstaan? Hoe kan ek die beste spelers na my trek?"*

Ek het hom reguit in die oë gekyk en hom gevra: *"Het ek die reg om reguit met jou te praat?"* Hy was effens verbaas, maar het my sy toestemming gegee.

Ek het hom vertel wat ek heeltyd hoor. Ek hoor hoe swak ander akademies is, hoe verkeerd hulle werk met hulle spelers. Ek het gehoor wat aangaan by ander akademies, maar alles was skinderstories. Ek was reguit en eerlik. Ek het hom gesê dat sy spelers by hom leer om kompetisie te vrees en af te maak as negatief. Dit veroorsaak egter 'n gesindheid van intimidasie en vrees in jou. Niemand kan sleg praat van iemand anders en trots voel daarop nie! Wanneer jy egter iemand anders opbou en beskerm, dan groei jou selfvertroue en trots! Ek het hom uitgedaag om net goed te praat van die ander afrigters en hulle akademies. Ek het hom uitgedaag om te bou aan ander sonder om geïntimideerd te voel deur hulle sukses. Ek het hom uitgedaag om 'n spesialis te word in dit wat hom spesiaal maak met die wete dat die mense wat soek wat hy het na hom toe sal kom.

Jy kan nooit iemand anders afmaak as gemiddeld met die hoop om self goed te lyk nie! Die mens se brein ontwikkel onmiddellik 'n vraagteken wanneer jy iemand anders se swakpunte uitlig. As jy 'n motor aan my kom verkoop gaan jy dit nie regkry omrede jy die foute van ander motors aan my uitwys nie. Jy gaan dit regkry wanneer jy my wys wat jou motor spesiaal maak! Net 'n dwaas word "gekoop" deur die foute van ander te sien. 'n Wyse man verstaan dat almal verskillend is en niemand perfek is nie. Hy verstaan ook dat almal goed is op 'n sekere manier en hy soek dan dit wat vir hom belangrik is.

Hierdie afrigter het my uitdaging aanvaar. Die uiteinde hiervan was dat hy altyd vol was en die atlete gekry het waarmee hy suksesvol kon werk. Wanneer sy seisoen met 'n spesifieke atleet verby was en die atleet moes aanbeweeg, was dit nie 'n traumatiese gebeurtenis nie, maar eerder deel van die proses om kampioene te vorm. Die negatiewe gees het verdwyn en daar het vryheid en vreugde begin groei en die hele kultuur van die sport het 'n ander rigting ingeslaan vir hierdie akademie.

Die punt wat ek wil maak: Om die beste te wees, moet jy die beste kan wen – nie die swakste nie. Om die swakste te oorwin maak jou nie 'n kampioen nie! Om geïntimideer te wees deur die sukses van ander maak van jou 'n slaaf. Om die sukses van ander te kan geniet en erkenning daarvoor te kan gee maak van jou 'n leier, 'n inspirasie en 'n mens van karakter.

Onthou, om perfek te wees maak jou die teiken van elke Jan Rap en sy maat. Perfek bestaan nie! Om iemand anders af te kraak veronderstel dat jy perfek is in daardie opsig. Dit is om 'n lat vir jouself te pluk. Geniet kompetisie, bou ander op en sien wat binne jou gebeur. 'n Gees van outoriteit en vryheid sal oor jou kom en dan sal jy verstaan wat ek nou bedoel.

Jy word nooit groot deur ander te verkleineer nie. Jy word nooit sterk deur ander swak te maak of hul swakhede uit te wys nie. Bou 'n naam vir jouself sonder om iemand anders se naam te probeer vernietig. Daar is plek vir ons almal, want ons is almal uniek en verskillend. Wees wys en moet nooit in die strik trap om jouself te probeer bewys teenoor ander in dieselfde beroep as jy nie. Bou ander, geniet ander en leef vry! Laat ander wedywer om die belangrikste te probeer wees. Dit is baie beter om die misterieuse held te wees wat onbekend is . . .

'n Paar punte vir dié wat ernstig is oor afrigting en hulle kinders se drome.

Om 'n totale afrigter, onderwyser of ouer te wees, is 'n roeping. Jou oogmerk kan nie jou eie roem of jou eie belangrikheid wees nie. Jou oogmerk moet wees om dit wat in jou hande gesit word te verander in goud. Jy is 'n dienaar en jou werk is om die beste uit iemand anders te bring. Dit gaan nie oor jou en hoe belangrik jy dink ander dink jy is nie! Dit gaan wel oor jou vermoë oor daardie klein dingetjies wat maak dat jy die hart van 'n kind of atleet wen, te vind, want sonder iemand se hart het jy te min om die top te bereik. Baie van hierdie dinge is onsigbare vaardighede wat 'n mens net met tyd en ervaring ontwikkel en oorgeslaan word omdat dit nie aangespreek word nie. Dit word selfs as vanselfsprekend aanvaar, maar is egter nie so algemeen of voor die hand liggend nie. Hierdie is 'n paar voorbeelde:

- Maak moeite om **mense se name**, veral jou atlete se ouers se name, te onthou. Daar is 'n uitdrukking wat sê: *"A man's name to him is the sweetest sound in any language."* 'n Goeie begryper het 'n halwe woord nodig . . .

- **Antwoord altyd jou telefoon op die beste manier**: *"Goeiedag, dit is Jannie Putter wat praat."* Dit wys respek en respek is die fondasie van gesag. 'n Swak antwoord oor 'n foon doen meer skade as wat jy dink.

- **Sluit elke getikte boodskap (WhatsApp en sms) af met jou naam.** Moet nooit so gemaklik of belangrik raak dat jy dink almal ken jou nie. Dis 'n klein dingetjie wat 'n groot verskil maak. Respek is nie iets wat jy sien nie, dis iets wat jy voel. Voorbeeld: "*Boodskap* Groetnis, Jannie Putter."

- **Maak seker dat jy eers 'n ooreenkoms het** voor jy met afrigting of opleiding begin. Sonder 'n ooreenkoms (met die kinders se ouers en met die kinders of atlete self) is 'n verhouding op sand gebou. Onthou, jy maak nooit 'n ooreenkoms met 'n groep nie. 'n Ooreenkoms is 'n individuele en persoonlike *commitment*, al is jy deel van 'n groep.

- **Vermy dit ten alle koste om met 'n donkerbril op jou oë af te rig.** "*Deur jou oë is die spieël van jou siel . . .*" Die emosionele konneksie wat jy met jou atlete maak deur oogkontak is 'n kragtige manier om vertroue en lojaliteit te bou. Wanneer jy op 'n afstand is, sit met graagte jou bril op, maar wanneer jy persoonlik kommunikeer, haal jou bril af. Dit toon respek en dit bring karakter na vore. Mag jy nooit so familiêr raak dat jy dink jou oogkontak dra nie meer krag nie. Oogkontak is een van die belangrikste vaardighede wat talle moderne en stylbewuste afrigters heeltemal mis wanneer dit by menseverhoudings kom.

- **Beantwoord elke sms of e-pos spoedig** (onmiddellik as jy kan of nog op dieselfde dag verkieslik). Administrasie is deel van enige afrigter of onderwyser se werk. Jou vermoë om te reageer openbaar jou karakter en jou uitnemendheid. Jy kan net van ander verwag wat jyself bereid is om te gee.

- **Gee gereelde (maandelikse) terugvoer aan jou kinders se ouers.** Dit hoef nie 'n lang verslag te wees nie – dit kan net 'n kort boodskap wees. Enige kontak wys respek, gesag en uitnemendheid. Dit kan geskied deur middel van 'n kort sms of 'n WhatsApp-boodskap. Hou dit altyd persoonlik. Dit beteken: Al stuur jy dieselfde boodskap aan al jou ouers uit, begin elke individuele boodskap met die ouers se naam.

- Maak seker dat jy **netjies en professioneel** is. Familiariteit is die grootste strik waarin enige afrigter kan trap. Selfs al werk jy met jou eie kinders – wees trots op hoe jy aantrek, hoe jy stap, hoe jy praat en hoe jy jouself handhaaf. Dit is juis die mense naaste aan jou (die wat jou die beste ken) wat jy met groot respek moet hanteer.

- **Wees gedissiplineerd in jou eie lewe**. Jy motiveer nie jou kinders of atlete nie, jy inspireer hulle!

- **Behou altyd die pret in afrigting**. Humor is 'n noodsaaklik deel van iemand wat vry is van die opinies van ander. Ons is geneig om die lewe heeltemal te ernstig te vat. Wanneer jy alles ernstig vat beteken dit jou kinders moet alles ernstig vat. Wanneer die pret verdwyn verloor jy ook jou kinders se harte.

- **Wees altyd betyds**.

- **Bly by jou woord of ooreenkoms**. Die vinnigste manier waarop jy jou gesag verloor is wanneer jy jou grense skuif en dinge toelaat wat jy aanvanklik nie toegelaat het nie.

- **Groet jou kinders of atlete persoonlik** voor en na oefensessies. Maak moeite. Hoe meer moeite jy doen, hoe meer respek kry mense vir jou. Hoe meer respek jy het van ander hoe makliker word enige verhouding.

- **Indien moontlik, groet die ouers elke keer persoonlik op hulle name.** Die respek wat jy vir kinders se ouers het kom terug in lojaliteit en beskerming van die ouers teenoor jou. Jy sal altyd terugkry wat jy gee. Jy mag nooit só besig of belangrik wees dat jy nie tyd het om mense te erken (te groet) nie.

- **Wees voorbereid vir elke oefensessie**. Verduidelik voor elke oefensessie die program en doel daarvan. Dit bring dissipline en toegewydheid na die tafel en jy stel self die voorbeeld.

- **Maak 'n ooreenkoms voor elke oefensessie.** Maak dit 'n gewoonte om voor 'n oefening ooreen te kom oor hoe die oefening gaan wees. Elke individu moet hom- of haarself daartoe verbind.

- **Bou visualisering in as deel van jou proses.** Visualisering is een van die belangrikste elemente van afrigting en tog word dit deur baie min afrigters gebruik. Dit is gratis en oral beskikbaar, gebruik dit net! Maak dit 'n gewoonte en geniet die vrugte daarvan.

- **Stel 'n standaard van uitnemendheid in jou afrigting.** Die basiese beginsels van jou afrigting is nie onderhandelbaar is nie. Dit is dinge wat jy elke dag en met elke oefensessie doen. As jy konsekwent is in die standaarde wat jy stel en wat jy van ander verwag sal jy 'n goeie naam bou.

- **Wees groot genoeg om te erken wanneer jy 'n fout gemaak het en vra om verskoning.** Niemand is perfek nie, beslis nie 'n afrigter nie! Die grootste ontnugtering en teleurstelling is wanneer jy 'n afrigter kry wat skynbaar altyd reg is. Wanneer hy fouteer mag niemand iets sê nie! Sodra jy 'n afrigter ontmoet wat alles weet en klaarblyklik perfek is, veral wanneer hy ander afrigters uitwys as dwase, is dit beter om jou uit die voete te maak. Die resultaat van so 'n houding (dis al wat dit is) is kinders of atlete wat altyd op hulle foute gewys sal word omdat dit sommige afrigters 'n gevoel van mag gee. Hierdie kinders of atlete ontwikkel meeste van die tyd 'n vrees om foute te maak.

- **Maak gebruik van humor** in jou afrigting. Humor is 'n fyn kuns en die doel daarvan is om jou kinders of atlete te laat ontspan en hulle te leer om nie alles té persoonlik en ernstig op te neem nie. Gesonde humor is 'n teken van emosionele intelligensie. Maak seker jy behou humor in elke situasie, veral wanneer jy werk met kinders of atlete wat geneig is om te krities op hulleself te wees. Humor is deel van die karakter van 'n kind, atleet of span wat kan koelkop bly in oomblikke van intense druk. Een van die grootste foute wat enige kind of atleet kan maak is om te hard te wees op homself. Die oorsprong van 'n selfvernietigende persoonlikheid is dikwels ouers of afrigters wat té ernstig is oor alles. Met humor op die regte tyd sal jy beslis die hart van jou kind of atleet wen.

Wees versigtig dat die humor wat jy inbring nie 'n gees van familiariteit ontlok nie. Humor moet met wysheid ingebring en toegepas word. Dit is een van die kragtigste kenmerke van 'n wyse afrigter, onderwyser of ouer. Humor is 'n teken van gesag en vryheid. Daar is 'n fyn balans tussen humor, gesag en familiariteit. Sommige kinders verstaan nie altyd die grens nie. Hulle moet dit leer. Dit is 'n fyn kuns om so 'n verhouding te bou.

Vir onsekere afrigters, onderwysers of ouers is humor 'n moeilike emosionele oefening. Vir iemand wat onseker is van homself is 'n formele, onpersoonlike verhouding baie veiliger, maar jy kan ongelukkie nooit die hart van iemand wen met so 'n verhouding nie.

- **Gee altyd persoonlike aandag (oogkontak) aan enige kind of atleet** wat met jou wil praat. Wanneer iemand nie kan sien dat dit nie geleë is om te gesels nie (dit gebeur dikwels met jong kinders), sit jou hand op hulle arm en sê: "*Jammer, Fanie, ons sal nie nou kan gesels nie, maar* **ek wil graag hoor wat jy wil sê**. *Kan ons dit na die tyd bespreek?*" Maak seker dat jy na die tyd na die kind gaan en hom vra wat hy wou deel. Onthou daarvan! Jou kind of atleet gaan kyk of jy onthou. Wanneer jy onthou wen jy ook 'n hart!

- **Glimlag gereeld.** Ek sien baie afrigters wat heeltyd ernstig en amper kwaad lyk terwyl hulle afrig. Ontspan en maak 'n ligte opmerking van tyd tot tyd. (Spot met jouself eerder as wat jy spot met een van jou kinders!) Jou kinders of atlete tel vinnig jou angs- en energievlakke op. Wanneer jy dalk liggeraak is sal hulle kommunikasie vermy en meer krities op hulleself te wees om jou guns te probeer wen. Dit is iets wat jy ten alle koste wil vermy!

Hoe meer gemoedelik en bereidwillig jou kinders is om kanse te vat en risiko's te neem (nuwe dinge te probeer binne perke), hoe meer suksesvol sal jou oefensessies wees en hoe vinniger sal jou kinders of atlete vorder. Leer kinders om humor en 'n glimlag reg te verstaan en te interpreteer. Sommige onvolwasse kinders of atlete mag humor en 'n glimlag interpreteer as 'n geleentheid om buitensporig te raak. Doen moeite en verduidelik kalm aan hulle wat jy van hulle verwag wanneer jy glimlag of dalk 'n ligte opmerking maak.

Slotgedagte

Afrigting, opleiding en ouerskap is 'n roeping en 'n geleentheid wat 'n asemrowende avontuur kan wees. 'n Avontuur veronderstel dat dit wat kom onbekend dog opwindend en nuut is. Die opwinding om uitdagings suksesvol te kan bemeester en later te kan terugkyk met 'n gevoel van trots en genoegdoening is lewe. Hoe vervullend is dit nie om te weet jy was die instrument in iemand anders se lewe wat die sleutel gedraai het om die deur oop te sluit na daardie persoon se droom nie? Die lewe word betekenisvol wanneer jy die vrugte van jou werk in iemand se lewe kan raaksien.

Wat is werklik mooi van 'n sonsopkoms of van 'n sonsondergang? Is dit nie juis die vermoë om daardie oomblik met iemand anders te kan deel nie? Wat maak die lewe kosbaar? Is dit nie die skat in die kis van dankbaarheid teenoor ons Skepper nie? Wat is 'n lewe sonder God? Vol van jouself . . . alleen, soekend en leeg al staan jy in 'n skare tussen mense?

'n Lewe saam met God beteken voortdurende verhoudings, voortdurende geleenthede en voortdurende avontuur. As afrigter, onderwyser of ouer het jy 'n geleentheid om die mooi van die lewe te deel met 'n kind. Jy kry 'n kans om die lewe in iemand anders te ontgin en te geniet met die wysheid van die ervaring wat jy opgedoen het in jou eie lewe.

Wanneer jy verstaan dat sukses nie 'n resultaat is nie maar 'n manier van lewe, kry soveel dinge betekenis. Sukses is 'n proses van die mens wat jy word. Nou kan jy hierdie boek neersit en sê: *"Ek kan dit beter doen . . . Ek gaan minder bang wees. Ek gaan meer kanse waag. Ek gaan meer lag. Ek gaan meer geniet en minder krities wees."* Gryp die geleentheid en doen dit!

Dalk skryf jy eendag jou eie boek met jou verhale van wat jy ontdek het. Dalk staan jou kind of atlete op die oorwin-naarspodium en hulle wink jou nader. Dalk hardloop hulle na jou daar in hulle boks vanwaar jy hulle geniet het as afrigter of as pa of ma. Dalk hou jy net 'n babatjie in jou hande vas en jy weet: Die mens waarmee jy gewerk het gaan nou werk met hierdie nuwe lewe in jou hande. Dan is hulle dalk die pa of ma van 'n nuwe kind wie se hart hulle moet wen. Dan weet jy hoe dit is om deel te wees van 'n wenspan.

Die belangrikste vraag wat jy moet antwoord is: Wat is jou doel hier op aarde?

My doel is vir my baie duidelik. Ek is hier om God te verheerlik. Ek is hier om God se glorie te demonstreer – deur Hom wat IN my is. Ek is hier sodat ander na my kan kyk en sal sê: "Ek soek dit wat in hom is. Ek soek daardie gees, daardie vryheid en daardie liefde. Ek soek daardie sekerheid, daardie vreugde en daardie blydskap. Ek soek sy kalmte en wysheid . . . Ek soek daardie GOD."

My lewe is 'n groot avontuur, want ek weet dit gaan nie oor my nie, maar oor God. Ek vertrou jy sal die rede waarom jy hier is, vind. Ek daag jou uit om dit te leef. As jy 'n afrigter, onderwyser of ouer is van 'n kind: Wen daardie kind se hart en maak hom of haar gereed om sterk te staan in hierdie ongenaakbare wêreld. Vorm daardie hart met liefde, respek, dissipline, vreugde en geloof. Raak daardie kind of kinders se lewe op 'n spesiale manier.

Die wêreld is 'n maalkolk wat almal wil insuig om te kon-formeer, om op te gee en om in te gee. Ek hoop en ek glo dat jy die kampioen in elke kind waarmee jy werk sal vind, laat leef, groei, beskerm en stuur. Mag jy eendag wanneer jy voor ons Skepper staan die woorde hoor: *"Welgedaan my kind, ek is so trots op jou.*

www.ingramcontent.com/pod-product-compliance
Lightning Source LLC
Chambersburg PA
CBHW020151090426
42734CB00008B/778